for Eddie —

Ger



Musik ist mehr **...**

**...** als nur heiße Luft!

I hope you enjoy looking at the pictures. At least, until your German is more fluent! Thanks for coming!

Maria am Gestade
Wien
02.06.2011

Gerald Pfister

# *Musik ist mehr ...*

# ... als nur heiße Luft!

Eigenverlag

Impressum:

Gestaltung Umschlag und Fotos Rückseite: Peter Aschenbrenner
Titelbild: Judith Aschenbrenner
Druck: Eigner Druck, 3040 Neulengbach
ISBN: 978-3-200-01746-7
Printed in Austria

Kontakt:
Gerald Pfister
Lengbachl 83/Tannhäuserwaldstraße
3033 Altlengbach
E-Mail: pfister_ger@hotmail.com

# Vorwort

Durch meine Ausbildung und den Musikerberuf sind mir eine Vielfalt an Instrumenten und Musikstilrichtungen, sowie auch Sprachen, Länder, Menschen und Traditionen vorgestellt worden.

Durch Interesse kommt Kontakt, durch Kontakt Erfahrung. Unsere Erfahrungen helfen uns Entscheidungen zu treffen, die letztlich den Inhalt unseres Lebens ausmachen.

Die Musik hat mich ins Tonstudio geführt, auf die Bühne, ins Theater und auf Tournee. Sie hat mein Herz schon als junger Mensch geprägt und mir nach meiner Ausbildung die Türen aufgetan, damit ich als Lehrer auch andere Herzen für Melodie, Harmonie und Rhythmus begeistern kann. Singen, Spielen, Komponieren, Arrangieren, Dirigieren und Unterrichten bereichern schon seit mehreren Jahrzehnten mein Leben. Ein Leben ohne Musik – für mich kaum vorstellbar.

Ein großes Dankeschön an alle meine Kollegen, Vorgesetzten, Arbeitgeber, Freunde, Feinde, Bekannte, Fremde und auch alle Unentschlossenen, die durch ihre Einstellungen, Taten und Worte, einen Beitrag zum Buch lieferten.

Meine Eltern, Elsie Mable Pfister und Fred Pfister, haben mich immer von ganzem Herzen unterstützt und mir damit ein gutes Fundament für mein Leben und für die Musik geschenkt, wofür ich Ihnen sehr dankbar bin. Sie zählen immer noch zu meinen besten Freunden. Meine liebe Frau, Madelon, und unsere zwei Kinder, Christina und Gerald, haben vieles hautnah miterlebt und Freud und Leid mit mir geteilt. Dafür, herzlichen Dank!

Es gibt ein paar Personen, die sich in die Überarbeitung und Korrekturarbeit dieses Bandes hineinknieten und sich sehr bemühten das Buch verständlicher, schöner, und korrekter zu machen. Mein besonderer Dank gilt Prof. Peter Hellinger, Margit Schmid, Gerald Pfister Jr., Peter Aschenbrenner und Judith Aschenbrenner für die unzähligen Stunden, die sie opferten, damit Sie, lieber Leser, mehr Freude am Lesen haben können. Viel Ungewöhnliches ist jedoch unausgebessert geblieben, damit die Persönlichkeit des Autors klarer zum Tragen kommt.

Es geht in den folgenden Seiten nicht darum, ein Buch in fehlerfreiem Deutsch zu schreiben. So spreche ich auch nicht. Genauso wie ich nach meinem Studium in Amerika nach Wien kam um Musik weiter zu studieren, und Deutsch lernen musste um das zu ermöglichen, schreibe ich dieses Buch über mein Musikleben und benötige dazu die deutsche Sprache. Das Ziel des Schreibens ist nicht ein perfektes Buch, sondern vielmehr ein authentisches. Ich hoffe, dass der eine oder andere „Fehler" das Buch noch interessanter macht.

Liebe Leserin!
Lieber Leser!

Ich wünsch Ihnen viel Freude beim Lesen. Sie werden bald den Titel besser verstehen lernen … oder haben Sie vielleicht geglaubt, dass die Musik nur heiße Luft ist? …

# Inhaltsverzeichnis

# WARUM GIBT ES DIESES BUCH?

Das Leben ist ein einziges Abenteuer. Wer hat keine Geschichte zu erzählen? Manchmal passiert alles auf einmal. Manchmal läuft alles schief. Manchmal gibt es Überraschungen die einfach wunderbar sind. Manchmal scheint es als ob der „normaler Alltag“ gar keine Möglichkeit hat, normal abzulaufen! Oder geht es nur mir so?

Ganz schlimm wäre es, wenn die unglaublichen, wunderschönen, erschreckenden und bestätigende Lebenslektionen alle verloren gingen. Das darf natürlich nicht passieren. Deswegen habe ich so viele Zettel voll geschrieben. Aber, was passiert, wenn ich die Zettel verliere?

Irgendwas muss gemacht werden, damit es nicht so weit kommt! Ein Buch ist leichter aufzuheben als hunderte von Zetteln, also ist das die Lösung.

Ich bin Trompeter und die Musik ist mein Beruf. Der Rest ist Geschichte, oder noch besser, G’schichtn.

# IN JUNGEN JAHREN

### *Liedertext: aus „Wenn ich mir die Zeit nehm'"* [1]

Wenn ich mir die Zeit nehm' und ich denk weit zurück
An mein Leben als kleines Kind...
Der große Bruder ist mein Held, er geht mir voran
Und ich geh' ihm nach, bestimmt.
Später in der Schule hatte ich Freunde genug:
Spielen, Raufen, Lernen zugleich ...
Feinde habe ich kaum gehabt, es war noch zu früh.
Das hat ja, alles Zeit.

Als Student mit viel Talent und noch mehr Ideen:
Auf einmal heißt's lernen was geht.
Andere haben auch Ideen, die mir wichtig sind.
Die haben Priorität.
Nicht nur Ideen, sondern auch Menschen zählen.
Ganz bestimmte, sie zählen viel.
Das eigene Herz entdecken, weil es einen anderen gibt,
Das ist ein schönes Gefühl.

Und ist der Blick zurück ein schöner Blick,
dann ruft mich meine Sehnsucht zurück.
Aber ich kann ja nicht zurück
Zu dem alt vertrauten Heim
Und ich möchte sicher nicht ohne dich sein.

## *Antiduettismus*

Als ich mit acht Jahren Trompete begann, hatten mein Bruder und ich beide nur die gleiche Trompete, sie war ein Kornett und es war das Kornett unserer Mutter. Mein um zwei Jahre älterer Bruder nahm die Trompete in die Schule mit, Clayton Elementary School. Er war in der 6. Klasse, die letzte Elementary Klasse. Vor Schulbeginn hatte er Band Probe. Nach seiner Probe packte er das Kornett wieder in den Koffer ein und trug ihn in die Garderobe. Ungefähr 250 Meter entfernt war Bertha Heid Elementary School, wo ich in die 4. Klasse ging.

Nach dem Mittagessen, ging ich hinüber zu Clayton und holte mir das Kornett. Ich war gerade groß genug, um den Trompetenkoffer, der auf einem Regalbrett oberhalb des Mantels gelagert war, erreichen zu können. Die 250 Meter, die ich in der Mittagspause mit dem Kornettkoffer schaffen musste, gingen auch gerade noch. Nach der Mittagspause war wieder Schule und nach der Schule hatte ich Band Probe. Anschließend wurde ich mit dem Auto von meiner Mutter abgeholt. Der Weg nach Hause war zu weit, ungefähr zwei Kilometer. Alles klappte wunderbar, bis wir so weit auf dem Kornett fortgeschritten waren, dass wir Duette spielen wollten und aber nur das eine Instrument hatten.

Um dieses Problem zu lösen, überlegten meine Eltern, ob sie ein zweites Kornett kaufen konnten. Sie entschieden sich dafür, aber ich musste noch ein Jahr abwarten. Da war ich in der 5. Klasse in Clayton Elementary School und mein Bruder war in der 7. Klasse in York Jr. High School. Die zwei Schulen waren ein bisschen weiter auseinander, die Proben waren gleichzeitig, und das wichtigste von allem war: es war nicht cool, ein Kornett mit meinem Bruder teilen zu müssen. Also kauften mir meine Eltern um hundert zehn Dollar ein Conn Kornett und es gehörte nur mir allein. Jetzt waren Duette möglich und wir spielten sie auch oft.

### *Liedertext: aus „Learn to write your name“* 2

Learn to write your name, child,
You must learn to write your name.
They can treat it anyway they please
But it's all yours, just the same.
Be careful where you write it down,
Don't you cause yourself no shame.
It's the name you're given since the day you're livin'
Got to learn to write your name.

### *State Solo and Ensemble Contest*

Wir hatten verschiedene Instrumenten Ensembles von Kindern in unserer „Concert Band“ und „Symphonic Band“. Die bereiteten jedes Jahr Musikstücke vor, die beim „Colorado State Solo and Ensemble Contest“ bewertet wurden. Die fortgeschrittenen Schüler durften auch Solo Stücke vorbereiten, die sie auch auswendig lernen und einer Jury von mehren erfahrenen Musiklehrern vorspielen sollten.

Mit zehn Jahren war ich zum ersten Mal als Solist dabei. Ich bereitete ein für mein Alter relativ schwieriges Stück mit Klavier Begleitung vor. Als ich aufstand, um zur Bühne nach vorne zu gehen, zitterte ich am ganzen Leib. Ich konnte das Zittern überhaupt nicht unter Kontrolle bringen. Ich hatte es nicht vor gehabt; es ist einfach über mich gekommen. Ich versuchte durch einer Verlagerung meines Körpergewichts meine Nerven zu beruhigen. Das Zittern war nicht weg zu kriegen. Noch dazu, meine Lippen trockneten aus. Mein ganzer Mund war trocken.

Es war so, als ob ich tagelang in der Wüste ohne Essen und Trinken herumgeirrt hätte. Es war ein Kampf um Leben und Tod. Was konnte ich tun, als  trotzdem spielen. So ein Vibrato habe ich nie wieder in meinem Leben gehabt. Ich weiß nicht ob es überhaupt ging. Ich glaube, dass ich sogar die Sechzehntel Noten mit Vibrato spielte. Die Knie wollten nicht ruhig werden.

Ich sehe es noch vor mir, als ich nach dem Schlussakkord mit Tränen in den Augen wieder Platz nahm. Die Juroren gaben mir einen Einser. War es aus Mitleid? Ich weiß es nicht. Ich hatte so viel Angst, dass ich mich beim Spielen nicht hören konnte. Ich glaube aber, dass mein Vibrato auf jedem Fall einen Einser verdiente.

***Liedertext: aus „Was du dem Kleinsten…“*** [3]

Wenn du einmal spürst, dass du sehr stark bist,
wie setzt du deine Kraft ein?
Hilfst du nur dir selbst und die ganze Welt
Lässt du vollkommen allein?

Was du dem Kleinsten, dem Jüngsten,
dem Schwächsten sagst, sag es ihm vom Herzen.
Mal wirst auch du schwach und stehen an seinem Platz.
Dann fühlst du seine Schmerzen.

## *Der Trichter ist kaputt*

Ich war dreizehn Jahre alt und spielte die 1. Stimme in der Konzert Band. Unsere Sessel waren auf Stufen aufgestellt, damit jeder problemlos den Dirigenten sehen konnte. Die Trompeten saßen in der letzten Reihe, also auf der höchsten Stufe.

Manchmal waren die Stufen verschoben und man musste sie wieder zusammenschieben, damit die Gefahr nicht entstehen konnte, dass ein Sesselbein zwischen die Stufen geriet und ein Sessel mit Kind umkippt.

Eines Tages sah ich während einer Probe, dass die Stufen ein bisschen verschoben waren. Ich hatte einen Hang für kleine Katastrophen und Unfälle und so erkannte ich die Gefahr sofort. Ich sah, dass ich das Problem mit einem Handgriff und ohne Aufstehen zu müssen lösen konnte. Ich legte meine Trompete auf meinen Schoß, bückte mich über die Trompete, erreichte mit der rechten Hand die Stufe, und zog sie ein bisschen zu mir, nur so, dass die Gefahr mit einem Sesselbein hinein zu rutschen, beseitigt war.

Im gleichen Augenblick spürte ich einen Widerstand gegen meinen rechten Arm, der aber nachließ. Als ich wieder aufsaß, traf mich der Schlag. Mein gerader Trichter war nicht mehr gerade. Aus den hundertachtzig Grad waren etwa hundertzwanzig Grad geworden. Ich war so schockiert, dass ich sofort den Trichter wieder gerade bog und weiter spielte.

Ich spielte die Probe fertig ohne jemand ein Wort darüber zu sagen. Meine Augen waren feucht, mein Herz war kaputt. Es war für mich eine emotionelle Katastrophe. Die Trompete war meine erste eigene Trompete, eine Bach B-Trompete, und nur Monate alt. Meine Eltern hatten zusammen gespart und nach einer Beratung mit Harley Brown, unseren Dirigenten, mir die Trompete am Anfang der High School gekauft. Ich hatte keine Ahnung, ob sie repariert werden konnte oder wie viel es kosten würde. Alles was ich wusste, war, dass es sehr, sehr schlecht war. Ich sah den beschädigten Trichter an und zitterte. Es brach für mich eine Welt zusammen.

Es war doch möglich, den Trichter zu reparieren, eigentlich für den Fachmann keine große Sache. Auch meine mit dreizehn Jahren noch kindliche Welt wurde repariert. Ich spielte diese B-Trompete die vier Jahre in der Highschool, weiterhin die vier Jahre im Musik College an der Colorado University. Anschließend fuhr ich auf Tournee in ganz Amerika mit der gleichen Trompete. Ich habe inzwischen sehr viele Trompeten in verschiedenen Aufmachungen und Tonarten, aber meine erste Trompete in B von der Firma Bach habe ich auch noch. Ich weiß nicht, ob ich sie jeweils verkaufen oder verschenken könnte. Sie ist wie ein Teil von mir.

### *Ein Dankeschön an Harley Brown*

Wenn ich an meinen musikalischen Werdegang denke, muss ich an einen Mann denken, von dem ich viel lernte, der mich sehr geprägt hat, zu einer Zeit in meinem Leben, die für mich ausschlaggebend war. Harley Brown war ab meinem neunten Lebensjahr und bis kurz vor meinem siebzehnten Geburtstag mein Kapellmeister und musikalischer Erzieher in der Schule, in Thornton, Colorado, USA.

Er hat uns jungen Menschen durch seinen Charakter und seine persönlichen Überzeugungen eine gesunde Mischung vorgelebt, die aus Disziplin und Toleranz bestand. Er war eine ernst zu nehmende Person und jeder, der mit ihm zu tun hatte, wusste das ganz genau. Auf der anderen Seite hatte er Humor. Er konnte lachen, aber hat auch gewusst, wann das Lachen aufhören sollte und hat darauf bestanden. Er konnte Ziele und Methoden gut erklären und erwartete, dass man seine Erklärungen auch ernst nahm.

Er erreichte viel mit wenig - wir waren kein wohlhabender Schulbezirk. Er konnte sich über erreichte Ziele freuen und uns allen seine Freude mitteilen. Er konnte seine Unzufriedenheit zum Ausdruck bringen ohne seine SchülerInnen zu erniedrigen. Er behandelte uns als Menschen mit einem aktiven Gewissen und legte uns einiges ans Herz, war aber nicht naiv.

Er war ein guter Betreuer und Berater. Er war ein guter Lehrer und Vorantreiber. Er entwickelte uns als Teamspieler und als Solisten. Er lehrte aber nicht nur Musik, sondern auch Verantwortungsbewusstsein und entwickelte dadurch wertvolle Freundschaften mit seinen SchülerInnen ohne Freundschaft als bewusstes Ziel zu haben. Viele davon existieren heute noch. Er erreichte manches nebenbei, was viele nicht erreichen, wenn sie darauf zielen. Er war wie ein zweiter Vater zu mir in mancherlei Hinsicht und ich schulde ihm sehr viel.

### *Liedertext: aus „Don't take no Wooden Nickles"* [4]

Now, when you wake up in the mornin'
You got to know where you're goin' to
You got to know how you're gonna get there,
Who and what's gonna help you through.
And once you've done what you had to do,
well then, you'll sleep real good at night,
because you ain't no fool, you went to school,
and you did your homework right.

Now, if you choose your friends with caution
And if you spend your money slow,
If you work till the day is nighttime
And you pray till the blessings flow,
If mistakes are meant to learn from
And warnings meant to heed,
then you will come through fine.
Just take a little time
to let theory and practice meet!

Don't take no wooden nickles
Don't drink that old stale beer.
Don't wait when you should be runnin'
Honey, they'll carry you feet first outa here!

### *Frank Baird*

Als ich die Pflichtschule an der Highland Highschool abschloss, wo ich ein großer Fisch im kleinen See war, und auf die Universität Colorado in Boulder ging, wo ich in der Musikschule angemeldet war, wurde ich plötzlich zum kleinen Fisch in einem Riesensee.

Der Trompetenprofessor, bei dem ich lernen durfte, Frank Baird, erleichterte diesen Riesensprung für mich durch seine vorsichtige Art, Wissen zu vermitteln und jeden einzelnen Trompetenschüler respektvoll zu führen. Trotz seines großen Könnens, war er bescheiden. Trotz seiner großen Disziplin, war er freundlich und humorvoll. Er wusste, dass die normale Entwicklung auf der Trompete nicht nur viel harte Arbeit bedeutete, sondern auch viel Geduld. Er war beides, Theoretiker und Praktiker.

Seine Beziehung zur Trompete war eine ganz normale, eine ganz natürliche Beziehung. Er war Optimist und eine glückliche Person und er genoss die Arbeit mit jedem einzelnen seiner Schüler. Das merkten wir, und wurden dadurch in Zeiten der schweren technischen Herausforderungen oder misslungenen Auftritte beruhigt und getröstet. Wir wussten, dass er keine Scheu hatte, unsere Probleme beim Namen zu nennen und sie mit uns gemeinsam durchzuarbeiten.

Er war mit Vorschlägen gleich da, immer für die Vorschläge der anderen auch offen. Seine Art, Probleme anzupacken, war sehr ermutigend und erfrischend. Er analysierte ganz genau und demonstrierte durch sein Können, dass seine Meinungen Hand und Fuß hatten, doch blieb er für die Meinungen der anderen offen und überließ jedem einzelnen die Entscheidung. Seine Ausgewogenheit war beispielhaft. Ich verdanke ihm sehr viel.

### *Liedertext: aus „Es gibt einen Platz für mich"* [5]

Es gibt einen Platz für mich, der wirklich stimmt
und die richtigen Schritte dorthin.
Wenn ich mich leiten lasse, durch das Wahrheitslicht,
wird immer heller die Klarheit über „Wer ich bin".
Und wenn es dauern muss, bis ich dorthin gelange,
ist's mir recht, denn die Qualität braucht immer Zeit.
Inzwischen, will ich doch nicht untätig sein,
denn wenn der Vorhang hochgeht
stehe ich vorne allein.

### *Ansatz Stress*

Damit ich mein Studium finanzieren konnte, musste ich, als Ergänzung zu einem Stipendium und ein Grant, ein Studentendarlehen nehmen, und auch ungefähr zehn Stunden pro Woche arbeiten. Hugh E. McMillan, Musikalischer Direktor auf dem College of Music an der University of Colorado, war auch mein Chef. Ich arbeitete im Noten Archiv als Archivar und er gab mir immer wieder neue Aufträge, die ich für ihn erledigte.

Unsere Familie war nicht wohlhabend. Wir haben deswegen einen Weg suchen und finden müssen, damit jedes Kind das studieren wollte, es auch könnte. Mit unseren Eltern hatten wir ein Abkommen, dass wir die

Hälfte der Studiumskosten zahlen würden und die Eltern die andere Hälfte. So war es möglich, dass alle vier Kinder studierten.

Eines Tages im dritten Studienjahr beobachtete mich mein Chef beim Üben. Danach sagte er mir, „Jerry, du wirst wahrscheinlich ein Doktorat bekommen, aber Trompeter wirst du nie.“

Ich war zutiefst schockiert. Er hatte mir gezeigt, was man mit einer präzisen Wortwahl alles bewirken kann.

Ich war kein „Performance major“ (Konzertfach), sondern „Music Education major“ (Pädagogik). Trotzdem wirkten seine Worte wie Messerstiche.

Frank Baird, mein Trompetenprofessor, erkannte das Risiko eines Ansatzumbaus und zog es vor, ein gestuftes Programm mit mir zu machen. Bei mir ist die Rechnung nie wirklich aufgegangen. Weil ich die Studienrichtung Musik Education hatte, und nicht Music Performance, war das Ganze nicht so tragisch. So gesehen, war die Aussage von Mr. McMillan auch nicht so tragisch. Die Trompete zu spielen, war nicht unbedingt mein Hauptziel. Ich war offen für mehrere Möglichkeiten.

Eigentlich hatte McMillan völlig Recht. Mit meinem Ansatz hatte ich wirklich keine Chance. Es gibt zu viele gute Trompeter mit gutem Ansatz. Ich konnte nicht mithalten. Aber eigentlich setzte ich noch auf harte Arbeit und Zeit. Ich wusste noch nicht genug, um zu wissen, dass eine grundsätzliche Veränderung notwendig war. Ich begann mich aber dafür zu interessieren. Ich las Artikel über den

Ansatz und schaute in verschiedenen Trompetenschulen nach, ob sie mir helfen könnten.

Ich wusste, dass Trompetenspielen nicht leicht war, aber ich hatte es einfach akzeptiert. Trotzdem, war für mich die Höhe immer ein Problem, die Ausdauer war immer ein Problem, der schöne Klang war immer ein Problem. Ich musste extrem viel arbeiten, um mit einem Projekt überhaupt durchzukommen, aber ich hatte mich daran gewöhnt und glaubte, dass es so sein muss.

Umso mehr ich nachschlug, und umso mehr ich gute Trompeter anhörte und beim Spielen anschaute, desto überzeugter wurde ich, dass ich Grundsätzliches ändern musste.

Ein paar Jahre später, sagte mir mein Trompetenprofessor in Nashville, Tennessee, Professor Pat McGuffee, mit einer anderen Wortwahl genau das Gleiche. Pat war derjenige Welche, der mich nach Wien schickte. Wenn Hugh McMillan nichts gesagt hätte, wäre ich vielleicht nicht so bereit, auf die Worte von Pat McGuffey zu hören. Die beiden zusammen haben mir einen unbezahlbaren Dienst geleistet, wofür ich ihnen ein Leben lang dankbar bleiben werde. Schmeicheln nützt gar nichts dort, wo Veränderung gebraucht wird.

### *Mr. Patrick McGuffey*

Ich durfte Mr. Patrick McGuffey in Nashville, Tennessee kennenlernen, als er Solotrompeter des Nashville Sinfonieorchesters war und gleichzeitig Trompetenprofessor am George Peabody College for Teachers.

Er war ein Mann vom Fach. Seine Konservatoriumsausbildung an der Curtis Institute of Music in Philadelphia war klassisch und praxisorientiert. Er übte das Trompetenspiel beruflich aus. Er war der erste Orchestertrompeter, bei dem ich lernen durfte. Das machte einen großen Unterschied. Er bestand darauf, dass ich die Instrumente kaufe, die ich brauchen würde, inklusiv Piccolotrompeten für Barock Literatur. Wir studierten echte Trompetenstimmen aus der Orchesterliteratur ein und er schuf Auftrittsmöglichkeiten, je nach Fortschritt und Können. Nichts motiviert so gut wie die Praxis selber. Er beschützte uns aber auch und ließ es nicht zu, dass wir zu früh zu viel vornahmen, und ersparte uns dadurch viel Misserfolg und Blamage, die wir sonst geerntet hätten.

Es war die Idee von Mr. Patrick McGuffey, dass ich nach Wien kommen und bei Professor Helmut Wobisch Trompete lernen sollte. Von alleine wäre ich nie darauf gekommen. Damit begannen für mich ein völlig neues Lebenskapitel und meine Musikkarriere als Trompeter. In Wien lernte ich auch die Frau meines Lebens kennen, Madelon Schiesser, aus Tacoma, Washington.

### *Liedertext: aus „What we got“* [6]

What we got didn't start yesterday.
What we got isn't gonna leave today.
What we got is here to stay.
It's a gift from the father above.
What we got is daily new.
What we got isn't just me and it isn't just you.
What we got is gonna see us through,
'Cause it's a gift from the father of love.

Now, can you tell me, just what we got?
It can't be that hard to know, oh no…
'Cause, even if you don't say a word,
well, you know that its gonna show.
Now, I'm a dreamer, but I work hard.
I believe its right to do both.
My life's a dream, since you're a part
And I thought you might like to know.

# VORSPIELEN IN WIEN

### *Vorspielen auf der „Hochschule für Musik und darstellende Kunst" in Wien*

Als ich 1979 für ein Jahr nach Wien kam, hatte ich die Trompeten, die ich bei der Meisterdiplom- Prüfung gespielt hatte, mit; alle außer meiner B-Trompete, die nachgeschickt wurde. Die Trompeten, die ich bei mir hatte, waren also Getzen Piccolotrompete in A/B (Blackburn Mundrohre), Bach Piccolotrompete in D/Es (Blackburn Umbau) und Bach Trompete in C mit Tuning Bell (Blackburn Umbau).

In der Jugendherberge, in der ich wohnte, wurden unsere Sachen tagsüber eingesperrt, damit nichts gestohlen werden konnte. Am Abend durften wir wieder hinein, aber dann waren die anderen auch da, also durfte ich nicht Trompete üben. Am nächsten Tag wiederholte sich das Ganze nochmals, und am dritten Tag wieder.

Weil ich kein Wort Deutsch konnte, konnte ich mich nicht verständigen, keine Fragen stellen und keine Erklärungen verstehen. Das eine konnte ich: beobachten und versuchen, zu verstehen. Ich war ein erwachsener Mensch mit „Bachelor's Degree" and „Master's Degree" und ohne Sprache.

Dass man in Wien Englisch versteht, das stimmt schon, aber ein bisschen Glück gehört dazu. Der andere muss auch Zeit haben und Englisch reden wollen, zum Beispiel. Weil ich mich selber in Wien noch nicht auskannte, war eine gute Erklärung auf Englisch nicht immer von Nutzen. Ich verstand zwar die Worte, hatte aber mit der Verwendung der Auskünfte oft Probleme. Es war also eine besonders anstrengende Zeit meines Lebens.

Nach dem dritten Tag ohne üben, hatte ich das Glück, wieder meine Instrumente zu bekommen, bevor der Zuständige schnell weg musste. Es war wichtig, weil es gerade rechtzeitig war, um an der Hochschule für Musik und Darstellende Kunst in der Seilerstätte im ersten Wiener Bezirk vorzuspielen. Es war also nicht sicher, dass ich an der Hochschule für Musik aufgenommen werden würde. Diese Entscheidung wurde erst nach dem Vorspielen getroffen. Ich war also nach drei Tagen ohne Üben sehr schlecht vorbereitet auf einen solchen wichtigen Auftritt.

Es war so weit. Wir, die vorspielen sollten, warteten draußen im Gang und wurden einer nach dem anderen namentlich aufgerufen. Als ich drankam, nahm ich meine Trompeten, ging durch die Tür hinein und grüsste die vier Männer der Jury.

Mein Trompetenprofessor in Nashville, Mr. Patrick McGuffey, hatte mich nach Wien geschickt, um bei Professor Helmut Wobisch zu studieren. Ich wusste nichts von Professor Wobisch, wie alt er war, wie er ausschaute, was für ein Mensch er war, nichts. Also wusste ich auch nicht, dass der etwa 65- jährige, der in der Jury saß, und der Vorsitzende war, Helmut Wobisch hieß. „Spielen sie auf der B-Trompete eine C-Dur Tonleiter“, sprach eine Stimme- auf Englisch. Ich hatte keine B-Trompete, also nahm ich die C-Trompete in die Hand und spielte los. Ein Mann rief mit lauter Stimme: „Das ist keine B-Trompete!“ Ich erklärte, dass ich keine B-Trompete mithatte, noch nicht. „Sie haben keine B-Trompete mit?“ fragte die Stimme. Ich wusste nicht, dass es damals so war, dass jeder Trompeter in Wien auf der B-Trompete spielte. Gerade Helmut Wobisch war dafür bekannt, dass er alles auf der B-Trompete spielte. Ich spielte ein paar Stücke vor, oder Teile von Stücken, und nicht besonders gut. Die Mitglieder der Jury hörten es an. Nach ein paar Minuten, meldete sich wieder die Stimme: „Warum sind Sie nach Wien gekommen?“ „To study with Professor Helmut Wobisch“, kam meine Antwort. Soviel wusste ich. „Sie dürfen gehen.“ „Thank You“, antwortete ich.

Ich hatte etwas ganz anderes erwartet. Ich war respektvollen Austausch mit meinen Lehrern gewohnt, niveauvoll und professionell. Das, was mich in Wien begrüßte, war unfreundlich und desinteressiert. Ein Teil von mir wünschte, dass ich nicht gekommen wäre, aber ich wartete das Urteil ab. Die Liste der Aufgenommenen war ein paar Tage später ausgehängt und aus irgendeinem Grund stand mein Name auch darauf. Ich war mit 26 Jahren Trompetenschüler von Professor Helmut Wobisch in Wien geworden. Ich wusste noch nicht, was das heißt, aber soviel war mir klar.

Ein zweiter Punkt war mir auch klar. Ich musste so schnell wie möglich herausfinden, wo und wann ich üben könnte. Ich übersiedelte von der Jugendherberge in ein Zimmer bei der Familie Chiari, meiner einzigen Kontaktadresse in Wien, in der Wiedner Hauptstrasse. Dort wohnte ich ein paar Wochen.

### *Vorspielen im Raimund-Theater*

Einige Wochen später übersiedelte ich nochmals. Ich teilte eine Wohnung mit Dan Morgan aus Australien, der seit einigen Jahren in Wien war. Zur zweit zahlt man die Miete leichter. Wir wurden Kumpel und er erklärte mir alle für mich wesentlichen und unwesentlichen Sachen zum Thema Wien.

Er war intelligent, humorvoll und eine riesige Orientierungshilfe für mich. Es dauerte nicht lang, bis wir vieles gemeinsam unternahmen. Er stellte mir viele seiner Bekannten vor. Er nahm mich in die Gottesdienste in verschiedenen Kirchen und Christengemeinden, die er kannte, mit.

Darunter war auch die International Chapel, ein Missionswerk der Conservative Baptist Foreign Missions. Gary Preston, der Pastor, hatte im Conservative Baptist Theological Seminary in Denver, Colorado, studiert und hatte auch von meinem Bruder Lauren gehört, der im gleichen Studium war. Zwei Jahre später würde Gary Madelon und mich trauen. Elisabeth Peduzzi war Mitglied der International Chapel. Sie war auch mit Dan befreundet und adoptierte uns als zwei zusätzliche Söhne. Sie hatte drei eigene.

Es war Dan Morgan, der mich eines Tages mitnahm und mich seinem Chef, Direktor Herbert Moog, vorstellte. Dan spielte Bratsche im Raimund-Theater und bekam alle paar Monate einen neuen Stückvertrag. Der Spielplan im Raimund-Theater war damals so, dass alle zwei bis vier Monate die Premiere der nächsten Operette stattfand.

Eines Tages durfte ich dem Herrn Direktor ein bisschen vorspielen. Besonders begeistert war er davon, dass ich improvisieren konnte. Er war selber Jazzpianist.

Ich substituierte im Raimund-Theater ungefähr ein Jahr lang und spielte dabei bei den verschiedenen Operetten erste, zweite und dritte Trompete. Im Frühling 1981 bekam ich von dem Herrn Direktor ein Telegramm, in dem er mir die 1.Trompeten- Stelle anbot. Hr. Rudy Rohrer, Musikschuldirektor in Stockerau und 1.Trompeter im Raimund-Theater hatte gekündigt und seine Stelle wurde frei. Ich freute mich sehr und nahm die Stelle an. Mein Vertrag war als 1.Trompeter.

Das Theater hatte nur einen ersten Trompeter, also spielte ich jeden Dienst. Es gab Doppelvorstellungen am Samstag und Sonntag. Jeden Montag machte das Theater Spielpause, und wir hatten frei. Ich bekam im Monat brutto 9.100,- Österreichische Schilling, umgerechnet ungefähr € 664,-. Das war nicht viel, aber für mich ein guter Anfang in Wien.

***Lied: aus „Wenn du meine Gedanken lenkst“*** [7]

Wenn du meine Gedanken lenkst ist es wunderbar.
Wenn ich verstehe wie Du denkst werden Träume wahr.
Wenn Du mir klar machst was ich kann, will ich das auch tun.
Die Freude wird am größten sein und die Angst kann ruh'n.

Die Brücke zwischen uns wird stark gebaut
Und hält all' meine Sorgen spielend aus.
Du bist bei mir, ich kenn' mich so gut aus.
Ich komm' zu dir, doch fühl mich wie zu Haus'
Wenn du meine Gedanken lenkst.

***Probespiel: A Chorus Line***

Bei der Gründung der Vereinigten Bühnen Wiens im Jahr 1987 ging es darum, dass drei Theater, die bis dorthin unabhängig voneinander gewesen waren, ab jetzt einen gemeinsamen Weg gehen sollten. Das Raimund-Theater, das Theater an der Wien und das Etablissement Ronacher waren die drei Häuser, die die Vereinigte Bühnen Wien ausmachen sollten. Im Raimund-Theater waren aber Musiker angestellt, manche mit Stückverträgen, andere mit Jahresverträgen.

Alle Musiker wurden plötzlich darüber informiert, dass ihre Verträge nicht verlängert werden würden. Die Begründung war wie folgt: Das Raimund-Theater gibt es nicht mehr, daher gibt es die Verträge mit dem Raimund-Theater nicht mehr. Die Neuübernahme durch die „Vereinigte Bühnen Wien“ machte unsere Verträge mit dem Raimund-Theater irrelevant. Das war natürlich für uns alle ein großer Schock.

Gleichzeitig waren alle Musiker eingeladen, für eine Orchesterstelle bei den „Vereinigte Bühnen Wien“ vorzuspielen. Das Datum wurde bekannt und das Notenmaterial wurde an alle Interessenten per Post geschickt.

Das Musical „A Chorus Line“ war schon als erste Produktion der frisch gegründeten Vereinigung ausgewählt. Dementsprechend waren mehrere Musiknummern aus diesem Musical bei den Pflichtstücken dabei, die wir zum Probespiel vorbereiten mussten.

Ich hörte mehrmals die CD an, um die Geschwindigkeit, Artikulation und Stilrichtung der einzelnen Stücke zu erfahren. Dabei hörte ich natürlich auch den Liedertext. Nachdem ich alles mehrmals anhörte, konnte ich zum Schluss den Text ziemlich gut.

Einer der vielen Ohrwürmer hatte den folgenden Text: „O Gott, ich brauche diesen Job, ich brauche diesen Job so sehr…“ Nun, die Tatsache, dass dies hier ein Probespiel war, und dass ich tatsächlich einen Job brauchte, unterstrich den Text sehr, und mit der Zeit wurde er mir richtig unheimlich.

Wie ein Gespenst besuchte mich dieser Text immer wieder. Ich hörte ihn beim Üben, wenn ich in Ruhe über das Probespiel nachdachte, wenn ich schlafen ging, beim Duschen, usw. Das Ergebnis war eine innerliche Spannung, die unerwünscht war. Es dauerte nicht lang, bis ich erkannte, dass ich den Text für mich umschreiben musste, und genau das tat ich auch.

Ich schrieb: „ O Gott, ich brauche diesen Job nicht. Danke, Gott, dass ich diesen Job nicht brauche. Ich brauche Dich, nur Dich, und den Job den Du mir gibst."

Ich sehe es immer noch vor mir, wie ich am Vormittag des Probespiels im strömenden Regen, mit Regenschirm in einer Hand und Trompetenkoffer in der anderen Hand zwischen Mariahilferstrasse und Gumpendorferstrasse die „Zweierlinie" entlang ging und dabei laut sang: „O Gott, Ich brauche diesen Job nicht...", bis ich beim Theater an der Wien ankam.

Im Theater gab es für die Musiker einen Einspielraum. Einer nach dem anderen wurde abgeholt und auf die Bühne gebracht, wo er von hinter einer riesigen Zwischenwand, die seine Identität geheim halten sollte, der Jury die Pflichtstücke spielte. Die Jury saß im Zuschauerraum des Theaters und beurteilte jeden Einzelnen. Ich hatte mich bei der Vorbereitung sehr bemüht, wusste aber nicht, wie hoch die Latte gelegt war.

Nach dem Probespiel rief ich meine Frau an, um zu erklären, dass ich für meine Verhältnisse gut gespielt hatte und dass ich zufrieden war, egal wie das Ergebnis ausschauen würde. Ich hatte kein Problem mit den Nerven gehabt und der alte Text hatte mich auch in Ruhe gelassen. Ich hatte mehr oder weniger gezeigt, was ich kann.

Sie war sehr aufgeregt und gratulierte mir mit freudiger Stimme.

Das fand ich komisch. Ich glaubte, dass sie mich falsch verstanden hatte, und erklärte ihr: „Ich weiß nicht, wie es ausgegangen ist. Ich weiß nur, dass es, von mir aus, relativ gut gegangen ist, und den Rest werden wir sehen…" „Nein", sagte sie. „Du hast super gespielt!"

Ich war schockiert. Dies war nicht die geeignete Zeit für einen Spaß dieser Art. Ich hatte mich wochenlang geplagt und wusste nicht, ob es etwas gebracht hatte. Ich war müde und wollte nur nach Hause.

Sie ließ aber nicht locker, sondern erklärte weiter. „Werner hat angerufen."

„Nein, das ist etwas anderes", sagte ich. „Werner spielt beim Tonkünstlerorchester."

„Nein", sagte sie. „Er sitzt im Theater an der Wien in der Jury, zusammen mit anderen Musikern aus anderen Orchestern. Er rief gerade an und sagte mir, dass du super gespielt hast. Alle waren begeistert!"

Ich konnte es fast nicht glauben. „Wir sehen uns bald", sagte ich und legte auf. An dieser Stelle dankte ich Gott für diesen Job, den ich „nicht brauchte", es aber auch von Herzen meinte.

## *Liedertext: aus „Ich fühl' mich sicher, ich fühl' mich wohl"* 8

Manchmal fühl' ich mich so allein und einsam.
Gar nichts funktioniert und mein Lied wird leiser.
Auch Gedanken tun mich nur belasten.
Wo gibt's dann die Hoffnung zu sehen?
Aber wenn du da bist und sprichst ein Wort nur,
merke ich deine Kräfte am Wirken in mir.
Tief in meinem Herzen schaffst du neuen Mut.
Jetzt kann endlich Neues geschehen.

Ich fühl mich sicher, ich fühl mich wohl,
wenn du bei mir bist und zu mir sprichst.
Du verstehst das, was ich sage,
hast eine Antwort auf meine Frage.
Ich fühl mich sicher, ich fühl mich wohl,
wenn du bei mir bist und zu mir sprichst.
Es ist immer schön ein Wort zu hören
von dir.

# DER BERUFSMUSIKER

## *Die österreichische Musikszene*

In der österreichischen Musikszene habe ich erlebt, wie man die Szene belebt, bzw. wie jeder auf seine Art den eigenen Senf dazu gibt, seinen Beitrag entdeckt und dann auch leistet. Genauso habe ich es oft erlebt, dass man selber von der Szene belebt wird; dass man getragen, ja versorgt wird. Es wird viel verlangt, aber es gibt auch viel Bedarf. Das ist eine sehr schöne Seite meines Lebens geworden. Wer viel zu bieten hat, wird beschäftigt, und wer beschäftigt ist, wird auch versorgt.

Natürlich ist es nicht immer eins zu eins. Lerngeld muss man auch einkalkulieren. Ein völlig gerechtes System gibt es auf dieser Welt sowieso nicht. Aber ein wesentlicher Schritt Richtung Gerechtigkeit ist es, dass das System der österreichischen Musikszene abgestuft ist. Es gibt viele Stufen und  Möglichkeiten auf jeder Stufe, sowie in jedem Bereich. Genauso gibt es Herausforderungen auf jeder Stufe und in jedem Bereich.

Leicht ist es nicht, schön aber schon, zu wissen, dass man einen Traum realisieren kann: den Traum ein Musiker zu sein, dass man sich in diesem Traum weiterentwickeln kann und dass man von diesem Traum auch leben kann.

### *Traurig? Glücklich?*

Orchestersekretär: Warum schauen hier alle so traurig aus?
Musiker: Wieso, wurde die Spielzeit doch verlängert?

Orchestersekretär: Warum schauen hier alle so glücklich aus?
Musiker: Wieso, wurde die Spielzeit doch verlängert?

### *Trompetenvertrag*

Ein selbstsicherer Trompeter:

„Grüß Gott! Wenn Sie ein paar Minuten hätten. Es geht um eine Kleinigkeit, nämlich um meinen Vertrag."

Orchestersekretär:

„Ja, gut, dass Sie vorbeischauen. Ich wollte mit Ihnen schon längst über eine noch kleinere Kleinigkeit reden, nämlich über Ihren Beitrag."

### *Laut und Leise*

Laut und Leise sind relative Begriffe. Nicht jeder denkt in seinem Empfinden von Lautstärke „von 0 an". Viele schon, aber im Zeitalter der elektronischen Instrumente nicht alle. Das Instrument bestimmt mit. Die Stilrichtung der Musik und die Umgebung, in der die Musik gespielt wird, spielen auch eine Rolle.

Ob ein Musiker glaubt, dass er gehört wird oder nicht, kommt darauf an, ob er glaubt, dass er laut war. Das gilt nicht nur für das Spielen auf seinem Instrument, sondern auch für andere Geräusche die während eines Auftritts gemacht werden.

Es kommt manchmal vor, dass Kollegen etwas zu erledigen haben, dabei viel Lärm machen, es aber gar nicht zu merken scheinen. Die Konzentration kann offensichtlich so hundertprozentig sein, dass man gar nicht bemerkt, wie „laut" man ist.

Besonders irritierend ist so etwas, wenn plötzlich die Musik aus dramaturgischen Gründen leise wird. Die Kollegen merken das nicht, sondern schauen, dass sie mit ihrer Erledigung fertig werden. Es kann Notenblättern sein, Wasserklappe betätigen, Auflockerungsübungen der verschiedenen Körperteile vor einem wichtigen Einsatz, Ventile ölen, etwas auf den Boden legen, eine Verpackung aufmachen, den Bleistift auf den Notenständer zurücklegen.

In dem Augenblick sind sie taub. Die Nähe zum Mikrofon merken sie nicht. Manche stellen sogar das Mikrofon um, ohne wahrzunehmen, dass das Publikum dies mit Sicherheit hören wird.

Laute Instrumente nach einem lauten Einsatz sind besonders gefährlich. Die Frage ist, ob der Musiker auf der gleichen Kraft- und Lautstärkenebene weitermacht, nachdem er schon fertig gespielt hat. Sein Adrenalinspiegel schaut nach dem kräftigen Einsatz anders aus. Registriert er das? Ist er in Selbstbeherrschung geübt? Kann er sich bremsen? Oder kann er nur mehr Dampf ablassen? Beim Autofahren gibt es auch dieses Phänomen namens Autobahn- Hypnose. Nachdem man von der Autobahn abgefahren ist, fährt man manchmal viel zu schnell, weil man ein schnelles Tempo gewohnt ist und nicht auf z. B. „Ortsgebiet“ umgestiegen ist.

Lärm „im Tempo“ zu machen ist eine wertvolle Übung. Wenn es sein muss, dann sozusagen im Tempo. Ob es Husten heißt, Trompete auf den Ständer hinunter geben, umblättern, Dämpfer auf die Ablage zurückgeben; fast alles lässt sich im Tempo machen. Man muss nur daran denken. Dieses Bewusstsein löst viele Probleme, bevor sie zu Problemen werden können.

Tonaufnahmen sind die beste Möglichkeit, in dieser Richtung Erfahrungen zu sammeln. Ein guter Tontechniker hört fast alles und unter Umständen muss er den Musiker, der sich nicht ruhig verhalten konnte bitten, noch einmal zu spielen, weil er Geräusche gemacht hatte. So kann man Selbstbeherrschung lernen. So kann man sich aber auch viele Feinde machen, denn schließlich müssen alle länger bleiben und noch einmal aufnehmen, wenn auch nur einer Lärm gemacht hat.

## *Musiker durch und durch*

Ein unpassendes Quietschen im Orchestergraben.
Es klang nach Sessel oder Ständer.
Alle fragten sich: „Wer war das?“

Gerald: Musiker, durch und durch?

Gerhard: Vom Scheitel bis zur Sohle Musiker?

Es stellte sich aber heraus, dass ein Tubist der Quietscher war. Hauptsächlich spielte er bei diesem Musical Bassposaune, aber einige schöne Stellen für Tuba waren auch dabei.

Nur Platz für die Tuba gab es nur hinter seinem Sitzplatz. Der Tubist musste sich also umdrehen, um die Tuba in die Hände nehmen zu können. Manchmal verursachte dieses Drehen eine Reibung zwischen seiner Schuhsohle und dem Boden des Orchestergrabens, so dass ein Quietschen ertönte. Seither gilt er als unser Quietsch-Tubist.

### *Die Pünktlichkeit*

Einige Musiker, die ich kenne, sind verantwortungsbewusst und erscheinen in der Regel pünktlich oder sogar überpünktlich zum Diensteinsatz. Dieses Charaktermerkmal wird sehr geschätzt und mancher wird auch darum beneidet. Aber Pünktlichkeit wird auch verschieden aufgefasst und wirkt bei manchen fast so wichtig wie die musikalische Vorbereitung.

Es gibt sogar ein paar Musiker, bei denen man fast schon vermuten könnte, dass die Pünktlichkeit noch viel wichtiger ist als die musikalische Vorbereitung. Ja, für manche ist das Sekundäre primär und musikalische Mängel lassen sich für eine gewisse Zeit hinter überlebensgroßen sekundären Punkten, wie zum Beispiel der Pünktlichkeit, verstecken.

Ich bin anders programmiert. Ich bin ein Typ, der oft nur Minuten vor einem Auftritt auftaucht; zeitgerecht, aber knapp. Die Zeit wird oft sehr genau berechnet bei mir. Das ist häufig auch deshalb so, weil es nicht anders geht. Ich sage gerne zu, bin deswegen auch sehr beschäftigt, und habe mich auch daran gewöhnt, dass es meistens knapp sein wird. Ich fühle mich im Allgemeinen dabei recht wohl. Es kann aber manchmal zu Problemen führen, etwa wenn ein kleines Missverständnis auftaucht.

Zum Beispiel schrieb ich eines Tages eine falsche Adresse auf, weil der Musiker, der mir am Telefon die Adresse durchgegeben hat, zu viel getrunken hatte, und seine Aussprache deswegen alles andere als klar und deutlich war. In weiterer Folge erschien ich pünktlich am Treffpunkt und wunderte mich, dass ich als erster da war. Das kommt ja relativ selten vor. In diesem Fall blieb ich allerdings auch der einzige.

## *Niemand ist perfekt*

Ein Dirigent, der dafür bekannt war, mit saurem Gesicht seinen Podest zu besteigen, hatte wieder Dienst. Der erste Akt lief ohne Zwischenfälle ab. Nach der Pause saßen alle Orchestermusiker schon auf ihren Plätzen und der Dirigent stieg wieder ein. Er drehte sich zum Orchester hin und lächelte.

Ein Musiker: „Na schau her; was Neues."
Ein zweiter Musiker: „Niemand ist perfekt!"

### *Die CD*

Hintergrund: Es ist Faktum, dass unser Theaterorchester ein neues Musical ordentlich einstudiert und dann sofort die CD aufnimmt, damit das Theater entweder bei der Premiere oder so bald danach wie möglich dem Publikum die CD zum Kauf anbieten kann. Die Aufnahme ist dann sowohl einstudiert als auch frisch und neu. Im Laufe der Vorstellungen (6-7x pro Woche) ergibt sich aber dann die eine oder andere stilistische Feinheit, die sich durch die vertiefte Beziehung zum Stück herauskristallisiert. Diese Feinheit wird dann nicht in dieser Form auf der CD zu hören sein. Ein genauer Zuhörer wird unter Umständen den einen oder anderen kleinen Unterschied merken.

Eines Abends nach der Vorstellung besuchte ein aufmerksamer Theaterbesucher den Orchestergraben und sah, dass einige Musiker noch im Graben saßen und ihre Sachen zusammenpackten. Er wollte uns seine Begeisterung kundtun. „Also, ich muss schon sagen“, fing er an, „dass die heutige Vorstellung sogar besser als die CD-Aufnahme war!“ Ein schlagfertiger Schlagzeuger: „Na klar, inzwischen kennen wir das Stück.“

### *Der Notruftrompeter*

Es war der 19.12.1999. Der ganze Monat war für mich ziemlich hektisch gewesen. Um fünfundzwanzig Minuten nach vierzehn Uhr war ich bei Bobby Dodge, Posaunist, um ihn abholen zu können. Es war der Tag des Konzerts im Blindenheim in Unterdammbach, Niederösterreich. Auf dem Programm waren die Altlengbacher Chorgesellschaft unter der Leitung von Astrid Buchinger und das Altlengbacher Bläserterzett unter meiner Leitung. Peter Aschenbrenner spielte Tenorsaxophon und diverse Flöten. Er und ich unterstützten den Chor bei einigen Stücken instrumental .

Als Abwechslung zum Chor gab das Bläserterzett- Peter, Bobby und ich- einige Original- Arrangements aus meiner Feder zum Besten. Alles lief ganz gut bis auf ein Stück, ausgerechnet ein sehr bekanntes und beliebtes Weihnachtslied: „Es wird scho glei dumpa."

Auf einmal passte nicht mehr alles zusammen. Bobby setzte zum Teil aus und man merkte, dass er sich schwer tat. Ich verstand erst nach dem Konzert, warum es so gewesen war: Ich hatte Bobby falsche Noten gegeben. Er hatte trotzdem sein Bestes gegeben und das Konzert war ein Erfolg. Nach der Aufführung dankten wir einander für das schöne Konzert und ich versprach Peter und Bobby, ihnen ein schönes Buch als Weihnachtsgeschenk vorbeizubringen, „Otamoto sieht Wien", in dem ich zufällig auch abgebildet bin.

Astrid hat uns Instrumentalisten zu einem netten Empfang eingeladen und ich freute mich sehr darauf, aber Bobby musste heim. Ich brachte ihn auch nach Hause, nachdem wir ausgemacht hatten, wo wir uns für die Feierlichkeiten treffen.

Im Auto sitzend hörte ich mein Handy klingeln. Horst Reeh, ein Theaterkollege vom Chor, war am Apparat, und zwar im Auftrag eines anderen Chores, des Vienna Gospel Chors. Aneel Soomary war ausgefallen, und es fehlte der 1.

Trompeter. Horst wollte wissen, ob ich bitte aushelfen könnte.

Aneel hatte mich weiterempfohlen, nachdem er gehört hatte, dass es Probleme gab. Der Beginn des Konzerts wäre in eineinhalb Stunden, ungefähr eineinviertel Autostunden von mir entfernt. Die Noten waren alle dort. Sie waren auch sehr anspruchsvoll.

Ich musste die Weihnachtsfeier mit dem Kulturverein Altlengbach absagen. Das tat mir sehr leid. Ich versuchte den Zug um sechs Minuten nach achtzehn Uhr zu erwischen. Leider versäumte ich ihn. Der Gedanke an die lange Autofahrt nach Wien und Transdanubien bei diesem Wetter machte mir gar keine Freude.

Ich dachte an die Tatsache, dass ich nicht nur als Instrumentalist, sondern auch als Arrangeur - das kommt nicht allzu oft vor - bei der Weihnachtsfeier bedankt und gefeiert worden wäre. Mit diesen Überlegungen im Kopf rief ich Horst wieder an. Ich erklärte ihm, dass ich den Zug verpasst hatte und immer noch in Eichgraben war, dass es ziemlich heftig schneite, und falls sie mich nicht unbedingt bräuchten, dass ich lieber in Altlengbach bleiben wollte.

Sie haben aber mit mir gerechnet, und mich auch DRINGEND gebraucht, also fuhr ich nach Wien. In Hütteldorf stieg ich in die U-Bahn um und fuhr weiter. Auf dem Karlsplatz stieg ich wieder um und fuhr mit der U1 nach Kagran. Dort wartete Horst auf mich. Er brachte mich mit dem Auto zum Konzertsaal und betonte, dass wir wenig Zeit hatten.

In der Garderobe begrüßten mich die Zuständigen und dankten mir fürs Aushelfen. Sie gaben mir ein Packerl Noten zum Anschauen. Als ich sah, welche Aufgabe auf mich wartete, war ich fast überwältigt. Ich rief meine Frau am Handy an und sagte ihr, dass sie für mich beten solle. „Es wird sehr schwierig sein."

Ein anderer Trompeter war aber auch dort, Andi aus Amstetten. Er war um fünfzehn Minuten nach siebzehn Uhr, nach einem dringenden Anruf von Aneel, von Amstetten hergefahren. Er kannte die Noten auch nicht. Wir waren zu zweit und keiner kannte sich aus. Platz auf der Bühne gab es aber eigentlich nur für einen Trompeter. Auf Anhieb alle diese schwierigen Rhythmen zusammen zu spielen wäre auch illusorisch gewesen.

Wir entschieden, dass nur einer von uns spielen würde und der andere könnte wieder fahren. Andy war weiter gefahren und so ließ ich ihm die erste Wahl. Er entschied sich so, dass er mit 1000 Schillingen Schmerzensgeld zufrieden war und fuhr wieder nach Hause.

Ich erklärte, dass ich in diesem Fall bereit war, zu bleiben und zu spielen. Die Bedingung war, dass sie gestatteten, dass ich die Noten alle ordentlich anschauen durfte. Dazu brauchte ich etwa eine Stunde. Sonst hätte ein Auftritt- für mich und auch für sie- keinen Sinn gehabt. Sie waren einverstanden. Ich fing an die Noten zu studieren. In den sechzig Minuten kam ich zweimal durch den Notenstoß und wusste, wo ich aufpassen musste.

Das Ergebnis war ein Konzert, das ich wahrscheinlich nie vergessen werde. Die Arrangements waren modern und

schwierig. Ich war der einzige mit meiner Stimme, aber oft war es so, dass Posaune, Saxophon und Trompete einen Satz bilden mussten.
An anderen Stellen fand ich mich mitten in einem Solo und wusste es erst mittendrin.

Ich halte mich für relativ flexibel und nicht gerade unintelligent. Nun hatte ich aber die perfekte Gelegenheit, beides unter Beweis zu stellen. Ich musste auf der einen Seite Tempo und Stilrichtung berücksichtigen, auf der anderen alle Einzelheiten des Stückes, oder mindestens so viele wie möglich, und das, Stück für Stück, beim ersten Mal Durchspielen kapieren und wiedergeben. Es war wie Römisch-Griechisch-Ringen in der Highschool. Jede Bewegung war wichtig. Jede Entscheidung konnte die sein, die zum Verhängnis werden würde.

Perfekt war es nicht, aber irgendwie schon fantastisch. Der Posaunist, Chef der Bläsergruppe, war so begeistert, dass er mich anschließend für die CD-Aufnahme engagieren wollte. Ich war so fertig, dass ich mit niemandem über das Konzert sprechen wollte. Ich war fast nicht mehr ansprechbar. Ich hatte mich hundertzehnprozentig konzentrieren müssen und fast „Blut geschwitzt."

Ich wollte nur nach Hause. Es waren einige mir bekannte Gesichter beim Konzert. Als ich meine erschöpften Überreste zum Auto hinschleppen wollte, sprach mich eine Bekannte an, die nicht alle Einzelheiten kennen konnte, und fragte mich, ob es mir gefallen hätte. Sie kannte die Gruppe offensichtlich gut. Ich antwortete: „Ich habe alles vom Blatt gelesen, ohne Probe!“ Sie erwiderte: „Ich weiß.“ Wie viel sie gewusst hat, weiß ich nicht.

Es war mir auch nicht so wichtig. Ich fühlte mich wie ein Boxer nach dem Ringkampf. Ich hatte Kopfweh und wollte einfach nach Hause. Horst brachte mich mit dem Auto wieder zur U-Bahn. Aus dem Fenster eines anderen Autos rief mir jemand zu. Vielleicht war es Peter Rabenau. Ich wusste es nicht mit Sicherheit. „Jerry, ich bin stolz auf dich.“ Ich bedankte mich. Ich war hungrig, müde und fast krank.

Als ich endlich in der U-Bahn saß, nahm ich mein Handy zur Hand um Madelon anzurufen und ihr mitzuteilen, dass ich das Konzert überlebt hatte.

***Zusammenfassung:***

Schadensmeldungen:

1) Es gab ein Missverständnis mit dem Honorar. Das ist nie gut, aber nach einem solchen Einsatz war es noch weniger gut. Auf der anderen Seite wusste ich, dass solche Gruppen nicht über grenzenlose Finanzen verfügen. Ich hatte zugesagt und es blieb dabei.

2) Es war schade, dass ich die Feier in Altlengbach absagen musste, aber es war eine Notsituation.

3) Die peinliche Tatsache, dass zwei Trompeter bestellt waren, hat natürlich doppelt wehgetan. Es war eigentlich gar nicht notwendig, dass ich hinfahre.

4) Es gab einige Fragen und Bemerkungen von anderen, die Antworten oder Stellungnahmen von mir erwartet hätten. Ich war nicht in der Lage, normal darauf zu reagieren.

5) So ein Konzert und solche Noten prima vista zu spielen ist eine sehr gefährliche Aufgabe.

6) Ich war kaputt.

Segensmeldungen:

1) Trotz der Missverständnisse zum Thema Geld war mir das Honorar eine willkommene Hilfe.

2) Das Problem der zwei Trompeter hatten wir lösen können, ohne dass jemand sich ganz umsonst bemüht hatte.

3) Das Konzert mit so wenig Vorbereitungszeit so gut über die Bühne zu bringen, dass alle so begeistert waren und eine CD- Aufnahme erwünscht war, ist nicht alltäglich. Die Herausforderung war eine gute Erfahrung.

4) Es war eine gute Gelegenheit aus Prinzip („Man braucht meine Hilfe" ) und nicht nur nach Gefühl zu entscheiden. Die Auswirkungen waren möglicherweise für viele Menschen wichtig.

5) Ich hatte Gottes Treue erfahren.

6) Ich freute mich sehr, Aneel helfen zu können, dem Chor helfen zu können, und das Konzert in der ursprünglichen Form retten zu können.

7) Ich hatte abgenommen.

8) Ich hatte wieder eine Eintragung für mein Buch.

### *Liedertext: aus „Du, meine Kraft“* 9

Manchmal im Leben ist der Weg recht steil.
Kraft scheint‘s zu wenig zu geben.
Wenn ich als Schwacher zu dir hinkomm‘,
Finde ich die Quelle des Segens.
Du bist nicht schwach wie ich,
sondern die Kraft des Lebens.
Du, meine Kraft. Du, meine Hilfe.
Du allein verstehst.
Ich habe gesehen und merke immer wieder:
Glücklich der Mensch, auch wenn er sich schwach fühlt,
der mit dir Hand in Hand geht.

### *Autopolizzennoten*

Vor einige Zeit habe ich begonnen, mehr Naturtrompete zu spielen und es gefällt mir sehr. Unter anderem habe ich im Wiener Stephansdom gespielt. Die anderen Trompetenkollegen waren gute Kumpel: Andreas Kretz, Harry Stahara oder Freddi Staudigal. Es war immer schön. Am 26. 12. 2002 war wieder so ein Auftritt. In der Früh schaute ich in meine Tasche, um sicher zu stellen, dass die

Noten bei mir waren. Ich hatte nämlich zu Hause geübt. Es gab einige Fallen für Naturtrompeter. Entweder schaut man sie vorher an, oder man wünscht sich im Nachhinein, dass man es gemacht hätte. Ich wollte sicher sein, dass ich die Noten nicht am Notenpult liegengelassen hatte.

Die Naturtrompete hat bekanntlich keine Ventile im Sinne eines modernen Instruments, sondern Tonlöcher, die man wie bei einer Blockflöte zuhält oder aufmacht. Als ich sie zum ersten Mal probierte, wusste ich, wozu ich mit dreizehn Jahren – zusätzlich zu meinem Hauptinstrument Trompete - Klarinette gelernt hatte.

Meine Noten waren in einer Art Mappe, die aus dem Theaterdienstplan für November gebastelt war. Ich sah und erkannte schnell die richtige Mappe in meiner Tasche und war gleich beruhigt. Ich musste schnell losfahren, damit ich rechtzeitig zur Probe kam.

In Wien stieg ich in die U-Bahn um, die eine optimale Verbindung zum Stephansplatz hat. Bei dem Station Karlsplatz, wollte ich mich nochmals versichern, dass alles bei mir war, und so machte ich meine Tasche wieder auf. Statt meiner Noten fand ich eine Autoversicherungspolizze. Ich hatte nämlich vor kurzem einen Autounfall gehabt und hatte die Polizze noch in meiner Tasche. In diesem Augenblick hatte ich das Gefühl, um zwei Monate zu altern.

Es gab aber keine Zeit oder Möglichkeit, etwas zu machen. Als ich beim Probesaal eingetroffen war, begrüßte mich Andreas, mein Trompetenkollege, sehr leise. Der Dirigent wollte schon anfangen. Ich erklärte ihm, auch sehr leise, dass ich meine Noten zu Hause vergessen hatte. Er glaubte, dass ich Witze mache und lachte kurz, aber nur sehr kurz, bis er sah, dass ich nicht mitlachen konnte.

Er nahm die Situation sehr ernst, überlegte die beste Strategie und leitete mein Problem an die zuständige Person weiter. Innerhalb von Sekunden, während ich noch die Trompete stimmte und aufwärmte, landete eine Kopie meiner Noten auf meinem Notenpult. Eigentlich waren es keine Kopien, sondern die Originalnoten. Die Noten, die noch bei mir zu Hause lagen, waren die Kopie. Andreas und die Dommusik hatten mir den Tag gerettet. Die eigentliche musikalische Aufgabe war im Vergleich dazu relativ leicht. Alles ist sehr gut gegangen.

Harry Stahara, ein hervorragender Barocktrompeter, hörte die Messe im Radio und fragte mich ein paar Tage später, ob ich gespielt hatte. Es hatte sehr schön geklungen.

## *Zweite Trompete als Erste Trompete*

Am Nachmittag des gleichen Tages hatte ich einen anderen Termin angenommen, und zwar mit der Manfred Spiess Big Band Projekt in Wimpassing, Niederösterreich. Die Probe war für fünfzehn Uhr geplant, der Auftritt um 19:30 Uhr. Die Gage stimmte.

Als ich den Termin angenommen hatte, fragte ich, welche Stimme ich spielen sollte und bekam zur Antwort:
„2. Trompete…vielleicht kannst du hin und wieder bei der ersten Stimme aushelfen, um den ersten Trompeter ein wenig zu entlasten.“ Nach dem Vormittag war mir das besonders recht.

Als ich gerade noch rechtzeitig bei der Probe eintraf, war die Band schon auf der Bühne. Ich hatte keine Zeit um mich einzuspielen, packte aus und ging an meinen Platz auf der Bühne. „Also, wo ist die zweite Mappe?" fragte ich. „Stehe ich da richtig?" „Ja, du stehst richtig. Du spielst erste Trompete," kam die Antwort. „Ah so? Na, vielleicht können wir teilen," schlug ich vor, enttäuscht, aber noch freundlich. „Nein, du spielst erste. Ich habe keinen Ansatz, habe in der letzten Zeit überhaupt nicht üben können." Und so blieb es.

Wir probten von fünfzehn Uhr bis 18:30 Uhr. Das Konzert war von 19:30 Uhr bis zweiundzwanzig Uhr. Nachher gab es ein gemütliches Beisammensein, viel Essen, Trinken, Geschichten aus dem Leben der zwei Gastsolisten, Heinz von Hermann (Sax) und Dusko Goykovic (Trompete) anhören, und Witze erzählen. Es war für mich ein sehr interessanter Abend.

Beide Solisten waren hervorragende Musiker und interessante Persönlichkeiten. Dusko hatte bei Stan Kenton und bei Maynard Fergusson gespielt. Um zwei Uhr früh haben wir Schluss gemacht. Schließlich musste ich ein bisschen schlafen. Ich hatte um fünfzehn Minuten vor neun Uhr in der Votivkirche eine Probe und nachher die Messe- auf der Trompete in C.

## *Erfolg im Tonstudio*

Eines Tages rief mich die Sekretärin eines Wiener Tonstudios mit dem Namen „Vienna Sound" an. Sie erklärte, dass sie meinen Namen von der Witwe eines

Musikprofessors bekommen hatte, bei dessen Begräbnis ich gespielt hatte. Sie lachte und war gute Laune, als wir uns über das Projekt unterhielten. Es ging um eine kurze Melodie – ungefähr hundert Sekunden lang – und sie wollte über den Preis reden.

Gott sei Dank hatte ich genug Tonstudio-Erfahrung, um zu wissen, was in so einem Fall passieren kann, und so erklärte ich ihr, dass man oft eineinhalb Stunden aufnehmen muss, um eine Melodie mit 100 Sekunden Länge endlich richtig aufgenommen zu haben. Daraufhin haben wir uns auf einem Grundpreis geeinigt, mit einer Draufzahlung, falls es wirklich länger dauern sollte.

Am Tag der Aufnahme ging ich zum Studio. Es dauerte nicht lang, bis sich der Komponist vorstellte. Herr Pfaff wollte endlich ein Lied aufnehmen, das er vor 35 Jahren komponiert hatte. Es gab keine richtige Trompetenstimme, sondern eine sechsseitige Partitur in C. Die Melodie, die ich spielen sollte, war um eine Oktave zu hoch geschrieben. Trotzdem versuchten wir es.

Der Komponist war so begeistert von meinem Trompetenspiel, dass er mir auf der Stelle €100,- überreichte. Er rief den Tontechniker und lobte mit lauter Stimme meine Musikalität, meinen Ausdruck, alles, was ihm einfiel. Ich bedankte mich natürlich. Das kleine Problem, das ich hatte, war, dass ein anderer Preis ausgemacht worden war, zwar nicht viel, aber doch ein bisschen höher. „Nein, nein", versicherte mir der Tontechniker. „Den ausgemachten Preis zahlt das Büro. Das hier ist von ihm persönlich."

Wir arbeiteten weiter und als wir zum Schlussakkord kamen, hatte ich einen kleinen Vorschlag. Der Komponist war bereit, ihn einmal anzuhören und zu überlegen, ob es ihm gefiele. Ich spielte es ihm einmal vor. Es gefiel ihm außerordentlich. Er kam aus dem Aufnahmeraum, streckte mir seine Hand entgegen, gab mir noch €20 und umarmte mich. Er verließ das Studio in einer Wolke voll Lob für mein Trompetenspiel.

Er war so begeistert, dass der Eigentümer und die Sekretärin auch hereinkamen, um zu sehen was los war und irgendwie an den Feierlichkeiten teilzunehmen.

Der Chef sprach mich an und erzählte über sein Leben. Er hatte zehn Jahre für Disney Studios in Kalifornien gearbeitet und kannte auch Nashville gut. Ich hatte in Nashville drei Jahre lang gewohnt. Der Name Vienna Sound wurde in Nashville erfunden, nachdem er mit Nashville Sound Studios zusammengearbeitet hatte. Ich kenne das Studio. Gebaut wurde sein Studio mit Geld, das er bei Disney verdient hatte.

Mit dem Austausch von Visitenkarten und dem Versprechen, uns in Zukunft wiederzusehen gingen wir auseinander.

### *Geburtstagsständchen*

Hubert Feiertag, Obmann des Musikvereins Altlengbach, bat mich, zum siebzigsten Geburtstag seines Vaters zu kommen und ein paar Lieder zum Besten zu geben. Dabei hatte er zwei spezielle Wünsche: die „Heimwehmelodie“ und „Glocken der Liebe“.

Ich wollte gerne kommen und spielen, konnte aber noch nicht sagen wann, weil ich an dem Abend eine andere Spielverpflichtung hatte. Der Keyboarder Christian Terzinsky hatte mich gebeten, mit ihm zusammen eine Veranstaltung zu gestalten, und ich hatte zugesagt. Ich wusste aber noch nicht, um welche Uhrzeit wir anfangen würden.

Zwei Tage vor dem Geburtstagsfest rief mich Christian an und erklärte mir, dass wir um 20:30 Uhr beginnen würden, Treffpunkt um zwanzig Uhr. Die 70er-Feier würde in der Nähe stattfinden, etwa zehn Autominuten entfernt, und sollte um halb sieben abends beginnen. „Das müsste sich ausgehen“, dachte ich und rief Hubert an, um ihm zuzusagen.

„Glocken der Liebe“ kenne ich gut und habe es schon oft gespielt. Die „Heimwehmelodie“ war mir ein Begriff, aber ich hatte sie noch nie gespielt. Ich suchte sie im Internet, aber fand sie nicht zum Anhören.

Ich rief meinen Trompeterkollegen Willi Poisinger an und erklärte ihm das Problem. Er schickte mir die Noten per E-Mail. Ich hatte so viel zu tun, dass ich erst drei Stunden vor dem Auftritt die Noten zum ersten Mal anschauen konnte. Der Mittelteil der „Heimwehmelodie“ war mir fremd und bereitete mir einige Probleme.

Ich wollte die Stücke beim Fest auswendig vortragen. Nachdem ich die Stücke relativ gut draufhatte, bat ich meine Frau Madelon und unseren Sohn Gerald Junior, mir als Publikum für eine Generalprobe zu dienen. Alles ging gut. Ich schaute auf die Uhr. Es war Zeit mich anzuziehen und mich auf den Weg zu machen.

Ich wiederholte den „Heimweh“ - Mittelteil im Auto mehrmals, um auf Nummer Sicher zu gehen. Da rief Hubert an, um zu fragen, ob ich schon unterwegs wäre. Er erklärte mir, dass alles anders gelaufen war als geplant. „Der Papa ist schon da, viel früher als ausgemacht.“ - „Macht nichts! Wenn du da bist, bist du da.“

Als ich angekommen war, suchte ich einen Parkplatz und stieg aus dem Auto aus. Hubert winkte mir von der Gasthaustür aus zu. Als ich auf ihn zuging, erklärte er mir den neuen Ablauf. Ein Keyboarder sollte ein Begrüßungslied spielen, danach käme mein erstes Trompetensolo, danach gesprochene Texte, und danach das zweite Trompetenstück.

Nun, aus dem Begrüßungslied des Keyboarders wurde ein Begrüßungspotpourri mit beträchtlicher Länge. Die Leute waren begeistert und klatschten und sangen mit. Die Stimmung war laut und fröhlich. Ich war in Stellung gegangen und wartete auf ein Zeichen von Hubert. Plötzlich fiel mir der Mittelteil meines ersten Liedes nicht mehr ein.

Ich klatschte mit den anderen mit, um nicht aufzufallen und suchte gleichzeitig in meinem Gedächtnis die Melodie des Mittelteils, doch sie fiel mir nicht ein.

Ich überlegte schnell, ob ich nicht zum Auto hinauslaufen sollte, denn die Noten waren im Auto. Ich wusste aber nicht, wann ich das Zeichen von Hubert bekommen würde. Es konnte jede Minute so weit sein. Ich überlegte, ob die Leute vielleicht den Mittelteil singen könnten - sie waren so gut aufgelegt. Aber was wäre, wenn sie den Text nicht kannten, oder nur ein paar? Das war also auch keine gute Idee.

Plötzlich war das Keyboardstück zu Ende. Hubert sprach einige Worte. Schweißüberströmt dachte ich weiter nach und betete zu Gott um Hilfe. Plötzlich fiel mir der Mittelteil wieder ein. Ich wiederholte ihn schnell ein paar Mal im Kopf und schon war es so weit. Hubert stellte mich den Besuchern vor. Ich stand auf und spielte das Lied vom Anfang bis zum Schluss. Es funktionierte tadellos. Alles war da!

Danach gab es eine kleine Pause vor den nächsten gesprochenen Texten. Und danach spielte ich wie ausgemacht die „Glocken der Liebe“. Alles lief klaglos ab. Bravo! Man lud mich zum Buffet ein, aber ich erklärte bedauernd, dass mein nächster Auftritt in wenigen Minuten beginnen würde und nahm Abschied. Viele bedankten sich bei mir, während ich wegging. Der Held verließ die Stätte seines Sieges. Das war aber sehr knapp! Mit dem Keyboarder hatte ich nicht gerechnet.

Ich war so froh, die Gelegenheit heil überstanden zu haben, dass ich ohne Trompetenkoffer samt Inhalt weggehen wollte. Hubert sah es Gott sei Dank und erinnerte mich daran. Ich holte dankend den Koffer. Das Mundstück, das ich beim Ball verwenden wollte, war auch drinnen - auch nicht so unwichtig!

### *Gute Prinzipien wiederholt*

Ein Theaterkollege las in einem Buch über den Trompetenansatz und schwärmte von dieser Theorie. Sein Interesse steckte mich an und so schaute ich ein bisschen über seine Schulter: Ich las eine Erklärung zum Thema Trompetenansatz, den ich seit Jahren nicht mehr gesehen oder überlegt hatte. Ich wusste aber, dass es wichtig war, und so fing ich an darüber nachzudenken. Zu Hause angekommen, probierte ich einige Übungen mit dem Prinzip vor Augen. Am nächsten Tag bemerkte ich eine neue Frische in meinem Trompetenspiel. Es war eine sehr gute Therapie gewesen. Der Zeitpunkt hatte perfekt gestimmt.

### *Musikbetteln*

Die Auslöser für die folgenden humorvollen Texte waren eine Hochzeit der wohlhabenden Familie Habsburg und meine Erfahrungen als Straßenmusikant.
Was wäre daran falsch, wenn ein Straßenmusikant humorvolle Tafeln aufstellte, um sein Publikum zum Schmunzeln zu bringen?

Wer davon Gebrauch machen will, ist herzlich dazu eingeladen!

- Recycling Zentrale: Ich bitte um Ihr Altpapier, vor allem um das aus Ihrer Brieftasche.
- Denken Sie an meine Kinder, und vor allem an deren Eltern.
- Denken Sie an die Hungrigen von morgen! Spenden Sie jetzt, damit es nicht soweit kommt.
- Der letzte Winter war sehr lang und kalt.
- Hat es Ihnen gefallen? Investieren Sie in meine Zukunft!
- Ich bitte um eine kleine Spende. Über größere Spenden muss verhandelt werden.
- Denken Sie an die hungrigen Musiker dieser Welt. Wollen Sie, dass es so bleibt?
- Wahre Künste für bare Münze!
- Eine melodische Wende gegen eine freundliche Spende!
- Eine Melodie für das Herz, ein Spende für den Magen!
- Bleiben Sie kurz stehen und hören Sie sich eine Melodie an, an der ich seit 40 Jahren arbeite!
- Wollen sie abnehmen? Eine kleine Spende und Sie tragen schon weniger Gewicht nach Hause!

- Auch nur eine kleine Spende an die Musik kurbelt die Wirtschaft an! Innerhalb von 24 Stunden ist das Geld garantiert wieder im Umlauf!

- Das Schöne an der Musik ist, dass sie FAST NICHTS kostet!

- Aktion „Heizkörper“: eine kleine Spende und der Körper heizt weiter.

- Liederwünsche so lange der Vorrat reicht.

- Eine schöne Melodie? Bitte sehr!
  Eine kleine Spende? Danke sehr!

- Ein Ohrenschmaus gegen einen Bauernschmaus.

- Ein Musik-Witzerl für ein kleines Schnitzel!

- Eine kleine Spende, und wir kommen nächstes Jahr wieder. Eine große Spende, und wir kommen in zwei Jahren wieder.

- Wir nehmen auch persönliche Schecks!

- Hunderte von Noten für nur eine Münze.

- Eine Kinderportion Spende gegen eine erwachsene Leistung!

- Grosse Tauschaktion: 40 Takte gegen 20 Cent!

- Machen Sie uns eine Freude. Bleiben Sie stehen und hören Sie sich eine schöne Melodie an. Es kostet gar nichts, außer Sie bestehen darauf.
- Gratismusik zum Frohwerden- Gratis- CD gegen eine Spende!
- Drei Melodien zum Preis von einer!
- Nur heute! Sonderrabatt! Spenden Sie nur 50% und Sie kriegen die gleichen 100% Musik!
- Die heurige Welttournee unterbrachen wir, damit wir ein paar Tage bei Ihnen verbringen können, meine Damen und Herren.
- Duette zum halben Preis eines Solos! Sparen Sie 75%!
- Wir haben den Dirigenten eingespart, damit Ihnen die Spende nicht zu teuer kommt!
- Wir sind in der Besetzung „unplugged" für Sie da.
- Wir spielen für Sie die Naturtonreihe und unnatürliche Töne!
- Wir akzeptieren heute auch kleine Scheine!
- Sie brauchen sich beim Spenden nicht zu genieren. Wir schauen nicht zu. Alles bleibt anonym.
- Auf Wunsch wiederholen wir eine Melodie.

- Wir sammeln jeden Tag für hungrige Musiker!

- Wir bedanken uns für die Spende mit der folgenden Melodie, oder wenn Sie es wünschen mit einer kleinen Pause.

- Liederwünsche per Handy? Selbstverständlich! Ist schon eingeschaltet! Die Nummer heißt 0664 5108157.

- Schriftliche Musikwünsche bitte an die folgende Adresse schicken: Lengbachl 83, 3033 Altlengbach.

- Saisonbedingte Melodien aus dem heurigen Programm sowie auch Melodien aus dem Vorjahr bringen wir Ihnen heute, meine sehr geehrten Damen und Herren.

- Haben Sie keine Scheu vor dem Spendenhut, meine Damen und Herren. Er beißt nicht!

- Die heutige Aktion: Wer halb so viel spendet wie der Preis einer CD ausmacht, bekommt als Dankeschön eine halbe CD. Wer doppelt so viel spendet, bekommt 2 halbe CDs.

## *Allwetter- Marschieren*

Fritz Lendner, Posaunist und Chef der Polizeimusik-Bigband, hat mich für den Umzug am 18.6.2006 in Soß, Niederösterreich, bestellt; und zwar mit der folgenden Zusatzerklärung: Im Regenfall- Messe um acht Uhr; bei

Schönwetter- Umzug um 8:30 Uhr. Ich trug eine Schiene am linken Fuß, denn mein Bänderriss war noch nicht geheilt. Ich trainierte, probierte und überlegte, besprach meine Situation mit Fritz und sagte dann zu.

An dem Tag war es bis etwa 8:10 Uhr schön, dann kam ein starker Regensschauer. Danach war der Himmel wieder blau. Nachher regnete es abwechselnd stark und schwach bis 8:30 Uhr. Wie von einem himmlischen Schalter gesteuert, hörte der Regen pünktlich um 8:30 Uhr auf, und wir marschierten los. Ich Skeptiker nahm als einziger unter den Musikern, einen zusammenfaltbaren Regenschirm mit. Andere lachten, als ich mir ihn am Gürtel befestigte. Sie lachten aber nur kurz, denn um 8:50 Uhr, mitten im Umzug, fing es wieder zu regnen an.

Wir marschierten weiter. Ich war mit der Schiene zwar in der Lage zu marschieren, aber nicht in der Lage zu beschleunigen. Die anderen wollten natürlich nur so lange im Regen ausharren wie absolut notwendig, aber ich konnte das Tempo nicht mithalten. Ich marschierte humpelnd weiter, den Schirm und die Noten in der linken Hand, die Trompete in der rechten. Das Wetter lieferte uns einen vielseitigen Beweis seines Könnens- einmal Regen, dann wieder klar, danach strömenden Regen, danach nur mehr leichtes Nieseln. Zu jedem Marsch und jeder Fanfare lieferten uns die Wolken die entsprechende Atmosphäre.

Einmal, nach einer kurzen Pause, wollten wir wieder beginnen. Meine Noten rutschten mir aus der Hand und fielen zu Boden. Gott sei Dank waren sie in Kunststoffhüllen, sonst wären sie total ruiniert gewesen. Trotzdem wollte ich sie natürlich so schnell wie möglich wieder aufheben. Das ging aber nicht. Die Schiene am linken Fuß war mir im Weg. Ich konnte mich nicht tief genug bücken, um mit meiner Hand die Noten zu erreichen. Ein Kollege half mir und rettete damit die Aktion, eine sehr nette Geste mitten in einer hoffnungslosen Situation. Die Wolken belohnten ihn und uns alle und schenkten uns beim letzten Marsch Sonnenschein. So waren wir zwar alle durchnässt, aber gut gelaunt, als wir voneinander Abschied nahmen.

### *A''' Gewünscht?*

Es war der Tag, an dem die Blaskapelle Royal ihre CD im ORF Studio Burgenland in Eisenstadt aufnahm. Das Programm war nicht leicht. Unter anderem sollte ich einige improvisierte Solos aufnehmen und auch eine eigene Komposition dirigieren. Bei einem Titel namens „Onkel Joe", sah ich in den Noten, dass man von mir ein dreigestrichenes G erwarten würde. Nun, die Höhe war nie meine Stärke und ich bat daher einen Kollegen um seine Hilfe- ob er so nett wäre, mir diese kleine Aufgabe abzunehmen. Das machte er auch.

Ich hatte schon an meiner Höhe gearbeitet und auch einen deutlichen Fortschritt gemerkt, fühlte mich bei der Sache aber noch nicht ganz wohl. Ich improvisierte wie gewünscht und spielte dabei auch einige hohe Töne. Diese Tatsache brachte den Aufnahmeleiter, Peter Platt, auf eine fantastische Idee. Er bat mich, nach der Aufnahme zu warten. Er hatte eine kleine zusätzlich Aufgabe für mich.

Nachdem die anderen alle schon weg waren, bat er mich ein dreigestrichenes A beim Schlussakkord von „Trumpet Express“ zu spielen. Nun man muss wissen, dass das für mich eine unmögliche Aufgabe war. Ich hatte mich sehr gefreut, das dreigestrichene G abzugeben, und jetzt, am Ende des Aufnahmetermins verlangte er noch Höheres von mir. Auch wenn ich frisch gewesen wäre- und ich war alles andere als frisch- hätte ich das nicht gekonnt. Im Theater musste ich nicht so hoch spielen, und das war gut so.

Aber er wollte es, und so war ich bereit es zu probieren. Ich spielte mich im anderen Zimmer nochmals ein und probierte es. Ich war hundemüde und beim Aufnehmen ging es einfach nicht. Er wollte auch, dass der Tubist eine Stelle ausbesserte, und so schlug ich vor, wieder kurz wegzugehen und ein bisschen Ansatztraining zu machen. Inzwischen könnte er die Tuba aufnehmen. Zehn Minuten später könnten wir von mir aus wieder probieren.

Wir hatten schon acht Stunden intensiv aufgenommen, aber ich wollte sehen, ob ich den Ansatz reparieren konnte und dann vielleicht den Schlussakkord spielen. Ich wusste, dass mir diese Aufgabe zu schwer war. Allein ein dreigestrichenes A zu treffen war fast unmöglich! Treffen und auch noch stimmen - weil schließlich auch ein hoher Ton stimmen muss - das war bei mir einfach nicht drinnen, aber was soll es.... Probieren kann man ja. Wenn es nicht gelingt, war es nicht meine schlechte Idee, sondern seine!

Mit dieser Einstellung zog ich mich kurz zurück und machte ein paar Übungen. Nach zehn Minuten war es so weit. Die ersten und zweiten Versuche erzielten nur schlechte Ergebnisse. Beim dritten Versuch war der Ton unsauber, aber da. Beim vierten Versuch war der Ton stilistisch akzeptabel und präsent. Der Aufnahmeleiter war zufrieden und das letzte, das ich machen wollte, war ihm zu widersprechen. Ich fuhr nach Hause und dachte: „Mein Kopf war noch nie so gut durchblutet".

### *Leidensgenossen unter sich*

26.3.2007 Osaka, Japan: Mitten im Jetlag wird intensiv geprobt, mit dem Ziel einer hervorragenden Japanpremiere des Musicals „Elisabeth" mit originaler Wiener Besetzung auf der Bühne und auch im Orchestergraben.

Fast am Ende eines langen Probentages kontrollieren die Trompeter ihr Wohlbefinden:

Gerhard: Nachdem wir beide geschwollene Lippen haben, geht's wieder.

Gerald: Wir stimmen gut, aber nur miteinander.

### *Weihnachtskonzert am Klo*

Seit einigen Jahren spielt das Orchester der Vereinigten Bühnen Wien zur Weihnachten ein bunt gemischtes, anspruchsvolles Weihnachtskonzert.

Ein paar Wochen vor der Premiere probten wir dafür in der Hölle- so wird der Pausenraum im Theater an der Wien liebevoll genannt. Dieser Raum ist groß genug für eine Orchesterprobe und, wie der Name andeutet, liegt er sehr tief im Haus. An einem bestimmten Dezembertag waren die Putzfrauen zur gleichen Zeit wie das Orchester in der Hölle eingeteilt. Sie putzten und das Orchester probte.

Während einer Probe musste ich plötzlich aufs Klo. Das war in dem Fall überhaupt kein Problem, weil das nächste Stück nicht mit Trompeten besetzt war. Es stand nur das kleine lateinische Wort „tacet" in den Noten. Das heißt so viel wie „schweigen", oder in dem Fall „nicht spielen".

Ich stand auf und ging über den Gang zum Klo. Die Außentür war offen, um zu lüften, nachdem die Putzfrau das Klo blitzsauber geputzt hatte. Ich ging hinein, suchte einen angenehmen Sitzplatz und bald ging es mir viel besser.

Bevor es zu spät war, fiel mir ein, dass das Runterlassen nicht in Frage käme. Das hätte Lärm gemacht, bis in die Hölle hinein. „Gut", dachte ich mir. „Ich mache die Außentür zu". Die war aber mit einer gefederten Bremse aus Metall fixiert, die auch ganz schön laut krachen kann, wenn sie mit dem Fuß ausgelöst wird. Weil ich das wusste und Gott sei Dank rechtzeitig daran dachte, und weil ich auch gerne weiterhin im Theater arbeiten wollte, entschied ich mich für die sanfte Welle: Ich bückte mich nach vorne, um die Bremse mit beiden Händen geräuschlos auszulösen. Ein kleines Detail hatte ich allerdings unberücksichtigt gelassen, nämlich einen winzig kleinen Infrarotstrahl. Beim Bücken durchtrennte ich diesen Strahl mit meinem Kopf, ganz kurz bevor ich die Türbremse auslösen konnte. Der Infrarotstrahl löste die

Spülung für eine ganze Reihe Pissoirs gleichzeitig aus. Das machte solchen Lärm, dass man das Orchester nicht mehr hören konnte. Mir klang es, als rauschten plötzlich die Niagarafälle in die Hölle hinein. In diesem Augenblick hätte fast mein Nervensystem versagt. Von der anfänglichen Entspannung war nichts mehr zu merken.

Also, ich weiß, dass das Leben eines Trompeters mit Herausforderungen und Spannungen gefüllt ist, aber wenn es so stressig geworden ist, dass man sich nicht einmal beim „tacet" am Klo entspannen kann, dann geht es meiner Meinung nach zu weit.

### *Schlaflos in Eichgraben*

Da ich manchmal Übersetzungsarbeiten annehme, hatte ich an einem Freitagvormittag Briefe zu übersetzen, und zwar aus dem Deutschen ins Englische. Am Nachmittag unterrichtete ich und am Abend hatte ich im Theater an der Wien Dienst. Um 0:30 Uhr war ich wieder zu Hause und fiel sofort ins Bett.

Ich hätte lang schlafen können, aber die Pflicht rief. Ich zwang mich in aller Frühe aus den Federn, weil ich ein Musikstück fertig komponieren musste. Den ganzen Tag arbeitete ich nur daran. Es gelang mir nicht. Ich war todmüde, hatte aber keine Zeit auszuruhen. Um zwanzig Uhr musste ich in Eichgraben sein, um einen Ball zu spielen, der bis vier Uhr früh dauern würde.

Da Eichgraben nur fünf Autominuten von meinem Haus entfernt ist, legte ich mich fünfzehn Minuten hin. Mehr war nicht drinnen. Ab zum Ball! Kaffee und Koffeinkapseln haben mich beim Spielen wach gehalten. Ich habe mich auf der Bühne auch überdurchschnittlich viel bewegt. Beim Tanzen schläft bekanntlich niemand ein.

Es war ein langer Abend, und nachher musste noch die Schwerarbeit des Bühnenabbaus getätigt werden. Um 5:15 Uhr war ich wieder zu Hause, aber ich durfte nicht schlafen gehen. Ich musste noch fertig komponieren. Bis 8:15 Uhr arbeitete ich durch. Alles war fertig, und das zeitgerecht!

Ich versuchte die Stimmen auszudrucken. Die Tintenpatrone war leer. Ich versuchte es mit zwei anderen Tintenpatronen. Die funktionierten auch nicht. Ich war so müde, dass ich fast doppelt sah. Mit der vierten Tintenpatrone klappte es endlich. Ich stieg ins Bett und schlief ein, noch bevor ich die Bettdecke über mich ziehen konnte.

### *Quintett zu viert*

Der Auftritt eines Jazz - Quintetts war geplant—Spielort Wilhelmsburg. Ein Musiker kam aber nicht. Und die anderen vier? Sie haben g'wartet (Quartett). Diesmal war es wirklich so. Warum warten, wenn man genauso gut „quarten" kann? Es hat nicht einmal schlecht geklungen. Gute Musiker machen schon was daraus.

An einer Stelle kam vom Tubisten Franz Griesler die optimistische Feststellung: " Hey, diese Gruppe hat Zukunft!" Danach kam mir die Erkenntnis: „Eine Gruppe, die nur einmal pro Jahr auftritt, hat keine Zukunft." Seither haben wir geschaut, dass wir öfters als nur einmal pro Jahr auftreten, damit wir beide Recht haben können.

### *Tag und Nacht*

In einem Gasthaus in Groß Enzersdorf, Niederösterreich, hatte ich mit einem Jazzquartett um die Mittagszeit einen Auftritt. Das Wetter war leider sehr schön. Wir waren im Gasthaus drinnen auf der Bühne, und die Leute waren draußen, im schönen, hellen Garten. Ein Konzert ohne Publikum ist eine Sache für sich. Das Konzert war nicht schlecht, nur schlecht besucht. Zum Schluss ist doch eine Person aus der Sonne und zu uns hineingegangen, um die Musik ein bisschen besser hören zu können. Es war die Tochter des Saxofonisten. Der Wirt lud uns zu einer warmen Mahlzeit ein. Mehr konnte er nicht machen. Langsam und genussvoll essen ist in so einem Fall das oberste Gebot.

Am Abend des gleichen Tages spielte ich mit der Blasmusikkapelle Bruck an der Leitha ein Platzkonzert. Ich wusste, dass Musikvereine nicht viel bezahlen und war darauf gefasst. „Vielleicht gibt es ein Würstel nachher", dachte ich. Umso mehr hat es mich überrascht, als der Schatzmeister zu mir hinüberkam und fragte, ob 1000 Schilling Fahrtgeld in Ordnung wäre (= €72,67). Ich war sprachlos. Er betrachtete kurz meine Miene und erklärte mir dann stolz: „Wir sparen nicht beim Profitrompeter."

***Leben und Lernen***

Es war ein schwerer Arbeitstag: Komponieren, mehrstimmig aufnehmen, improvisieren. Der Chef-Aufnahmeleiter lobte meine Arbeit, lud mich auf ein Getränk ein und bot mir 1000 Schilling für meine Gesamtarbeit an dem Tag an. Ich nahm sie, war aber schwer enttäuscht. Ich hatte ihn nicht als so knauserisch eingestuft.

Im Nachhinein dachte ich mir, dass es nicht gut wäre, diese Sache „sang- und klanglos" auf sich beruhen zu lassen. Ich hatte aber das Honorar schon akzeptiert. Ich rief den Chef an und erklärte ihm, dass er mich am linken Fuß erwischt hatte. Ich erzählte ihm, was ich normalerweise für eine solche Arbeit bekomme. Ich hatte ja komponiert und aufgenommen.

Er verteidigte sich am Anfang. Ich beruhigte ihn. Ich wollte ein Mann meines Wortes sein und diesmal beim Honorar bleiben, obwohl es meiner Meinung nach zu wenig war. Es ging mir um die Weitergabe einer wichtigen Auskunft zu meiner Person. Falls er meine Dienste nochmals brauchen sollte, wäre es mir recht, wenn er diese Auskunft berücksichtigte.

So sind wir als Freunde auseinander gegangen. Ich habe geschäftlich nie wieder mit ihm zu tun gehabt, aber das ist meiner Meinung nach ganz in Ordnung. Es gibt Leute, für die man nur Mittel zum Zweck ist. Es soll hervorragend sein, womöglich erstklassig, darf aber nichts kosten, oder fast nichts.

Mit manchen Menschen in der Welt der Musik muss man das Geschäftliche nicht einmal ansprechen. Es stimmt immer alles. Bei anderen muss man jede Kleinigkeit ansprechen, als ob man sich zum ersten Mal kennen lernen würde. So sind halt die Menschen wie Schneeflocken, keine zwei gleichen einander.

### *Brücken bauen und Pläne durchkreuzen*

Ein Mann kam auf uns zu, gratulierte uns und bedankte sich für unsere schöne Musik, die wirklich live war und nicht nur „Konservenmusik aus der Dose". Wir bedankten uns bei ihm auch und ich bat ihn, seine Meinung an den Veranstalter weiterzugeben, weil sie für uns alle wichtig sein könnte. Es war als, ob hätte er alles gehört, was wir gerade miteinander diskutiert hatten.

Adi Bichler, Trompeter und Chef der Bigband der Gendarmerie hatte mich engagiert, um beim großen Jahresball in Eggenburg mitzuspielen. Er brachte mir eine passende Gendarmenuniform mit. Zu Mitternacht gab es eine längere Pause und das traditionelle Mitternachtsessen für die Musiker. Adi erklärte mir, dass es nicht so leicht ist mit einer Gruppe dieser Größe. Viele nehmen lieber eine Vier- Man- Band und zahlen 75% von dem, was sie für die ganze Bigband bezahlt hätten. Sogar dieser Veranstalter hat es ihm nicht leicht gemacht.

Später trafen wir uns nochmals. Er erklärte, dass er Kapellmeister sei, und dass seine Schwester nach Innermanzing geheiratet hatte (wo ich Musik unterrichte). Wir staunten, dass die Welt so klein sei. Es war ein sehr nettes Gespräch. Er musste dann weg und ich aufs Klo, bevor die Bigband wieder auf die Bühne musste. Ich ging ins Klo und merkte, dass zwei Burschen, offensichtlich Kumpel, in einer Ecke des Klos Geheimpläne schmiedeten. Als sie meine Uniform sahen, wurden sie plötzlich leise. Ich ging weiter zur Toilette und machte die Tür zu. Ich hörte die Buben gerade noch gut genug, um vernehmen zu können, dass die zwei, nachdem sie mich gesehen hatten, ihre vermutlichen Spitzbuben- Pläne über Bord warfen.

## *Silvester*

Silvesterparty in der Universität für Bildhauerei in Wien. Scholem Alejkem lieferte die Musik. Ich spielte mit. Es war schon Mitternacht geworden und die Musiker machten Pause und gingen zum Buffet, um zu essen. Ich musste durch die Menschenmenge, um zum Buffet zu kommen.

Unterwegs fing eine Dame mit mir zu tanzen an. Ich tanzte ein paar Schritte mit und dachte, dass das reichen müsste. Sie wollte aber nicht locker lassen, sondern mit mir weitertanzen.

Ich sagte: „Ich kann nicht gut tanzen." Sie: „Na, sicher kannst du." Ich: „Mir fehlt die Übung. Ich meine, normalerweise, wenn andere tanzen, spiele ich." Sie: „Ah so?" Ich tanzte ein bisschen mit ihr, um nicht unfreundlich zu wirken.

Im Radio spielten die Wiener Philharmoniker „An der schönen blauen Donau". Wir tanzten weiter. Weil ich den

Walzer oft spiele und die Tempowechsel gut kenne, führte ich durch die Rubato - Stellen. Sie wirkte beeindruckt.

Sie: „Wo kommst du her?“
Ich: „Amerika.“
Sie: „Amerika, ha!“

Plötzlich blieb sie stehen, starrte mich an, und wirkte, als ob sie gerade aus einem Traum erwachte.

„Ich habe einen Musiker erwischt!“

### *Stress Pur*

Acht Uhr Abfahrt Altlengbach, Richtung Wiener Neustadt. Unsere Combo „Round Midnight“ spielte bis fünfzehn Uhr für ein Bezirkstreffen der Hauptschullehrer. Peter Aschenbrenner (Saxofon, Flöte), Christian Terzinsky (Keyboard), und ich (Trompete, Flügelhorn). Es war ein toller Erfolg. Um sechzehn Uhr durfte ich Richtung Gablitz fahren und dort eine Stunde fünfundvierzig Minuten mit dem „Wiener Stadtmusikanten“ - Quartett musizieren: Josef Graf (Chef, Schlagzeug und Gesang), Leo Kremser (Keyboard), Hermann Vasic (Sax und Flöte) und ich (Trompete). Danach musste ich schnell ins Theater zum Theaterdienst. Beginn 19:30 Uhr, Anwesenheitspflicht neunzehn Uhr.

Ich war unter Zeitdruck und spürte ihn auch. Ich dachte mir, dass es sich gerade noch ausgehen könnte. Ich fuhr gerade noch legal über eine Kreuzung, musste aber beschleunigen, um die nächste gelbe Ampel zu erwischen.

Das gefiel einem Polizisten nicht, der zufällig auch dort war. Er holte mich ein.

Nachdem er sah, dass ich ein Wappen der Wiener Polizeimusik im Auto hatte, fing er an, mir in belehrendem Ton alles aufzuzählen, was nur möglicherweise passieren könnte, wenn man zu schnell über eine Kreuzung fährt. Er war nicht zu bremsen. Er war schnell und ausführlich beim Reden und langsam beim Strafzettelschreiben. Ich wusste, dass er Recht hatte. Nur dachte ich mir auch, dass ich erst nächste Woche ins Theater an der Wien kommen würde.

Endlich war es vorbei. Ich durfte weiterfahren. Ich wusste, dass der Beginn der Vorstellung durch die perfekte Platzierung des kompakten Weiterbildungskurses zum Thema „Das Autofahren in der Großstadt" höchstwahrscheinlich verspätet wäre. Ich wusste aber auch, dass ich an der ganzen Sache schuld war.

Bevor ich das Theater erreichen konnte, klingelte mein Handy. Niki Friesenbichler, mein Trompetenkollege, war am Apparat. Er erklärte mir, dass es ein Missverständnis gab und bat mich statt ins Theater an der Wien ins Raimund-Theater zu fahren.

Das war die Rettung, weil es mir etwa fünfzehn Fahrminuten ersparte! Beim Raimund-Theater fand ich sofort einen Parkplatz und schaffte es, noch rechtzeitig auf meinen Platz zu kommen. Ich atmete durch, und die Vorstellung fing ohne Verspätung an.

## *Der Musiker und seine Pausen*

Franz Haidecker ist Posaunist bei der Polizeimusik Wien. Wir haben oft gemeinsam im Blechbläser-Quartett der Polizeimusik Sponsionsfeiern auf der Universität für Bodenkultur in Wien musikalisch umrahmt.

Eine solche Sponsionsfeier kann bis zu neunzig Minuten dauern. Die Bläser spielen in der Regel dreimal pro Sponsionsfeier: ganz am Anfang, beim Aufmarsch der festlich gekleideten vornehmen Herrschaften, die als Vertreter der Universität Gastgeber sind, ein zweites Mal in der Mitte, nachdem jeder Kandidat und jede Kandidatin persönlich vorgestellt wurde, und dann ein letztes Mal ganz zum Schluss.

Normalerweise finden drei oder vier solche Sponsionen an einem Tag statt, für die die Musiker spielen. Die Musiker sitzen dabei auf der Bühne, links vom Rednerpult und voll im Blickfeld der KandidatInnen und der anderen Gäste.

Video und DVD Aufnahmen der Sponsionen werden jedes Mal gemacht und den Gästen angeboten, denn eine Dokumentation der Feier mit sehr guter technische Qualität wird oft gewünscht. Die Musiker sitzen also auf der Bühne vor einer laufenden Kamera und können sich deswegen nicht zu sehr entspannen, überhaupt wenn man sich den vornehmen Anlass vor Augen hält.

Eines Tages erklärte mir Franz seine Einstellung Pausen gegenüber. „Das Schwierigste an diesem Geschäft sind die Pausen, nicht die Musikpausen, sondern die Rednerpausen."

Ich fand seine Bemerkung humorvoll und erzählte sie weiter. Thorsten Benkenstein, erster Trompeter in der Pepe Linhart-Bigband und auch ein Theaterkollege, ergänzte mit seiner Meinung: „Noch schlimmer ist es beim Ball, wenn man bis fünf Uhr früh zu spielen hat und die Band macht von drei Uhr bis vier Uhr Pause. Nachher muss wieder mit voller Kraft gespielt werden.“ Irgendwie muss ich ihm Recht geben.

## *Filmmusik in Wien, Film in München*

Am Vortag waren meine Lippen so geschwollen gewesen, dass ich mit meiner Trompete keinen einzigen Ton spielen konnte. Ich hoffte sehr, dass es heute anders ausschauen würde.

Am Morgen spielte ich mich zu Hause ein. Das Ergebnis war ermutigend und das war gut so, weil ich einen langen Aufnahmetermin vor mir hatte. Roland B. hatte die Musik für einen Film komponiert und bat mich, die Trompetenstimme aufzunehmen.

Im Tonstudio Benkö angekommen, begrüßte man mich freundlich und erklärte mir den Tagesablauf. Beim ersten Titel musste ich mich anstrengen, weil die Noten alle mit der Hand geschrieben und für mich optisch schwierig zu erkennen waren. Der Bleistift war aber dabei, und so konnte ich hier und da ausbessern, Hinweise eintragen, usw. Das war alles kein Problem. Wir fingen an. Roland kam in die Aufnahmekammer hinein und sang mir einen Rhythmus vor. „Nicht dah, da da da da dah, da dah da dah, sondern dah, da da dah, da da da da dah dah.“ Ich schaute die Noten genau an, und wir nahmen nochmals auf.

„Nein, nicht so, sondern so....“ Er besserte mich nochmals aus. Er sang mir aber einen Rhythmus vor, der nicht in meinen Noten stand. Tommy Benkö, Aufnahmetechniker, sah meinen Frust und schlug vor, dass wir eine kleine Pause machen.

Roland ging hinaus, um eine Zigarette zu rauchen. Ich erklärte Tommy, dass es ganz anders in den Noten stand. Er sagte, „Ja, das ist oft so bei Roland. Spiel das, was er sagt, nicht das, was in den Noten steht.“ „Wenn es so ist, dann brauche ich Zeit um die Noten auszubessern, “ sagte ich ihm. „Das geht in Ordnung; das musst du uns nur sagen.“

An diesem Tag nahmen wir zehn Stunden lang auf - 7 Titel und 4 Trompetenstimmen pro Titel, insgesamt achtundzwanzig Stimmen. Jedes Stück musste ich umschreiben, weil der gewünschte Rhythmus nicht in den Noten stand. Die Rhythmen waren kompliziert, sonst hätte ich sie mir einfach merken können.

Jahre später, in München auf Gastspiel mit Madelon dabei, sah ich bei einem Kino den Titel des Films von Roland. Wir mussten natürlich den Film anschauen und besorgten uns Karten.

Was soll ich sagen...nur einmal hörte ich überhaupt etwas Richtung Trompeten. Ich konnte es kaum glauben, nach so viel Arbeit. Aber, vielleicht hat der Filmproduzent die schönen Trompetenrhythmen angehört und gesagt: „Nicht so, sondern so!“

## *Das vertagte Gratisessen*

Wieder war es so weit. „Franky G. and his Dixie Stompers“ hatten wieder einen Auftritt im Gasthaus Filou in Wilhelmsburg. Ich rief Gereon Wolter, unseren Banjo-Spezialisten an. Wir vereinbarten, dass ich ihn so wie immer vom Bahnhof St. Pölten abholen würde. Und so war es auch. Das Konzert war lustig. Ich habe wieder viel geblödelt und die Gruppe hat zur Zufriedenheit aller Gäste gut gespielt.

Bei solchen Auftritten bekommen wir üblicherweise eine Gage und ein wunderbares Essen nach Beendigung des Konzerts. An diesem Abend aber unterhielten wir uns länger mit einigen Gästen, die inzwischen zu unseren Fans zählten. Plötzlich fiel mir ein, dass ich Gereon zum Zug bringen musste. Der letzte Zug ging um 23:59 Uhr. Ob sich das noch ausging?

Wichtig wäre das schon. Einmal war es mir nicht gelungen, den letzten Zug zu erreichen und ich musste Gereon mit dem Auto nach Wien zurückbringen. Das war für mich kein großes Problem, aber noch eine Stunde Autofahren, wenn man schon müde ist, kann natürlich ins Auge gehen. Wenn möglich, wollte ich mir das Risiko ersparen.

Wir fuhren los und erwischten gerade noch den Zug. Ich rief Franz per Telefon an. Die anderen waren bereits im Aufbruch. „Gut, dann fahre ich auch nach Hause, und wir sehen uns morgen bei der Silbernen Hochzeit.“

Am nächsten Tag, Samstag, spielte das Amadeus Brass Quintett bei einer Silbernen Hochzeitsfeier, nicht weit von

Wilhelmsburg entfernt. Nachher waren wir eingeladen und ein paar von uns fuhren zum Jagdschloss, wo gegessen und getrunken werden sollte. Wir erwarteten, dass wir gleich essen konnten. So war das aber nicht, sondern es gab einen Sektempfang und ein genussvolles Herumstehen und miteinander Plaudern.

Niemand sagte irgendetwas zum Thema „Essen". Weil ich aber an dem Abend Theaterdienst hatte, fragte ich eine Kellnerin, wann und wo gegessen würde. Sie sagte mir, dass im Laufe des Nachmittags gegessen wird und dass man wahrscheinlich innerhalb von zwei Stunden mit dem Essen beginnen würde.

Ich hatte eine bessere Idee. Wir stiegen ins Auto und fuhren zum Filou. Als wir eintrafen, erklärte ich der Kellnerin, dass ich am Vortag leider kein Essen bekommen hatte, „ und so bin ich heute wieder da." Sie sagte nichts dagegen, sondern zeigte uns einen freien Tisch. Sie war am Vorabend nicht da gewesen.

Wir bestellten, und kurz darauf bekamen wir unser Essen serviert. Es schmeckte herrlich. Als es Zeit war zu zahlen, fragte ich, ob das das Gratisessen vom vorigen Abend war, oder ob ich zahlen sollte. Sie verstand nicht, was ich meinte. Ich erklärte die Hintergründe. Sie ging kurz zur Chefin und kam zurück: „Geht in Ordnung!"

Ich spiele vielleicht zehn Mal im Jahr in Wilhelmsburg, aber nie zwei Tage nacheinander. Die Chefin kam an unseren Tisch und wir plauderten sehr nett miteinander. Sie informierte mich darüber, dass wir inzwischen einen richtigen Fanklub in Wilhelmsburg aufgebaut hatten. Das Dixieland- Konzert im Gasthaus Filou kommt sehr gut an.

Dankbar und zufrieden im Herzen und im Bauch fuhr ich in den Theaterdienst und lud einen Kollegen auf ein Kaffeetscherl ein.

### *Liedertext: aus „Vui, vui"* [10]

Als ich kam in die fremde Stadt hinein
Und blickte durch die fremden Gassen,
schaute mich an ein kleines Mädchen fein
und sang ein kleines Lied vom Herzen.
Als ich fragte nach ihrem Namen süß,
da schüttelte sie den Kopf verneinend.
Stattdessen sang sie das Lied nochmals für mich
Ganz ohne Freud', doch überzeugend.

Vui vui, dwat dio darita. Vui vui, dio dia dwa du da.

Hatte ich plötzlich einen Hunger groß,
so ging ich durch die Gasthaustüre.
Was ich dort sah, das krieg ich nicht mehr los.
Da ging der Raum von Essen über.
Ich setzte mich und begann zu essen. O!
Es schmeckte wie noch nie im Leben.
Der Ober sagte mir: „Alles inklusiv!"
Es gibt kein Geld im Garten Eden.

Vui vui, dwat dio darita. Vui vui, dio dia dwa du da.

## *Das Theater mit dem Bleistift*

Bei Theaterproben gibt es eine manchmal schier unverzeihliche Sünde, und das ist die Sünde, den eigenen Bleistift vergessen zu haben. Wer seinen Bleistift nicht mithat, ist unintelligent, unmusikalisch, ein Saboteur und verdient es, nicht mit den anderen gemeinsam ein musikalisches Projekt anzupacken.

Manchmal denke ich, dass es sehr gut ist, dass es die Todesstrafe in Österreich nicht gibt, denn vieles ist von der Laune des Dirigenten abhängig. Weil er manchmal überhaupt nichts dagegen hat, einen Musikerkollegen auf Grund einer Kleinigkeit zur Schnecke zu machen, und weil er manchmal viel strenger mit anderen umgeht als mit sich selber, und weil Musiker feinfühlige Menschen sind, und, und, und ... hat sich das Theater mit dem Bleistift entwickelt.

Das geht so: Wenn es darum geht, Kleinigkeiten in den Noten auszubessern, greift man dorthin, wo der Bleistift sein sollte und macht ein bisschen Lärm mit den Fingernägel am Notenpult. Das heißt für den Dirigenten: „Ich nehme jetzt den Bleistift in die Hand".

Man lehnt sich nach vorne und macht mit der Fingerspitze des Zeigefingers, je nachdem ob man Rechtshänder oder Linkshänder ist, kleine Kreise über die gerade angesprochene Stelle. Drei bis fünf Sekunden reichen aus. Danach macht man wieder mit den Fingernägeln ein bisschen Lärm am Notenpult. Man lehnt sich wieder im Sessel zurück und nickt dem Dirigenten zustimmend zu.

Bis zur Pause merkt man sich die Stelle, und in der Pause organisiert man sich einen Bleistift und trägt alles ordnungsgemäß ein, damit der Kollege, der die nächste Probe macht, nicht die doppelte Strafe erntet.

Dieses Theater ist nicht unwichtig, denn ein Vulkan, der kein erstes Mal ausbricht, kann auch logischerweise kein zweites Mal ausbrechen. Vulkanausbrüche in nächster Nähe können, wie wir alle wissen, sehr gefährlich sein.

Manchmal ist im Orchestergraben das bessere Theater.

## *Stehplatz, Sitzplatz*

In letzter Minute drängten ein paar Männer in die Aufbahrungshalle und stellten sich unmittelbar vor die Musiker. Es war das Begräbnis am 10.5.2007 um elf Uhr auf dem Südwest- Friedhof in Wien. Die Männer wollten nach vorne sehen können und die Aufbahrungshalle war gesteckt voll.

Die Musik war für sie ein bisschen laut. Etwas anderes kann man in so einem Fall auch nicht erwarten. Ich habe versucht, sie ein bisschen zu schonen, aber schließlich spiele ich nicht nur für sie, sondern für alle Anwesenden.

Anschließend drehte sich einer von den zweien um, bückte sich, zwinkerte mit den Augen und steckte seinen rechten Zeigefinger in sein rechtes Ohr. Ich verstand seine nonverbale Botschaft sofort und erwiderte: „Laut, nicht wahr?"

Wenn man unmittelbar vor den Musikern steht, muss man damit rechnen, dass es ein bisschen laut werden könnte, oder?

Dieses Phänomen kommt auch anderswo vor. Es gibt Menschen, die sich auf einem Ball einen Tisch unmittelbar neben den Lautsprecherboxen aussuchen. Sie wählen gerade diesen Tisch, nicht weil sie besser hören wollen, sondern weil sie von dort aus die Bühne gut sehen können. Den ganzen Abend jammern sie dann, dass die Musik zu laut sei. Sie wechseln den Platz aber nicht. Manche Dinge sieht man mit einem gewissen Abstand viel klarer.

***Liedertext: aus „Boogie für die Unerzogenen"*** [11]

Schaust was Süßes an, denkst an deinen Bauch,
Hast kein Geld, doch willst es trotzdem und ein zweites auch.

Kriegst nicht was du willst, fängst zu weinen an,
Schlägst um dich herum, doch hast du leider nichts davon.

Bist begeistert gleich, gibst schnell wieder auf,
Ist ja doch nicht deine Schuld, die anderen tun es auch.

Jeder war ein Kind, manche kindisch noch.
Schau die Zeitung an und lies die Titelseite doch!

Erwachsene sind viel schlimmer als Kinder.
Erwachsene sind so oft viel, viel schlimmer!

### *Kurz vor dem Auftritt*

1998 in Mureck in der Steiermark ist mir vor einem Auftritt mit einer Bigband der mittlere Knopf meines weißen Hemdes verloren gegangen. Mein offenes Hemd beschäftigte mich den ganzen Abend. Es war äußerst unangenehm.

Viel schlimmer aber war ein Sturz im Stiegenhaus, als ich 1975 in Amerika mit der Gospelgruppe „Truth" auf die Bühne gehen wollte. Ich versuchte mich mit der rechten Hand abzufangen und dabei zwickte ich mir die rechte Hand unangenehm am Treppengeländer ein.

Ich hörte dabei ein kleines Schnips, aber dachte mir nichts dabei. Wir hatten ein Konzert zu spielen. Das Konzert ging gut über die Bühne, aber meine Hand schmerzte ein bisschen. Nach dem Konzert staunte ich, als ich sah, dass meine rechte Hand ungefähr doppelt so dick wie die linke war.

Man brachte mich ins Spital zur Röntgenstation. Dort stellte man fest, dass ein Knochen der rechten Hand kaputt war. Man verpasste mir sofort eine Gipshand. Die nächsten vier Wochen schrieb ich links. Das war anstrengend. Natürlich spielte ich auch Trompete links. Gut war es, dass ich das zu Hause zum Spaß hin und wieder ausprobiert hatte.

***Der Nächste, bitte ...***

In meiner Karriere war es oft so, dass ich erst dadurch weitergekommen bin, weil ein anderer nicht mehr konnte oder nicht mehr wollte.

Rudy Rohrer, 1.Trompeter des Raimund-Theaters, war auch in Stockerau Direktor der Musikschule. Ich hatte 1980 im Theater als 1., 2., und 3. Trompeter ausgeholfen. Die Direktion und die Kollegen kannten mich. Als Rudy den Beschluss fasste, nicht mehr im Theater Trompete zu spielen, bot mir der Musikalische Direktor Herbert Moog seine Stelle an. September 1981 begann ich also als erster Trompeter im Raimund-Theater.

1987 wurden die „Vereinigten Bühnen Wien" gegründet. Am Anfang habe ich nur  2. Trompete gespielt. Erst als ein Kollege an Leukämie erkrankte und Not am Mann war, bat mich die Direktion auf der 1. Trompete auszuhelfen. Als ein anderer Kollege später an einer Entzündung des Sehnervs litt, spielte ich verstärkt die erste Trompetenstimme.

Ein jetziger Theaterkollege bat mich vor Jahren, für ihn einzuspringen und 1. Trompete beim „Bauern Brass Orkesda" zu spielen. Er musste aus persönlichen und gesundheitlichen Gründen eine Pause einlegen. Ich half aus und lernte dadurch eine Reihe sehr guter Blasmusiker aus der Umgebung der Hohen Wand kennen und durfte eine Reihe von schönen gemeinsamen Auftritten mit ihnen erleben.

Fit bleiben, flexibel bleiben, verantwortungsbewusst sein, mit anderen gut zusammenarbeiten können, lernfähig bleiben, andere schätzen können, Humor beibehalten…Das sind ein paar sehr wichtige Voraussetzungen für positive Erfahrungen als Substitut und auch eine zufriedenstellende Karriere als Berufsmusiker. Und nicht nur da …

***Nimm zwei mit***

Jeder Musiker braucht in regelmäßigen Abständen gewisses Werkzeug. Um unsere Arbeit gut machen zu können, brauchen wir zum Beispiel Mundstücke. Aber das Ventilöl ist genauso wichtig, oder? Was nützt es, wenn du an das Mundstück gedacht hast, aber deine Ventile bleiben hängen?

Dadurch, dass man regelmäßig in der Nähe der gleichen Kollegen sitzt, lernt man mit der Zeit, wer von dir Geld borgen wird, wer Ventilöl von dir brauchen wird, und wer von dir einen Bleistift leihen wird.

Beim Geld lernst du zu unterscheiden zwischen Kollegen, die das von dir geborgte Geld zurückgeben und den Kollegen, die sich nicht mehr daran erinnern können.

Beim Ventilöl lernt man unterscheiden zwischen denen, die das Öl sofort zurückgeben, denn sie wissen, dass du auch ein Instrument spielst, das hin und wieder Ölwechsel braucht und den so genannten „Zeitlupenölern“, die viel Zeit brauchen und wirken, als ob sie den geheimen

Wunsch hätten, dass du vergisst, wem du dein Öl geborgt hast.

Bei Bleistiften gibt es mindestens drei Kategorien von Kollegen: der ethische Kollege, der dir den Bleistift sofort dankend zurückgibt; der kurzsichtige Praktiker, der den Bleistift sofort verwendet, dann auf seinem eigenen Notenpult lagert und ihn dir erst dann zurückgibt, wenn er ihm im Weg ist, und dann auch die dritte Kategorie. Die dritte Kategorie besteht aus Menschen, die nicht unterscheiden können/wollen zwischen Benützer und Eigentümer.

In dem Moment, wo sie etwas in ihre Finger bekommen, gehört es ihnen. Wenn so ein Mensch dich bittet, es zu gestatten, dass er sich deinen interessanten Autoschlüssel kurz anschaut, ist es auf jeden Fall besser mit „Nein“ zu antworten.

Weil ich mit den meisten meiner Kollegen sehr gut auskomme, und weil ich gerne hilfreich bin, gilt für mich in den meisten Fällen der folgende gute Rat: „Nimm zwei mit, damit dir eins bleibt, wenn der andere eins braucht“. Beim Autoschlüssel habe ich das allerdings noch nie gemacht.

## *Ein Blatt im Wasser*

Premierentag, Mittwoch, 28.3.2007, Osaka, Japan, 7:30 Uhr. Ich hatte gerade gefrühstückt. Ich durfte auf meinem Lieblingsplatz sitzen, mit dem Blick zum Wasserfall, der sich im Garten neben dem Hotel befand.

Dabei handelt es sich um drei Wasserquellen, die wie kleine Türme wirkten und als höchste Punkte in diesem System gelten. Sie spenden Wasser, das langsam aber sicher über eine Stufe nach der anderen zum unteren Auffangbecken fließt. Dieser Kreislauf wiederholt sich ununterbrochen und strahlt Frieden und Harmonie aus. Es war mir ein doppelter Genuss, inmitten dieser Kulisse das Frühstück zu mir zu nehmen.

Im Laufe des Frühstücks fiel ein Blatt ins Wasser. Es standen einige Bäume am Wasserrand und einer davon wollte mir offensichtlich ein bisschen mehr Vielfalt in die Geschichte bringen. Es kam mir ein bisschen wie in einem japanischen Film vor. „Gut“, dachte ich. „Schauen wir, was mit diesem Blatt passiert“. Ich wollte sehen, wie lang das Blatt brauchen würde, um über die erste Stufe und zur nächsten Ebene zu kommen.

Das Blatt befand sich jetzt in der Macht des Flusses und übernahm dementsprechend Richtung und Geschwindigkeit des Flusses eins zu eins.

Ich war überrascht, dass das Blatt sich anders bewegte als ich erwartete, aber so ist es im Leben auch, oder? Die Kräfte, die unterhalb der Oberfläche mitbestimmen, sind für uns unsichtbar, doch genauso Teil der Geschichte wie das Blatt.

Die Neugierde ließ nicht nach. Ich musste mich jetzt ein bisschen anstrengen, um Sehen zu können, wo das Blatt hingekommen war, aber es war die Mühe wert.

Das Blatt wanderte langsam aber sicher den langen, diagonalen Weg bis zum Rand der ersten Stufe und blieb dort hängen. „Es dauert nur ein bisschen", dachte ich. Aber als ich aufstand und vom Tisch wegging, war das Blatt immer noch dort, am Rand der ersten Stufe hängen geblieben.

Das Bild prägte sich mir ein. Die Überraschung war perfekt. Es fielen mir ein paar Menschen ein, mit denen ich im Berufsleben zu tun habe. Sie wären eigentlich sehr gut unterwegs, aber sie sind aus irgendeinem Grund hängen geblieben und kommen nicht zum Ziel. Sie geben anderen die Schuld dafür und der Frieden und die Harmonie des Flusses gehen verloren.

Am nächsten Tag beim Frühstück setzte mich der Kellner wieder an meinen Lieblingsplatz. Er hatte sich das gemerkt. Ich war beeindruckt. Ich bedankte mich und holte meinen Tomatensaft.

Neugierig schaute ich aus dem Fenster und suchte das Blatt, nicht wirklich in der Erwartung, es dort zu sehen. Aber das Blatt war noch dort, an der gleichen Stelle, wo es am Vortag hängen geblieben war. Erstaunlich, dass es immer noch dort war…

Ich glaube, das Blatt hat einen Namen, mehrere Namen, manche, die ich auch kenne. Manchmal trägt das Blatt auch meinen Namen. Der Mensch ist wie ein Blatt im Wasser.

# DAS INSTRUMENT

## *Der Instrumententeil namens „Mensch"*

Natürlich ist ein Instrument sehr wichtig. Der Mensch ist der wichtigste Teil seines Instrumentes. Zwei Musiker spielen das gleiche Instrument, klingen aber ganz anders, weil sie selber Teil davon sind. Und sie sind anders. Sie tun es anders, oder sie tun das Gleiche auf andere Art und Weise, und etwas anderes ist das Ergebnis.

Ein Trompeter- Kollege, eben von einer Japantournee zurück, erklärte mir, dass einige Musiker in Japan das erste Konzert auf fremden, ausgeborgten Instrumenten spielen mussten. Ihre Instrumente waren noch im Lastwagen unterwegs und noch nicht angekommen, als das Konzert begann. Es ist aber trotzdem gut abgelaufen. Der Mensch war der wichtigste Teil des Instrumentes.

Ich weiß aus Erfahrung, dass ein billiges Instrument relativ gut klingen kann, wenn es von einem routinierten Musiker gespielt wird. Eines Tages kaufte ich eine billige Trompete. Ich habe gestaunt, wie gut sie klang und wie billig sie war, komplett mit Instrumentenkoffer. Ich hatte schon einige Trompetenkoffer gesehen, die ohne Instrument schon teurer waren als diese Trompete samt Koffer. Ich hätte erwartet, dass das Instrument schlecht klingt, nach dem Motto:" Eine billige Trompete wird auch billig klingen".

Dies war aber nicht der Fall. Ich kaufte deswegen das Instrument voll Begeisterung und spielte viel darauf. Langsam hörte man mehr und mehr von dem Instrument und immer weniger von mir. Meine Begeisterung ließ nach. Ungefähr zwei Wochen dauerte es, bis die Ventile trotz Öl nicht mehr funktionierten. Die Trompete war nichts mehr wert und konnte auch nicht mehr eingesetzt werden. Das Kapitel war zu Ende.

Auch der wichtigste Teil des Instrumentes, der Mensch selber, kann das Instrument nicht völlig ersetzen. Diese Erfahrung war sehr lehrreich für mich. „Der Mensch musiziert, nicht nur das Instrument." Andererseits: „Der Mensch kann nie so musikalisch sein, dass er nicht von seinem Instrument abhängig ist." Die perfekte Ehe zwischen Mensch und Rest-Instrument, um daraus ein Gesamt-Instrument zu werden, ist und bleibt das Ziel. Die perfekte Ehe zwischen diesem Gesamt-Instrument und dem Musikstück, damit ein Kunstwerk mit Niveau geboren werden kann, ist dann die nächste Stufe, das nächste Ziel.

## *Ansatz: Arbeit oder Kunst*

Der Ansatz ist der wichtigste Teil der Trompete, ja, er entspricht dem Rohrblatt eines Holzblasinstrumentes. Die Marke kann auch noch so teuer sein, wenn das Blatt nicht passt, funktioniert es nicht.

Der Unterschied zwischen einem gut entwickelten Ansatz und einem schlechten oder unterentwickelten Ansatz ist der Unterschied zwischen Plage und Genuss, Arbeit und Kunst.

Entweder leistet man die Arbeit, um die Kunst, wenn es so weit ist, genießen zu können, oder man plagt sich das ganze Berufsleben, weil man die Arbeit nicht leistete, die man hätte leisten sollen.

Alles was nicht hilft, erschwert, und alles was nicht erschwert, hilft. Das, was einem Trompeter an Feinschliff fehlt, wird er unter Druck und mit viel Mühe vornehmen müssen. Vielleicht gelingt es ihm am Ende, vielleicht auch nicht.

Ein Mensch kann auch das zweifache Geld für das gleiche Haus ausgeben. Es gelingt ihm, das Haus gehört ihm. Der Preis aber war viel zu hoch. Trotzdem ist es besser als kein Haus! Im Prinzip aber heißt das Ziel das Haus zum angemessenen Preis zu kaufen.

Wer sich durch Qualitätsarbeit einen guten Ansatz aufbaut, wird es nie bereuen, egal wie viel Arbeit es ihn kostet- und das ist ganz verschieden. Jeder richtig platzierte Ton wird ihm Recht geben. Es wird ihm das Trompetenspiel ein Genuss, und dem Zuhörer ein Genuss sein, ihm zuzuhören. Wer es noch nicht genießt, Trompeter zu sein, sollte die Tatsache wahrnehmen: Seine Arbeit am Ansatz ist noch nicht vorbei.

Es ist eine Forschungsarbeit, eine Entdeckungsreise, ein Charaktertest mit allen Höhen und Tiefen. Wenn es aber gelingt, wird es wunderbar belohnt. Es wird ein Genuss sein, Trompete zu spielen, Trompeter zu sein.

### ***Das Mundstück <u>neben</u> meiner Tasche***

Ausnahmsweise fuhr ich vormittags nach Wien, diesmal nicht wegen einer Probe im Theater. Ich hatte meiner Trompetenschülerin, Franziska Chrobak, versprochen, ihr ein Mundstück für die Piccolo- Trompete zu besorgen. Wir hatten ausgemacht, uns vor dem Haupteingang ihres Hauses zu treffen. Als ich dort ankam, sah ich keinen Parkplatz. Ich fuhr noch eine Runde um den Häuserblock, fand aber immer noch nichts. Weil es nur um eine kurze Ablieferung ging, blieb ich in zweiter Spur stehen, schaltete die Alarmblinkanlage meines Autos ein und öffnete den Kofferraum, um meine Mundstücktasche herauszunehmen.

Ich holte das Mundstück für Franziska aus der kleinen Mundstücktasche heraus, legte die Mundstücktasche neben meine große Aktentasche und lief auf Franziska zu, das Mundstück in meiner rechten Hand. Ich erklärte ihr ein paar Details. Dann musste ich zum Auto zurück, das die kleine Gasse blockierte. Ich dachte leider nicht mehr an meine Mundstücktasche. Ich hatte andere Erledigungen im Kopf.

Den ganzen Tag, war ich mit kleinen Erledigungen und Musikunterricht beschäftigt und am Abend hatte ich im Theater Dienst. Im Theater angekommen, packte ich die Trompete aus. Dann suchte ich meine Mundstücktasche, die normalerweise in meiner Aktentasche drinnen ist, fand sie aber nicht. Niki Friesenbichler, der an diesem Abend auch Trompete spielte, hätte mir gerne geholfen, hatte aber kein zweites Mundstück mit.

Ich lief zur Garderobe und sucht einen Trompetenkoffer-vergebens. Ich lief die Treppe hoch und schaute im 3. Stock, ob ich vielleicht für solche Fälle wie diesen ein Ersatzmundstück in meinem Spind gelagert hatte, fand aber nichts.

Auf dem Gang sah ich den Solohornisten Franz Pickl. Er hat oft gute Ideen und manchmal sogar andere Instrumente mit. Ich schilderte ihm mein Problem. Wie aus der Pistole geschossen antwortete er: „Vorhin habe ich Franz Steiner gesehen. Frag ihn, ob er ein Mundstück mit hat." Franz Steiner ist bei uns als Percussionist angestellt; das Trompetenspiel gehört aber genauso zu seinem Leben als Berufsmusiker.

Franz hatte tatsächlich ein Mundstück mit und bot es mir an. „Es wird dir ungewohnt sein", fügte er hinzu. Ich spielte mich darauf ein. Zwischendurch rief ich Madelon am Handy an und bat sie, in meinem Büro nach meiner Mundstücktasche zu suchen. Ich weiß fast immer, wo meine Sachen sind, wenn ich sie vergesse. Mein Leben ist ziemlich kompakt, es gibt nicht so viele Möglichkeiten. Einen Gegenstand so zu verlieren, dass ich ihn nie wieder finde, kommt bei mir selten vor.

Madelon rief zurück und berichtete, dass sie nichts gefunden hatte. Das war ungewöhnlich und gab mir keine Ruhe. Ich spielte mich weiter ein. Das Mundstück von Franz war eine Notlösung und besser als gar nichts, aber genauso ungewohnt wie hilfreich und ein bisschen riskant. Ich rief sie mehrmals an. Wir beide rätselten hin und her. Sie fragte, ob es vielleicht im Auto sein könnte. „Im Auto habe ich meine Mundstücke nie", gab ich zur Antwort, “immer in der Tasche, damit ich sie bei mir habe. Es kann grundsätzlich immer vorkommen, dass ich plötzlich irgendwo irgendwas spielen muss. Ich verstehe nicht, warum sie nicht dort sind.“ Ich ging auf meinen Platz im Orchestergraben und spielte mich weiter auf dem Mundstück von Franz ein.

Plötzlich fiel mir Franziska ein: „Vormittags war ich bei ihr. Es ging um ihr Mundstück. Ihr Mundstück war in meiner Mundstücktasche gewesen... Die „Husch-husch-Aktion“ beim Parken... Die Tasche ist doch im Auto, und zwar im Kofferraum!“

Ich fragte Niki, wie viel Zeit wir noch hatten. „Neun Minuten“, war die Antwort.

Ich sagte ihm: „Bin gleich wieder da.“ Ich wusste, dass es knapp sein würde, wusste aber es schaffen zu können. Ich war das Jogging nicht gewohnt und es war kalt draußen. Als ich kleine Schmerzen in den Bronchien spürte, lief ich langsamer oder ging ein paar Schritte. Ich huschte wieder durch den Bühneneingang ins Theater hinein- genau drei Minuten vor Beginn, mit genug Zeit, an meinen Platz zu kommen und gemeinsam mit meinem besten Freund – meinem eigenen Mundstück – die Vorstellung zu beginnen.

***Liedertext: „Es ist zu spät to be too late“*** [12]

Es ist zu spät to be too late.
Es ist zu früh to be viel später.
For that, you’ll have to come back later,
Ob Krokodil or alligator.

To be on time geht nicht so leicht.
Denn meine Uhr tickt nicht so right.
But, if you ask me, that's just fine,
denn einer muss der Letzte sein.

## *Fast ohne Mundstück: Romeo und Julia*

Im Wiener Raimund-Theater stand das Stück „Romeo und Julia" auf dem Programm. Bei diesem Stück saß ein Trompeter im Orchestergraben der verschiedene Instrumente zu spielen hatte, unter anderen das Althorn in Es. Das Althorn löste am Anfang, und für manche nicht nur am Anfang, bei jedem von uns Verwirrung aus.

Das Althorn ist nicht in B gestimmt, sondern in Es. Das alleine war sehr verwirrend, weil wir inzwischen gewohnt waren, nicht nur richtig zu greifen, sondern auch richtig zu hören. Jetzt auf einmal hieß es „richtig greifen und falsch hören, dann ist es in Ordnung". Leichter gesagt als getan.
Das war eine unnatürliche Umstellung, die einiges an Nerven und Zeit kostete.

Noch dazu ist das Instrument in einer völlig anderen Lage, wie der Name schon sagt in der Altlage, aber eine Oktave höher notiert als es klingt. Diese Tatsache versetzte uns auch in die Altlage und jeder fühlte sich sofort älter, als er anhand seiner Geburtsurkunde beweisen konnte. Mit anderen Worten: Das hieß für uns, dass wir hinauf zielen mussten, um auf dem Instrument den richtigen Ton zu treffen, aber gleichzeitig hinunter hören mussten, weil der Ton eine Oktave tiefer klingen würde, falls er zufällig der richtige war. Ach ja, noch etwas gab es. Das Althornmundstück ist viel größer als ein Trompetenmundstück. Diese Tatsache stellte jeden von uns vor einer Entscheidung. Spielen wir das Althorn mit einem richtigen Althornmundstück, passend zum Instrument, der aber für unsere Lippen ungewöhnlich groß ist? Oder verlängern wir ein Trompeten- oder Flügelhornmundstück, mit einem uns bekannten Rand, damit das große Althorn damit spielbar wäre? Jede Variante hatte Vor- und Nachteile. Jeder von uns versuchte die Herausforderung so gut wie möglich zu meistern. Es wurde viel herumprobiert und nach bestem Wissen und Gewissen entschieden.

Das ständig Hin- und Herwechseln zwischen Instrumenten während des Stückes machte aus der Herausforderung ein echtes Abenteuer, egal für welche Variante man sich entschieden hatte.

Ich hatte ab Mitte April und bis Mitte Juni 2006 Pause gehabt und war während dieser zwei Monate mit mehren Projekten außerhalb des Theaters beschäftigt, nur kein einziges Mal im Theater.

Beim ersten Theaterdienst nach der langen Pause ging ich beim Bühneneingang hinein so wie immer, unterschrieb die Torliste so wie immer, und ging hinunter zur Lagerraum-Garderobe, wo meine Instrumente auf mich warteten so wie immer.

Ich traf den Kollegen Peter Klinger und er erzählte mir von einem Problem mit seinem Daumen, das ihm zurzeit zu schaffen machte. Daraufhin erzählte ich ihm von meinem

Unfall und die Folgen für meinen linken Fuß. Wir kamen uns wie zwei Kriegsveteranen vor. Wir sprachen sehr lang, wir hatten uns schließlich länger nicht gesehen. Ich schaute auf die Uhr und sah, dass es Zeit war aufzubrechen und in den Orchestergraben zu gehen. Dort kontrollierte ich meine Instrumente.

Es war bei dieser Kontrolle, dass ich meine Mundstücke aus der Tasche nehmen wollte – ich habe sie immer bei mir – und sah, dass mein Mundstück für das Althorn fehlte. Es war nicht wie gewöhnlich in meiner Tasche mit den anderen Mundstücken. In fünf Minuten aber sollte die Vorstellung beginnen. Ich lief sofort in die Garderobe zurück, um zu sehen ob vielleicht ein anderes Althorn samt Mundstück da wäre. Ich fand aber nichts. Ohne zu wissen wie es weitergehen würde, kehrte ich zum Orchestergraben zurück, damit beim Beginn der Vorstellung der Trompeter nicht fehlte.

Ich senkte mich langsam auf meinen Platz und starrte das Instrument an. „Was soll ich mit dir machen, du Monster?" Plötzlich bemerkte ich etwas, das mich durchschüttelte wie ein Stromschlag. Ich sah einen Adapterstift am Mundrohr des Althorns stecken. Gerhard Zwickl, der Einzige von uns, der so etwas hatte, hatte seinen Adapterstift Gott sei Dank vergessen. Soweit ich wusste, war das noch nie vorgekommen.

Ich rief ihn nach der Vorstellung an. Er gab zu, dass er nicht wusste, dass er seinen Adapterstift im Theater vergessen hatte, und bedanke sich, dass ich ihn darauf aufmerksam machte. „Gern geschehen!" Mit Hilfe seines Stiftes konnte ich meine Trompetenmundstücke verwenden. Alles was ich brauchte war da. Die Vorstellung begann.

### *Horn und Physik*

Ein hervorragender Hornist, der auch Physikbegeisterter ist, vermasselt ausnahmsweise sein Solo, nachdem ein Ventil hängen geblieben und nicht wieder hoch gekommen ist: „Ja, Herr Kapellmeister, was hinaufgeht, muss wieder herunter, aber was heruntergeht, muss nicht unbedingt wieder hinauf!"

### *Albtraum Probespiel*

1982 gab es ein Probespiel für Trompete beim Bühnenorchester der Bundestheater. Ich hatte mich sehr bemüht, mich ordentlich vorzubereiten, und zwar auf meiner neuen B-Trompete von der Firma Ganter. Ich hatte sie mit dem Heiratsgeld gekauft, das wir von der Österreichischen Regierung beim Heiraten bekommen hatten. Nach der Theatervorstellung im Raimund-Theater saß ich in der Stadtbahn, der jetzigen U6, und übte leise, mit aufgeschlagenem Notenheft auf meinem Schoss, die Griffe der Orchesterstellen durch. Ich hatte die gesamte Literatur mit und wiederholte die Stellen leise summend bis zu meiner Haltestelle. Meine Konzentration war so intensiv, dass ich die Haltestelle, die gefühlsmäßig viel schneller als sonst da war, fast verpasste.

Ich griff zu meinen zwei Taschen, Trompetentasche und Aktentasche, aber es war nur eine da. Meine Aktentasche war unter meinem Sitzplatz, aber der Trompetenkoffer mit der neuen Trompete drinnen fehlte. Ich konnte kaum atmen, so schockiert war ich. Verzweifelt sprang ich auf, lief durch die ganze Stadtbahn und suchte mit Adleraugen unter jedem Sitzplatz den neuen Koffer. Ich fand aber nichts. Zwei Stationen später stieg ich total deprimiert aus der Stadtbahn und fuhr ins Theater zurück. Ich ging alle Schritte wieder durch. Es nutzte nichts. Meine neue Trompete ... unser Hochzeitsgeld ... weg.

Die neue Trompete sah ich nie wieder. Am nächsten Tag spielte ich das Haydn- Trompetenkonzert beim Probespiel in der Wiener Staatsoper auf der Jazztrompete vor. Ich hatte keine Wahl. Einige lachten darüber: „Typisch Amerikaner!“ Ich kam nicht weiter als in die erste Runde. Es war auch nicht anders zu erwarten. Ich war zum Witz des Tages geworden. Langsamer als sonst ging ich zur Straßenbahn und fuhr heim.

## *Weihnachten 2006*

Als Familie feiern wir Weihnachten seit Jahren über eine ganze Woche verteilt, damit die Festtage ohne zu viel Druck ablaufen können. Genau dann feiern zu müssen, wenn ich als Berufsmusiker meinen Haupteinsatz habe, macht überhaupt keine Freude, sondern belastet nur. Wenn jeder versucht, flexibel zu sein wo es geht, damit Termine, die fix sind, als fixe Termine wahrgenommen werden können, geht alles wunderbar. Ich habe den Eindruck, dass es bei uns immer funktionierte und auch sehr viel Spaß machte. Statt Krampf Freude, und das, nur weil der Zeitrahmen vergrößert wurde.

Als Beispiel dafür, warum das notwendig war, gilt der 24. Dezember 2006. An diesem Tag fuhr ich um fünfzehn Uhr von zu Hause mit dem Auto weg. Um 15:30 Uhr spielte ich in Neustift-Innermanzing gemeinsam mit einem meiner Blechbläser- Schüler Weihnachtsmusik als Einstimmung vor der Weihnachtsmette. Um sechzehn Uhr fing die Mette an, die bis 17:30 Uhr dauerte. Ich fuhr für eine kleine Pause nach Hause und schlief von achtzehn Uhr bis 19:45 Uhr. Um zwanzig Uhr war die Abfahrt Richtung Grinzing. Dort probten die Blechbläser unter der Leitung von Prof. Werner Hackl wie jedes Jahr. Um zweiundzwanzig Uhr begann die Grinzinger Mette, die bis 22:30 Uhr dauerte. Elfriede Kandler, die ich schon seit einer Ewigkeit von der Votivkirche her kenne und die seit Jahren Organistin in Grinzing ist, war die Oberchefin.

Um 22:25 Uhr fing die Weihnachtsmusik in Sievering an; sie mussten ein paar Minuten auf mich warten, aber alles klappte wunderbar. Um Mitternacht war in Neuwaldegg Treffpunkt, weil man nie sicher sein kann, wie lang der Priester braucht, aber zu Weihnachten dauern die Messen und Gottesdienste in der Regel klarerweise ein bisschen länger. Um ein Uhr oder kurz darauf, waren wir mit unserer Turmbläsertätigkeit fertig und nicht so durchfroren wie schon so oft.

Nachher: Abbau, Auszahlung, Abfahrt. Um 2:30 Uhr war ich wieder zu Hause und fiel ins Bett. Ich schlief die magischen viereinhalb Stunden und stand wieder erfrischt auf, um meinen Junior nach Wien zu bringen, wo ich um 8:30 Uhr im Stephansdom sein sollte (dachte ich). Um fünf Minuten nach acht Uhr fand ich einen herrlichen Parkplatz in der Nähe des Stephandoms und warf kurz einen Blick ins Kalenderbuch, um zu sehen, welche Termine noch auf mich warteten. Dabei las ich, dass die Probe im Pfarrsaal des Stephansdomes nicht, wie ich gedacht hatte, um 8:30 Uhr beginnen würde, sondern schon um acht Uhr begonnen hatte.

Ich griff zum Koffer und es fiel mir ein, dass ich meine Mundstücke in einer Blitzaktion nach einer Spielerei in die Sporttasche geworfen hatte und nicht wie normal in meine Aktentasche. Die Sporttasche hatte ich aber zu Hause ordnungshalber aus dem Auto entfernt und ins Büro hineingestellt, wo sie hingehört.

Ich lief zum Pfarrsaal und schritt in den Proberaum hinein. Andreas Kretz (Brassisimo Wien) war mein Trompeterkollege und zeigte mir meinen Sitzplatz. Während ich die Trompete auspackte, fragte der Dirigent, ob die Trompeter endlich so weit wären. Andreas antwortete: „Gleich."

Ich flüsterte „Ich habe kein Mundstück!" Er fand den Witz sehr lustig, sah aber sofort, dass ich es ernst meinte und fing zu suchen an. „Ich habe nur dieses G4." Nun, G4 ist ein sehr kleines Mundstück, eigentlich ein Mundstück für Piccolotrompete.

Ich nahm ihm das Mundstück dankend aus der Hand. Die Probe begann. Nach dem gestrigen Tag waren meine Lippen noch geschwollen. Ich hätte gedacht, dass ein kleines Mundstück gar nicht funktionieren würde. Es ging aber. Andreas sagte dazu: „Geheimwaffe G4!"

Er erklärte mir, dass er dieses Mundstück fast zu Hause gelassen, dann aber doch zur Sicherheit mitgenommen hätte. . Man weiß nie, wann der Dirigent spontan ein Stück aufruft, bei dem Piccolo- Trompete gebraucht wird.

Alles passte. Ich dachte, dass ich im Stephansdom noch nie so sicher und schön gespielt hatte. Es waren viele exponierte Solopassagen und das Radio sendete live. Es war ein Erlebnis.

Ich dachte an einige Worte, die ich in den letzten Tagen an meinen Sohn gerichtet hatte. Es ging um Verantwortungsbewusstsein, bessere Organisation, mehr Planung, weniger Vergessen. Es war, als ob Gott mir einen Spiegel vor Augen hielte. Ich wurde ruhig und nachdenklich. Ich hatte absolut Recht in dem, was ich Junior gesagt hatte. Aber ich sollte auch selber auf mich hören.

Gott hatte mich trotz meiner Mängel wunderbar versorgt. Er hatte mir auch einen Spiegel vorgehalten. Seine Liebe ist oft in der Korrektur zu sehen. Andreas hatte mich nicht kritisiert, sondern mir wunderbar geholfen und mir einen guten Tipp gegeben: Geheimwaffe G4!

### *MEIN Mundstück oder mein MUNDSTÜCK*

Kollege 1 (kein Trompeter): Du klingst super in der letzten Zeit. Was ist dein Geheimnis?

Kollege 2 (Trompeter, der viele Mundstücke ausprobiert hat): Ja, weißt du, ich habe endlich MEIN Mundstück gefunden.

Kollege 1: Keine Frage, du klingst viel besser MIT Mundstück.

### *Albtraum „Ohne Mundstück"*

Beim Phantom der Oper im Raimund-Theater kam ich eines Tages in den Dienst, ohne zu wissen, dass ich mein Mundstück vergessen hatte. Ich erkannte es leider nur Minuten vor Vorstellungsbeginn. Ich wurde ganz nervös. Es war schon neunzehn Uhr. Die Geschäfte in Wien hatten schon alle zugesperrt. Ich konnte niemanden erreichen.

Ich fand das Mundstück eines Kollegen, Mariano Abadias, in einem Koffer im Abstellraum. Ich wusste, dass er nichts dagegen hätte und nahm das Mundstück in den Orchestergraben mit, um es kennen zu lernen. Das Mundstück war extrem anders als mein Mundstück, und meine Treffsicherheit im ersten Akt war alles andere als großartig.

Ich dachte an den Anfang des 2. Aktes und das große Trompetensolo und wusste, dass es auf dem ungewohnten Mundstück ganz sicher nicht funktionieren würde.

Kurz vor der Pause lief ich zum Portier hinauf und bat ihn um einen Gefallen. Er sollte bitte ein Taxi für mich anrufen, „..das herfahren und auf mich warten soll. Ich muss in der Pause kurz wohin fahren. Es darf nicht wegfahren!“ betonte ich. Mein Mundstück war nämlich in meinem Auto, das in Hütteldorf abgestellt war.

Hütteldorf war zehn bis fünfzehn Minuten entfernt, je nachdem, wie man die Verkehrsampeln erwischte: Die Pause dauerte nur zwanzig Minuten, also würde es mehr als nur knapp sein. Ich hatte aber keine Wahl.

Als endlich Pause war, lief ich beim Bühneneingang hinaus und sah... kein Taxi! „Ich habe gesagt, er soll auf mich warten“, sagte ich zum Portier, genervt.

„Er war hier, er hat sogar mit mir gesprochen. Wahrscheinlich ist er weitergefahren“, antwortete der Portier. „Mach dir keine Sorgen, der nächste Taxistand ist gleich an der Ecke.“ Ich war schon draußen und lief Richtung Ecke. Ob es dort jemand gab, der vor mir ins Taxi einsteigen wollte, kann ich nicht sagen. Ich habe nichts und niemanden gesehen. Ich saß schon drinnen. „Nach Hütteldorf, bitte, und so schnell es geht!“ Wir hatten mit einer Ausnahme nur grün.

Bei meinem Auto angekommen sagte ich ihm, „Wir fahren gleich zurück. Warten sie auf mich! Fahren sie nicht weiter!“ Er verstand nicht, worum es ging, machte aber wunderbar mit. Ich holte schnell mein Mundstück und stieg wieder ein. Wir waren im Nu wieder vor dem Raimund-Theater, vor dem Bühneneingang.

Herr Musikdirektor Casper Richter stand auch vor dem Bühneneingang, aufgebaut wie eine Pyramide.
Keine Zeit fürs Wechselgeld, keine Zeit für die Rechnung.
Mein Herz flatterte wie ein Kolibri.

Als ich mich an meinem Chef vorbei und durch die Tür drückte, hörte ich ihn sagen: „Herr Pfister!“ Ich blieb nicht stehen, sondern eilte in den Graben und antwortete unterwegs: „Ich werde schon alles erklären, aber nicht jetzt!“

Der Chef hatte nämlich ein paar Minuten davor einsteigen und mit dem 2. Akt beginnen wollen. Dabei musste er an meinem leeren Sessel vorbeigehen. Er fragte Manfred Stoppacher, der an diesem Abend mit mir zusammen Trompete spielte, wo ich war. Manfred hatte auf seine trockene Art geantwortet: „Er ist nach Hütteldorf gefahren.“ Darauf die Frage des Chefs: „Nach Hütteldorf?! Wieso?“ Manfred wusste warum: „Um sein Mundstück zu holen.“

Warum ein Trompeter nach dem 1. Akt nach Hütteldorf fahren musste, um sein Mundstück zu holen, war für den Chef nicht ganz einleuchtend, und es passte ihm verständlicherweise überhaupt nicht, dass ich ihn gebremst hatte.

Ich saß auf meinem Platz und zitterte am ganzen Leib. Die ersten drei Nummern des 2. Aktes hatten viel zu viel Vibrato, aber ich konnte nichts machen. Das große Solo war auch nicht besonders, weil ich nach Luft schnappen musste und daher keine schöne Phrasen spielen konnte. Es gibt Tage, an denen man sich denkt: Wenn ich heute um Mitternacht noch keinen Herzinfarkt gehabt habe, dann war heute ein schöner Tag.

### *Liedertext: aus „Isn't it Amazing?"* [13]

Isn't it amazing, in this world of ours?
Wherever you go, whatever you know,
You will have friend and foe.
Even the children of God could turn on you.
Only God himself can help you through.
But, because He is willing,
it will be well with you.

Isn't it amazing, in this world of ours?
Wherever you go, whatever you know,
You will be friend and foe.
Even your mind and your heart can turn on you.
Only God himself can help you through.
But because He is willing, it will be well with you.

Yes, He's a true, true friend.
His friendship will never end.
And He'll stick with you until the end
Because you need Him.

Truly amazing,
because you need Him.

# DAS AUTO

### *Keine Zeit zu verlieren*

Als sich mein Sohn Gerald verabschiedete und zum Dienst ging, schlief ich praktisch noch. Ich wurde gerade wach genug, um ihm zu versprechen, ein Mittagessen für ihn vorbeizubringen. Es war der 16. Jänner und er arbeitete als Zivildiener beim Samariterbund. Außerdem war heute der Tag des Seniorenballs, der von sechzehn Uhr bis zweiundzwanzig Uhr in Mödling stattfinden sollte. Die „Mödlinger Ahnherren" waren für die Musik zuständig und ich hatte als erster Trompeter zugesagt.

Nach dem Versprechen schlief ich wieder ein. Ich hatte einen langen Arbeitstag hinter mir und war erst in der Früh ins Bett gekommen. Als ich endlich wach wurde, wurde mir bewusst, dass es mit der Zeit eng werden könnte.

Einige Punkte waren mir klar: Ich kannte den genauen Weg zu meinem „Geschäftl" in Mödling nicht und musste ihn mir erst auf dem Plan suchen. Geralds Arbeitsplatz war nicht auf dem Weg nach Mödling, sondern in der anderen Richtung und die Zeit war kurz, vielleicht zu kurz. Aber ich wusste, dass ich Junior nicht enttäuschen durfte, überhaupt jetzt. Zufällig hatte ich ihm in der letzten Zeit mit relativ viel Strenge ein wichtiges Prinzip ans Herz

gelegt: „Versprochen ist versprochen und wird auch nicht gebrochen“. Jetzt war ich dran.
Noch dazu hatte ich noch keine Autobahn- Vignette, aber ich dachte, dass das eine gute Gelegenheit sei, einen neuen Weg durch den Wald nach Mödling kennen zu lernen.

Ich zog mich an, packte das Essen für Gerald ein, schnappte Trompete und Tasche und lief hinaus zum Auto. Wie versprochen brachte ich meinem Junior sein Essen – er hatte vergessen, dass ich es ihm versprochen hatte – und hatte sich schon anderweitig versorgt. Na, gut...Ich fuhr weiter, offensichtlich ein wenig zu schnell, als ich an der Ortstafel Pressbaum vorbeifuhr.

Ein Gendarm, sich seiner Pflicht bewusst, winkte mir zu. In so einer Situation wirken die Sekunden wie Minuten und die Minuten wie Stunden. Ich musste eine Strafe zahlen und nahm die Geldtasche zur Hand- aber sie war leer. Bezahlung mit Zahlschein war aus irgendeinem Grund nicht möglich. Es blieb nur eine Möglichkeit offen: Er gestattete mir die Rückfahrt zum Geldautomaten, ein paar Kilometer entfernt, um das Geld zu holen. „Das heißt, noch mehr Zeit geht darauf“, dachte ich und fuhr los.

Als ich endlich soweit gekommen war, dass ich den Weg durch den Wald nach Mödling suchte, wusste ich, dass ich wahrscheinlich die Eröffnung des Balls versäumen würde. Ich betete um Gottes Hilfe und fuhr weiter. Obwohl ich den Weg nicht kannte, fand ich mich ganz gut zurecht. In Mödling angekommen fand ich sofort einen Parkplatz und lief zum Gebäude, in dem der Ball stattfinden sollte. Die DebütantInnen warteten im Gang auf den großen Aufmarsch: die Eröffnung. Ich hatte bei dieser Bigband immer Schwierigkeiten, ein Sakko zu finden, das passte (Sie hatten wieder fünf oder sechs mitgebracht- alle zu klein für mich), aber mein Pullover hatte fast die richtige Farbe, also nahm ich sofort Platz bei der Musik.

Die Kollegen ermutigten mich: „Schnell, schnell!“ Meine Hände zitterten so sehr, dass ich kaum auspacken konnte. Meine Lippen waren so trocken, dass ich hoffen musste, dass ich überhaupt spielen konnte. Der Kapellmeister gab uns den Einsatz, und alles passte. Keinen einzigen Ton hatte ich versäumt, und im Laufe der nächsten dreißig Minuten wurde mein Herz auch ruhiger.

### *Stau auf der Autobahn*

Ich hatte verschlafen und fuhr mit dreißig Minuten Verspätung ins Raimund-Theater, wo ich für den Orchesterdienst eingeteilt war. Ich darf nicht zu spät sein. Ich darf aber auch nicht lügen. Das war zum jetzigen Zeitpunkt besonders dumm, wo mein Verhältnis mit dem Chef nicht so unproblematisch war.

Ich fuhr los. Auf der Autobahn gab es Stau, sehr ungewöhnlich. Ich rief das Theater an und bat, mit meinem Chef verbunden zu werden. Der Chef meldete sich am Apparat. Ich erklärte ihm, dass ich auf der Westautobahn im Stau stehe. Das war ein legitimer Grund für Verspätung. Knapp war's!

### *Elektronische Hilfe*

Um sechzehn Uhr hatte ich einen Termin, um siebzehn Uhr sollte ich meine Frau Madelon und Gerald Junior zu Hause abholen und um achtzehn Uhr war Beginn des Konzerts in Wien; sehr knapp gerechnet. Manchmal geht es nicht anders, dann sagt man entweder nein oder ja. Diesmal sagte ich „ja".

Um achtzehn Uhr hatte Carole Dawn Reinhart, Professorin für Trompete an der Musik-Universität in Wien einen Klassenabend. Ihre Schüler spielten zusammen mit den Schülern des Herrn Prof. Pamberger Solostücke mit Klavierbegleitung.

Als wir im Auto schon in Wien, aber noch nicht bei der Musik-Uni waren, rief mich die Mutter meiner Schülerin an. Sie war mit ihrer Tochter unterwegs, die geglaubt hatte den Weg zu kennen; das war aber doch nicht der Fall. Ich fragte nach der Adresse und versprach, sie in circa fünf Minuten von dort abzuholen.

Das tat ich auch. Die Mutter musste wieder heim und ich versprach, dass wir die Tochter nach dem Konzert wieder nach Hause bringen würden.

Wir suchten den Konzertsaal, danach einen Parkplatz.
Mir fiel ein, dass ich keine Parkscheine mehr hatte. Wir parkten. Madelon schaute um die Ecke und entdeckte dort eine Trafik, in der man Parkscheine kaufen konnte.

Ich sagte den anderen, dass sie vorausgehen sollten. Die Zeit war knapp. Ich würde nachkommen. Ich ging zur

Trafik. Das Geschäft hatte aber zugesperrt. Es war schon zu spät. Alle hatten zugesperrt. Daran hatte ich nicht gedacht. Daran hatte keiner von uns gedacht.

Ich erinnerte mich an die Möglichkeit in Wien elektronische Parkscheine zu benützen. Das geht elektronisch über das Handy. Vorsichtshalber hatte mich ich schon angemeldet, aber das war schon etwa drei Monate her, und ich hatte es noch nicht ausprobiert. Ich wusste nicht, wie das geht.

Ich hatte die Gebrauchsanweisung im Auto, und so dachte ich mir: „Ich versuch es einmal." Ich meldete die Minuten an. Die Meldung wurde akzeptiert. Die Bestätigung mit meiner Kennzeichennummer kam per SMS an mich zurück. Ich fand es komisch, dass die Kennzeichennummer die vom vorigen Auto war und nicht von diesem. Ach ja, stimmt! Als ich mich vor einigen Monaten bei der Zentrale für elektronische Parkscheine angemeldet hatte, hatte ich noch das alte Auto mit einer anderen Kennzeichennummer. Ich schickte also noch ein SMS ab und versuchte die Situation zu klären. Ich bekam keine direkte Antwort darauf, und daher wusste ich nicht, ob man mich verstanden hatte. Ich probierte es wieder, und immer wieder.

Langsam ging ich Richtung Konzertsaal. Es war sehr kalt und ich war am Erfrieren. Ich versuchte immer noch mit meiner Mitteilung durchzukommen. Es kam immer wieder die falsche Antwort zurück. Ich dachte mir: „Es wäre ziemlich schlimm, wenn ich nach so viel Mühe, Frieren und Konzertversäumen noch einen Strafzettel bekäme".

Ich schaute noch die Gebrauchsanweisungen an. Fremdautoparken stand auf der Liste. Wenn man mit dem Auto eines anderen unterwegs ist, kann man für das andere Auto mit einer anderen Kennzeichennummer vom eigenen elektronischen Parkschein- Konto aus einen Parkschein bezahlen.

Das war die Lösung! So machte ich es auch. „Einen Versuch ist es jedenfalls wert", dachte ich mir. Ich schaltete das Handy ab und ging ins Konzert. Es war gerade Pause. Ich hatte die Hälfte versäumt, aber ich nahm mir fest vor, die zweite Hälfte doppelt zu genießen.

Weil ich das Handy abgeschaltet hatte, wusste ich erst nach dem Konzert, dass es funktioniert hatte. Der Klassenabend war fantastisch. Nachher fragte mich Carole, ob wir Interesse hätten, gemeinsam mit einigen anderen eine Kleinigkeit zu essen. Ich brachte zuerst meine Schülerin nach Hause und kehrte dann zurück, um im Rahmen von ProfessorInnen, KollegInnen, SchülerInnen und Familien eine Pizza zu genießen, die mir besonders gut schmeckte und auch Wärme von medizinischem Wert hatte.

### *Beinah perfekte Orientierung*

Ich war mit mehr als genug Zeit unterwegs, um rechtzeitig im zehnten Wiener Bezirk anzukommen. Ich hatte mir viel Zeit eingerechnet, weil ich nicht so oft in dem Bezirk unterwegs bin und mich dort nicht so gut auskenne.

Ich hatte Walter Fend, Leiter eines Quintetts namens „Pentabrass“, zugesagt. Wir wurden in eine Volksschule bestellt und spielten drei Musikhörstunden für drei Klassen. Weil ich schon in der Nähe war und Hunger hatte, blieb ich kurz stehen, denn ich sah eine Bäckerei auf der anderen Straßenseite. Sie lockte mich an. Ich unterstützte deren gute Arbeit mit einer Spende und bekam als Dankeschön dafür ein Kaffeetscherl und einen Schoko Donut.

Danach stieg ich wieder ins Auto ein und fuhr los. Ich dachte: „Es müsste eigentlich hier in der Nähe sein“.
Die Nummertafeln auf den Häusern waren nicht immer leicht zu finden oder lesen. Nach zwanzig Minuten Suchen und zweimaligem Nachfragen fand ich endlich die Schule. „Das war knapp!“, dachte ich. Ich stellte das Auto ab. Aus dem Kofferraum nahm ich Trompete, Notenständer und Tasche heraus. Auf dem Weg zum Haupteingang war ich überrascht, dass es auch hier eine Bäckerei gab. „Warte einmal!“ Ich blieb kurz stehen und schaute mir die Umgebung genauer an. Es war die gleiche Bäckerei. „Das darf doch nicht wahr sein!“ Ich konnte es einfach nicht glauben! Ich schaute ins Geschäft hinein und sah die gleiche Verkäuferin, die mir meinen Kaffee überreicht hatte. Der Haupteingang der Hauptschule befand sich etwa zehn Meter neben der Bäckerei, in der ich gefrühstückt hatte, im Nachbargebäude gleich nebenan.

Ich dachte daran, dass einige der besten Musiker blind sind, und fühlte mich nicht mehr ganz so deprimiert. Warum ich aber trotzdem einen Führerschein besitze, ist mir ein Rätsel.

## *Autokauf*

Mein Auto ist mir inzwischen fast so wichtig geworden wie meine Trompete. Beide sind unverzichtbare Werkzeuge meines Berufslebens.

Zwei Wochen, nachdem ich von Freunden um 5000,- ATS ein gebrauchtes Auto gekauft hatte, fuhr ich nach St. Pölten wegen eines Termins im Regierungsviertel. Ich fuhr in eine Parkgarage und stellte das Auto dort ab. Ich ging zur Besprechung und danach zurück zum Auto.

Dann kam aber die große Überraschung. Ich hatte schon beim Einparken gesehen, dass im Parkhaus noch gearbeitet wurde. Ein Elektriker stand auf einer Leiter und montierte Stromleitungen an der Decke des Parkhauses. Als ich nun zum neuen gebrauchten Auto zurückkam, fand ich auf meinem Autodach viele kleine Steine, Zementstaub und einige kleine Kratzer.

Ich suchte den Verantwortlichen und erzählte dem Herrn Architekten von meinem Problem. Wir tauschten Visitenkarten aus und in der darauf folgenden Woche schickten wir einander mehrmals Fax-Botschaften, nachdem ich das Auto bei der Werkstätte gehabt hatte. Die Kosten für die Reparatur wären nicht wenig; man müsste doch alle beschädigten Autoteile neu lackieren. Ich bekam vom Mechaniker den offiziellen Kostenvoranschlag. Die Kosten kamen auf 10.000,- ATS.

Als ich dem Herrn Architekten diese Ergebnisse zukommen ließ, schaltete er auf stur. Das ist natürlich sein gutes Recht. Er erklärte mir, dass er keinesfalls mehr als

5.000,- ATS bezahlen würde. Ich erklärte mich damit einverstanden und die Sache war vom Tisch. Ich kaufte mir um ein paar Schillinge einen Farbstift zum Ausbessern von Lackschäden für unser Auto und besserte die paar Kratzer aus. Das ist natürlich mein gutes Recht. Damit hatten wir das Auto um den Preis eines Farbstiftes bekommen.

## *Das Autofahren ist gefährlich*

Wieder war ich mit dem Auto unterwegs, weil ich beim Gottesdienst ein Solo auf der Trompete spielen und den Gesang leiten sollte. Ich nahm die Bundesstraße nach Pressbaum, dort die Autobahnauffahrt und fuhr auf die Autobahn nach Wien.

Noch in Rekawinkel, kurz vor der Ortsendetafel ist eine Rechtskurve. Als ich in die Rechtskurve hinein fuhr, fuhr ein anderes Auto aus seinem Parkplatz heraus direkt in meine Spur hinein. Der Fahrer starrte in die andere Richtung und sah mich nicht. Plötzlich blieb er quer über meiner Spur stehen.

Ich sah erst sehr spät, dass der Fahrer stehen bleiben wollte und bremste so schnell und so stark wie nur möglich. Dabei verlor ich die Kontrolle über mein Auto, das jetzt drohte, in die andere Spur zu rutschen und frontal gegen ein entgegenfahrendes Auto zu prallen. Der Fahrer des stehenden Autos merkte das alles nicht. Er bewegte sich um etwa dreißig cm nach vorne. Ich nahm den Fuß vom Bremspedal und schlug das Lenkrad mit ganzer Kraft nach rechts ein. Damit kam ich gerade noch um das Auto herum, ohne dass die Fahrzeuge sich berührten. Es wirkte wie ein Polizeifilm im Fernseher. Als ich an ihm vorbei war, wurde der ausparkende Autofahrer plötzlich wach und fuhr mit der Geschwindigkeit eines Bankräubers im Fluchtauto weg.

Zwanzig Minuten später war ich schon in Wien. Das Chaos setzte sich fort. Am Wiener Gürtel fuhr ein Autofahrer bei Rot über vier Spuren. Er hatte Glück. In der ersten Spur war ein langsamer Autobus, in der zweiten einer, der sich dem Autobus angepasst hatte. Ich fuhr in der dritten Spur und der Autofahrer rechts von mir hatte Gott sei Dank den Verrückten rechtzeitig gesehen. Er stieg –ebenso wie ich- kräftig auf die Bremse, gerade noch rechtzeitig, um einen schweren Unfall zu verhindern.

Meine Frau, die auf dem Beifahrersitz neben mir saß, sagte zu mir: „Heute ist Sonntag, der erste Advent. Der Tag hat was. Die Leute fahren wie verrückt. Pass auf dich auf!"

Nach dem Gottesdienst, unterwegs zum Adventkonzert um Vierzehn Uhr, waren wir in der Nähe der Volksoper. Einer überholte mich illegal von rechts. Ich dachte mir: „Meine Frau hat wirklich recht. Ich muss heute sehr aufpassen!"
Als wir beim Westbahnhof waren, wollte ich rechts fahren, um Madelon und Gerald Junior zur Bahn zu bringen. Schon wieder fuhr einer bei Rot über die Wiener Gürtelstraße und hätte mich fast abgeschossen.

Ich fuhr zum Theater und parkte das Auto ein bisschen weiter vom Haupteingang entfernt, um sicher zu gehen, dass ich nicht unmittelbar vor der Tür in einen Unfall verwickelt werde.

# DER KOLLEGE

## *Die Kollegialität*

Als ich zum ersten Mal „Tanz der Vampire“ spielte – ich hatte die Noten also noch nicht gesehen – durfte ich wieder erleben, wie wunderbar es ist, sich mit Kollegen gut zu verstehen. Das ist ein wichtiger Teil des professionellen Lebens und kann sogar ein lebenswichtiger Teil werden.

Es ist ja keine Selbstverständlichkeit. Vor einiger Zeit hörte ich von einem Vorfall, bei dem es ganz anders zugegangen war. Zwei Trompeter spielten gemeinsam ein Musical. Einer kannte das Stück, hatte also Routine; der andere nicht. Der Routinierte schwieg, statt zu erklären. Er machte sogar einige unklare Bewegungen, die leicht falsch ausgelegt werden konnten. Damit erschwerte er die Arbeit seines Kollegen. Er hätte ihm helfen können und müssen, aber stattdessen hatte er seinen Spaß beim Haxenstellen und ruinierte so womöglich die Beziehung zu seinem Kollegen.

Mein Kollege Willi war mir dagegen heute so hilfreich, dass er sicherlich die Hälfte meiner Abendgage verdient hätte. Wenn ich die Möglichkeit habe, ihm auf ähnliche oder andere Art zu helfen, wird es mir eine Ehre sein, das zu tun!

Es war ein Genuss und die gute Beziehung setzte sich in Zukunft auch fort.

Unsere Arbeit ist nicht leicht, sondern von Haus aus schwierig. Man sollte es sich und den anderen nicht noch schwieriger machen, sondern wenn möglich ein bisschen erleichtern. Gott sei Dank erkennen das einige.

## *Krank?*

Der 1. Trompeter und der 1. Posaunist reden über den 1. Hornisten.

Tr.: „Irgendwas hat er."
Pos.: „Irgendwas lenkt ihn total ab."
Tr.: „Entweder ist er krank, oder..."
Pos.: „ ...ist mir auch aufgefallen."
Tr.: „Er wirkt so unwirklich."
Pos.: „...so optimistisch..."

## *Der Hohe Ton*

Die Reaktionen von Kollegen auf Leistungen der anderen Kollegen haben sehr wohl mit den Möglichkeiten bzw. Schwierigkeiten des eigenen Instruments zu tun. Jeder trägt so zu sagen seine eigene Brille. Alle sind Richtung Perfektion unterwegs, nur sind die Schwierigkeiten, das Ziel zu erreichen genauso real wie das Ziel selber. Natürlich spielt auch die Persönlichkeit des Musikers eine wesentliche Rolle.

Die folgenden innerlichen oder äußerlichen Reaktionen sind eine vereinfachte Zusammenfassung von jahrelangen Beobachtungen aus dem Blickwinkel eines ersten Trompeters, der gerade einen hohen Ton gespielt hat. Der hohe Ton hat fast perfekt gestimmt (gilt nicht als einzige Möglichkeit!)

Der Konzertmeister: „Schon wieder!
1.Geige: „Armer Kerl!"
1.Horn: „Bravo!"
2.Horn: „Wahnsinn!"
2.Trompete (nicht gut befreundet) „Angeber!"
2. Trompete (gut befreundet) schaut die Marke und Nummer des Mundstückes an.
Tenor Posaune: „Bewundernswert!"
Tuba: „Könnte ich auch- mit einem kleineren Mundstück!"

### *Posaunenjodler*

Nach der Pause im Theater hatte der 1. Posaunist vergessen die Sicherung des Zuges zu lösen. Dementsprechend war sein Zug noch nicht beweglich. Beim ersten Ton merkte er den Fehler noch nicht, denn der erste Ton war in der ersten Lage zu spielen. Als er den zweiten Ton spielen wollte, der in der dritten Lage gespielt wird, waren die Schwierigkeiten voll da. Er war voll überrascht und man hörte es auch.

Ein Trompetenkollege dazu: „Sag mal, seit wann kannst du jodeln?"

### *Bühnensolo*

Nach einem gelungenen Solo auf der Bühne beim Musical „Elisabeth“ ging ich wieder auf meinen Platz im Orchestergraben. Niki Friesenbichler, Solo 1. Trompeter des Theaters, spielte an diesem Abend ausnahmsweise die 2. Trompetenstimme. Anstatt mir zu gratulieren oder mir auf irgendeine Art seine Anerkennung mitzuteilen, übergab er mir ein Stück Papier. Er hatte diese Aktion schon geplant gehabt. Ich übernahm das Blatt und schaute es an. Es war eine Kopie einer Mitteilung des Musikalischen Direktors an alle Orchestermitglieder, in der alle aufgefordert wurden, den Orchestergraben während der Vorstellung nicht zu verlassen. Die akzeptablen Ausnahmen – Übelkeit, Krankheit und Notfall- waren auch angegeben.

Der Brief war etwa ein Jahr alt, und Niki hatte ein ernstes Gesicht, als er mir das Blatt überreichte. Es hätte genauso ein Themenwechsel sein können; also dauerte es einige Sekunden, bis ich kapierte, dass er mein Bühnensolo meinte. Sein Witz war gelungen. Ich versprach ihm: „Nie wieder.“

### *Der Kollege als Diplomat*

Nachdem ein Posaunist ein B-Vorzeichen übersehen und daher etwas zu hoch gespielt hatte, meldete sich sein Kollege:

„Bei dieser Stelle in diesem Stück stimmt dieser Ton am besten, wenn er in der 5. statt in der 4. Lage gespielt wird!“

## *Die Welt ist klein*

Wahrscheinlich ist es klar, dass ein Berufsmusiker an seinem freien Abend nicht unbedingt ins Theater gehen will, aber es gibt auch Ausnahmen. Am 7. Februar1998 war es so weit: Ich ging zusammen mit meiner Frau ins Ronacher, um das Musical „FAME“ anzuschauen. Die Amerikanische Produktion gab ein Gastspiel in Wien. In der Pause redete ich kurz mit dem Posaunisten. Zufällig traf ich den Trompeter, Ken Ross, nach der Show und lud ihn auf ein Getränk ein. Wir setzten uns an einen Tisch im Restaurant nebenan.

Im Gespräch stellte sich heraus, dass Ken Ross ein guter Freund von Michael McGuffey war, dem Sohn meines Trompetenprofessors in Nashville. Er kannte Michael von Los Angeles, CA. Ich hatte ihn als kleiner Bub in Nashville gekannt, als junges Talent und Sohn meines Professors.

Es war die Idee seines Vaters, Pat McGuffey, gewesen, dass ich als Student ein Jahr nach Wien kommen sollte. Meine Trompetenkollegen, zur gleichen Zeit wie ich Studenten bei Pat McGuffey, waren John Reed (John stellte mir Pat vor), Jeff Bailey, Hiroshi Mitzuhashi, Martin O'Conner. Es war eine großartige Gruppe von Trompetenkumpeln Das war inzwischen 20 Jahre her. Die Zeit vergeht. Die Welt ist klein.

## *Polizeiwind*

Ich half wieder bei der Police Brass aus. Wir spielten zu fünft Weihnachtsmusik vor dem Haupteingang des Oberen

Belvedere in Wien. Es regnete ein bisschen und der Wind war recht kräftig. Wir mussten sehr aufpassen. Wir hatten schon einige Stücke gespielt, manche traditionell, manche modern. Jetzt war gerade ein Amerikanisches Weihnachtslied dran, und wir waren etwa in der Mitte des Stückes. Ich hatte zwölf Takte Pause. Der andere Trompeter spielte die Melodie. Plötzlich erwischte der Wind die Mappe des Tubisten und blätterte um. Er konnte nichts als weiter spielen, denn er hatte keine Hand frei. Er spielte aber nicht das Richtige, sondern irgendwelche Töne, damit kein Loch entsteht. Leider war es hörbar falsch. Ich ging hinüber und brachte seine Noten für ihn in Ordnung. Dann ging ich wieder auf meinen Platz zurück. Die anderen Musiker hatten ganz normal weitergespielt. Als ich wieder auf meinen Platz kam, waren die zwölf Takte um. Ich hob die Trompete und spielte weiter, als ob nichts gewesen wäre. Es passte genau. Im Zirkus hätte die Nummer sehr viel Applaus gebracht. Nach dem Schlussakkord brachen wir alle im Lachen aus. Es war viel zu perfekt, um nicht geprobt gewesen zu sein. Aber wie lädt man den Wind zu einer Probe ein?

## *Der falsche Sound*

Der Kommentar eines Kollegen, nachdem am Anfang des zweiten Aktes der Keyboarder irrtümlicherweise mit dem falschen Sound eingesetzt hatte: „Der Wein war gut, aber zwei Liter in der Pause (sie dauert 20 Minuten) ist einfach zu viel!“

## *Hornisten*

Durch all die Jahre habe ich gelernt, dass es zwei Sorten von Hornisten bei uns im Theater gibt; die, die selten einen Bleistift ausborgen, und die, die selten einen ausgeborgten Bleistift zurückgeben.

Es ist, soweit ich weiß, noch nicht wissenschaftlich belegt, aber ich könnte mir Folgendes vorstellen: Umgeben von so vielen kunstvoll gefertigten Bögen und Röhren des wunderschönen Instrumentes geht der kleine, fade, fantasielose Bleistift leicht verloren.

## *Brot und Kaffee*

Eines Abends hatte ich vor der Vorstellung trotz großen Hungers keine Zeit etwas zu essen. In der Pause lief ich die fünf Stockwerke hinauf in die Kantine und erwischte gerade noch das letzte belegte Brot in der Vitrine. Nachher ging es wieder die fünf Stockwerke hinunter zum Kaffeeautomaten neben der Portierloge. Ich war begeistert, die Zeit so ungewöhnlich effizient nützen zu können. Meine Muskeln spürten die Lauferei ein bisschen. Ich hatte das Brot in der einen, die Münze schon in der anderen Hand. Im Erdgeschoss wollte ich vom Vorraum ins Treppenhaus. Ich wartete kurz, weil ich durch die sich langsam selbst schließende Tür durchschlüpfen wollte. Elegant huschte ich durch die sich schließende Tür. Das hatte ich zumindest vor. Es gelang mir aber nicht ganz. Vielleicht waren meine Muskeln zu müde. Ich krachte gegen die Holzzargen der Glastür. Das Echo des Zusammenstoßes füllte den Vorraum. Alle starrten mich an. Es klang laut und schmerzhaft. Es tat nicht wirklich extrem weh und ich war gut gelaunt. Da bekam der Theatermensch in mir die Oberhand. Vor mir standen fünfzehn Menschen, die vielleicht erwarteten, dass ich zu Boden sinke. Stattdessen hinkte ich weiter auf den Kaffeeautomaten zu. Ich bemühte mich sehr, die Dramatik einer Szene aus einer Tragödie auszudrücken-- mit ausgestreckter, wild durch die Luft fuchtelnder rechter Hand und einem sehnsüchtigen Seufzen auf den Lippen: „Kaffeeeeeeeee!" Die Theater- KollegInnen die zugeschaut hatten, waren kurz alarmiert, danach aber sichtlich beruhigt. Sie genossen meine kleine Vorstellung und freuten sich, dass bei mir alles in Ordnung war...zumindest körperlich.

### *Die richtige Körperhaltung im Orchestergraben*

Ich melde mich sehr ungern krank, aber manchmal geht es halt nicht anders. Eines Tages fiel mir während einer Arbeit zu Hause eine Bohrmaschine auf den linken Fuß. So etwas kann beim Hausbauen passieren und hat oft überhaupt keine dramatischen Folgen. Ähnliches war mir schon oft genug passiert. Diesmal war es anders. Am nächsten Tag hatte ich im Theater Dienst. Als ich in der Früh aufzustehen versuchte, konnte ich den Fuß überhaupt nicht belasten. Ohne lang nachzudenken, griff ich zum Handy und rief das Theater an, um mich krank zu melden. Es stellte sich heraus, dass alle Kollegen entweder auf Tournee waren oder einen wichtigen Termin hatten. Als ich das erfuhr, dachte ich: „Vielleicht geht es doch."

Ich organisierte Krücken und am Abend brachte mich meine Frau mit dem Auto ins Theater. Der Orchestersekretär Dieter Hnatek empfing mich freundlich beim Bühneneingang und öffnete mir jede Tür bis in den Orchestergraben hinein, um der Herausforderung für mich in Grenzen zu halten. Er wusste von meinem Problem und schätzte meine Bereitschaft, trotz Verletzung zu spielen. Ich verstand seine höfliche Hilfeleistung nicht nur als gute Manieren, sondern auch als Ausdruck seiner Anerkennung.

Ich ging auf meinen Platz im Orchestergraben, suchte ein Versteck für meine Krücken, nahm meine Dämpfer von der Dämpferablage herunter und machte sie auch insgesamt niedriger. Ich bastelte aus meinem linken Schuh eine Art Fußpolster, damit ich den linken Fuß darauf lagern konnte. Ich probierte es aus und fand, dass diese Einrichtung ganz gut funktionierte. Ich spielte mich ein bisschen ein.

Alles verlief in bester Ordnung, bis sich der Bassist, der unmittelbar vor mir im Orchestergraben seinen Platz hatte und nichts von meiner Verletzung wusste, dafür entschied, die Initiative zu ergreifen. Er war selber sehr diszipliniert und hielte nicht viel von meiner übertriebenen „Sommerfrische-Einstellung" im Orchestergraben - mit ausgezogenem Schuh und hochgelagertem Fuß. Er hielt die innerliche Spannung eine Weile aus, aber dann war es ihm einfach zu viel. Er musste mir eine Lektion erteilen.

Ihm fiel dazu ein guter „Schmäh" ein: Er zwickte mich mit seinen Bassistenfingern ziemlich kräftig in die große Zehe des verletzten Fußes und lächelte mir dabei ins Gesicht.

Inzwischen habe ich gelernt, dass Händeschütteln mit einem Bassisten eine Falle ist. Durch Jahre des Übens und Spielens entwickeln Bassisten einen außerordentlich starken Händedruck. Wer das noch nicht weiß, sollte Acht geben. Ein Schraubstock ist nichts dagegen.

Ich war überrascht und schockiert. Ich hatte nichts Derartiges erwartet. Es tat auch sehr weh. Ich musste mich sehr beherrschen, um nicht laut aufzuschreien.

Er sah, dass ich den Fuß nicht sofort herunter nahm. Er sah meine Schmerzen und wurde verunsichert. Ich konnte nichts sagen. Stattdessen nahm ich eine Krücke aus dem Versteck und hob sie in der Höhe, um ihm ohne Worte zu erklären warum der Fuß trotz seiner Attacke noch auf der Ablage war.

Es dämmerte ihm. Jetzt war er der Schockierte. Das Ganze war ihm so peinlich, dass er sich drei Minuten lang (oder hat es nur so gewirkt?) entschuldigte. Wir verstehen uns – normalerweise – sehr gut, und es war nichts hin, zumindest nicht mehr als vorher. Ich versprach ihm, ihn irgendwann mitten im Stück- vielleicht während eines Bass-Solos- mit einer Krücke zu erwischen – was ich natürlich nicht tat - und wir waren wieder gut. Ich hatte echt Mitleid mit ihm, weil ich fest daran glaube, dass seine innerlichen Schmerzen größer waren als meine äußerlichen. Weil es ihm so peinlich war, wusste ich ganz genau, dass keine böse Absicht dahinter steckte.

### *Praktischer Optimismus*

Während einer Vorstellung hatte die Sängerin bei einem langen Ton sehr mit der Intonation zu kämpfen. Einige Musiker im Orchestergraben reagierten sichtlich darauf und schauten einander gegenseitig an. Ein ewiger Optimist, auch als Meister des Sarkasmus bekannt, meinte aber trocken: „Vierteltöne kann sie auch“.

### *Humor und Ablenkung*

Einer meiner Kollege, ein hervorragender Posaunist, den ich sehr schätze, hatte große Angst vor einem bestimmten Solo. Es war schon längst kein musikalisches Problem mehr, sondern war zu einem psychologischen Problem geworden. Je früher er anfing sich auf das Solo vorzubereiten, desto schlimmer spielte er.

Er ist Berufsmusiker und hat seinen Ruf und seinen Stolz. Ich wollte ihm so gerne helfen, wusste aber, dass er das nicht zulassen würde. Er empfand es sicher sogar schon als kindisch von mir, wenn ich das Thema überhaupt ansprach. Trotzdem hatte er nach wie vor ungelöste Probleme mit dem Solo.

Ich vermutete, dass er sich zu sehr hineinsteigerte. Das verursachte in seinem Körper so viele Spannungen, dass er nicht richtig tief atmen konnte. Er hatte fast immer zu wenig Luft, wurde in Folge dessen nervös und verlor die Kontrolle über das Solo. Am Ende des Solos war er nur mehr ein Überlebender, kein siegreicher Held mehr. Eines Tages probierte ich die indirekte Methode.

Zirka zehn Sekunden vor seinem Solo fragte ich ihn, ob er nicht beim Solo aufstehen wollte. Das war aus mehreren Gründen eine lustige Frage. Erstens waren wir im Orchestergraben, nicht auf der Bühne. Zweitens wäre das Mikrofon unten gewesen und sein Trichter oben. Drittens, war es unmöglich, weil es schon zu spät war.

Er lachte also ein bisschen, dann konzentrierte er sich, und spielte sein Solo. Er hatte keine Zeit, um an die negative Reaktion des Dirigenten zu denken, falls etwas schief ging. Nein, er hatte nur genug Zeit, um an das Solo zu denken und so zu spielen wie er spielen konnte, und – diesmal war es wunderschön.

### *Drei Ventile*

Wenn keine andere Verpflichtungen Vorrang haben, pflege ich es seit Jahren in der Pause zwischen den Akten mit anderen Orchester- und Bühnenkollegen Smalltalk und „Schmäh“ zu führen, oft auch gleichzeitig einen Kaffee zu trinken und dadurch ein würdiges Ziel zu erreichen, nämlich eine aufgelockerte oder heitere Stimmung, die als Abwechslung zum konzentrierten Musizieren gilt und von vielen deswegen als sehr angenehm empfunden wird. Einen anderen auf ein „Kaffeetscherl“ einzuladen hat sich auch als wirkungsvolle Methode bewährt. Harmlose Witze, die irgendwie mit dem Musikerleben zu tun haben, bringen oft auch eine positive Stimmung mit sich und motivieren zu weiteren Witzen. Manche Auftritte der Witze- und G‘schichterl-Erzähler in der Pause zwischen dem ersten und zweiten Akt eines Musicals sind wahrhaftig filmreif. Blechbläser erzählen zum Beispiel gerne Witze über SängerInnen und Streicher.

Eines schönen Tages war Laslo Miklos, ein Geiger und Freund, in der Lage mit einem Blechbläserwitz zurückzuschlagen. Er kam in der Pause auf mich zu und ohne Vorwarnung erzählte mir, dass er endlich herausgefunden hätte, wozu eine Trompete drei Ventile hat. Ich war natürlich neugierig. Er erklärte mir: „Zu hoch, zu tief, und Jazz."

Wenn man versteht, wie wichtig das Intonieren auf der Geige ist und wie viel nur ein zehntel Millimeter nach rechts oder links mit der Fingerspitze auf der Geigenseite ausmacht, kann man diesen gelungenen Witz noch mehr schätzen. Es war der beste Witz des Tages und ich bat sofort um Erlaubnis, ihn weitererzählen zu dürfen.

## *Kein Diensttausch möglich*

Ich war dabei, einen Substituten für meinen Theaterdienst zu suchen. Ich brauchte für Montag, den 8. Dezember einen Substituten, weil wir einen Familienwandertag machen wollten. Keiner der gefragten Kollegen hatte aber Zeit. Als letzten Versuch rief ich Willi Poisinger, der im Theater für die Diensteinteilung der Trompeter zuständig war an. Er hätte gerne ausgeholfen, hatte aber auch keine Zeit. Man kann halt nichts machen. Alles geht nicht. Fünf Minuten später rief er mich zurück und erklärte mir, dass er mich an einem Tag eingeteilt hätte, an dem das Theater geschlossen wäre, nämlich am 8. Dezember. Durch meinen Anruf war er darauf aufmerksam gemacht worden. Das

Raimund-Theater hatte in der Regel immer am Montag zu, und er hatte das übersehen und ich auch. Es wurde ein wunderschöner Familienwandertag!

### *Gitarre zu laut*

Des Kommentar eines Kollegen, als er hörte, wie laut die Gitarre in seiner Monitorbox war: Er hielt sich die Ohren zu und meinte: „Das Hermann- Mayer- Fitness-Programm."

### *Der mit dem Dämpfer tanzt*

Eines Tages spielte ich bei der Vorstellung ein Solo mit Harmon-Dämpfer. Bei dem Solo musste ich ganz nah ans Mikrofon. Nach dem Solo wollte ich mich wieder zurücklehnen und bemerkte nicht, dass der Harmon-Dämpfer aus dem Trichter und zu Boden fiel.

Mein Trompetenkollege Willi, der rechts zu mir saß, sah es aber und griff zu. Er erreichte den Dämpfer auch, kurz bevor er den Boden berührte. Durch diese Aktion verlor er aber sein Gleichgewicht und konnte den Dämpfer nicht halten. Ohne es zu wollen, schubste er den Dämpfer zum Posaunisten Alois Kampichler hinüber, der links von mir saß und das ganze Theater sehr genau verfolgte. Jetzt war Alois dran. Er bemühte sich sehr. Fast hatte er ihn, aber nicht ganz. Dreimal entkam er seiner rechten Hand. In seiner linken Hand hielt er noch die Posaune. Jedes Mal glaubte er- und wir auch- dass er ihn hatte, und jedes Mal schlüpfte er wieder wie ein Fisch durch seine Finger.

Tiefer und tiefer fiel der Dämpfer, bis er nur mehr Zentimeter über dem Boden war. Dann, genau auf dem ersten Schlag des nächsten Taktes, landete mein Dämpfer auf dem Teppichboden des Orchestergrabens.

Auf Grund des perfekten Zeitpunktes merkte es niemand. Wenn ich es nicht mit meinen eigenen Augen verfolgt hätte, hätte ich sicherlich auch nichts gehört.

An diesem Abend war - zumindest für uns- das beste Theater im Orchestergraben.

# DIE VORSTELLUNGEN UND BESONDERE AUFTRITTE

### *Ein GLP Zitat*

Als ich eines Abends im Theater einen schwierigen Einsatz gut über die Bühne gebracht hatte, gratulierten mir einige Kollegen freundlich dazu. Ich muss ehrlich gestehen, dass ich auch genug Einsätze gespielt habe wo das „Gratulieren“ fehl am Platz gewesen wäre. Meine Antwort am Tag des erwähnten gelungenen Einsatzes war wie folgt: „Es ist immer gut, wenn man das tun kann, wofür man bezahlt wird“.

### *Der Zeitpunkt des Einsatzes*

Bei der Theatervorstellung saß ich eines Tages wie immer im Orchestergraben, und merkte plötzlich, dass ich sehr müde war. Es war kurz vor der Pause, also dachte ich: „Ich muss nicht mehr lange aushalten…die Belohnung kommt bald. Nur, ich muss aufpassen, dass ich nicht wegen dieser Müdigkeit einen Einsatz verpasse“.

In diesem Augenblick hörte ich eine Stelle, die normalerweise auch mit Trompete gespielt wird. Diesmal aber war sie ohne Trompete, nämlich ohne mich. Darauf folgte die Verunsicherung. Weil es aber manche Parallelstellen gibt, die ohne Trompete sind, war ich nicht ganz sicher. Ich wartete und horchte. Bald wurde mir klar, dass es sich doch um meine Stelle gehandelt hatte.

Das alles passierte sehr schnell und im zweiten Takt danach war ich Gott sei Dank schon wieder dabei. Aber es war schon passiert. Ich hatte mich zum Zeitpunkt des Einsatzes selber davor gewarnt, den Einsatz nicht zu verpassen, und hatte dabei den Einsatz doch verpasst. Es kann ganz schön dumm sein, wenn man so gescheit ist.

### *Schlamm im Zug des Stars*

Am 18. November 2004 kam ich außer Atem aber pünktlich bei der Kirche am Familienplatz im 16. Wiener Bezirk an. Die meisten Blechbläser (ca. sechzehn) waren schon dort und hatten schon zu proben begonnen. Ich war für später bestellt und spielte die 1.Trompetenstimme. Als ich bei der Tür hineinging, sagte mir Prof. Werner Hackl gleich, wo ich Platz nehmen sollte.

Die Zeit war mir knapp geworden, weil ich irrtümlicherweise um eine Straße zu früh links eingebogen war. Das Auto stellte ich trotzdem ab und lief ein Stück zu Fuß. Das war gut so. Ein bisschen weiter von der Kirche entfernt gab es genug Parkplätze. Direkt bei der Kirche gab es überhaupt keine freien mehr. Ich hätte nur umsonst gesucht – gut geschätzt!

Als ich die Stiege hinaufgestiegen war, rief mir ein Hornist zu und grüßte mich freundlich. Es war Bernhard Sturm, den ich von der Polizeimusik Wien kenne. Danach grüßten mich zwei Trompeter: Andreas Kretz vom Quintett Brassissimo und Harry Stahara, Musikschuldirektor in Breitenfurt. Einige andere Hornisten grüßten mich ebenfalls. Einer davon kannte Andreas Simbeni, den Hornisten des „Amadeus Brass Quintetts" und bat mich darum, seine Grüße an Andreas weiterzuleiten. Nach einer so vielseitigen Begrüßung fühlt man sich wohl wie ein König, und genauso fühlte ich mich in dem Moment.

Wir probten die drei Sätze durch, und zwar mit drei verschiedenen Organisten. Der dritte war Andreas Juffinger von Neulengbach, der mich beim Einsteigen begrüßt hatte. Ich kam mir wie ein Hollywoodstar vor.

Nun muss man wissen, dass ich seit drei Tagen erkältet war. Ich hatte die Trompete putzen wollen, weil sie es sehr dringend nötig hatte, war aber auf Grund der Krankheit nicht dazu gekommen.

Irgendwann im Laufe des Konzerts, während die Orgel achtundzwanzig Minuten allein spielt und die anderen Musiker nichts zu tun haben, leerte ich meine Trompetenzüge aus. Gründlich putzen kann man eine Trompete mitten im Stück selbstverständlich nicht, aber zumindest die Züge ausleeren! Als ich also den zweiten Zug entfernt hatte, sah ich eine dicke Schicht Schlamm drinnen. Wie ein Tuch lag er im zweiten Zug. Ich hatte in meinen Trompeten noch nie so etwas gesehen. Ich musste zweimal nachschauen, um zu kontrollieren, ob es sich nicht vielleicht um ein kleines schleimiges Lebewesen handelte.

Der erste Hornist, der neben mir saß, glaubte auch etwas Unglaubliches gesehen zu haben und starrte intensiv hin. Ich schämte mich und wickelte meine Hand um den Zug, um alles geheim zu halten, blickte den Hornisten aber selbstverständlich nicht an. Ein Star muss sich vor den Paparazzi zu schützen wissen. Ich steckte den Zug samt Schlamm wieder in die Trompete und hoffte, dass das Ventil nicht deswegen hängen bleiben würde.

Das ganze Stück war für mich verständlicherweise sehr spannend. Aber alles lief problemlos ab. Eine Organistin gratulierte mir anschließend und unterstrich besonders meine weiche und feinfühlige Klangvorstellung. Natürlich bedankte ich mich, hielt es aber nicht für notwendig das schleimige Geheimnis zu lüften. Ich rede zwar gern, aber man muss nicht immer alles erzählen. Stattdessen bedankte ich mich noch ein zweites Mal.

### *Reiche zahlen wenig*

Am 7. November 2004 spielte ich in Heiligenkreuz in Niederösterreich eine Hochzeit. Ein anderer Trompeter war aus irgendeinem Grund verhindert und Karl Rechendorfer hatte mich am Tag vor der Hochzeit angerufen, um zu fragen, ob es mir irgendwie möglich wäre, für den anderen Trompeter einzuspringen. Es handelte sich um die Familie Habsburg, genauer gesagt einen Enkel der kaiserlichen Linie Habsburg. Das klang mir ganz schön interessant und ich sagte zu. Geld, dachte ich mir, wird wohl kein Problem sein. Karl sagte mir, dass die Hochzeit etwa eine Stunde dauern würde. Ich hatte einen anderen Termin nachher, aber gerade die Stunde von 11:00 Uhr bis 12:00 Uhr war mir recht angenehm.

Als ich in Heiligenkreuz ankam, begrüßte mich eine Dame, die meinen Trompetenkoffer gesehen hatte und mich sofort als Musiker identifizierte. Sie fragte mich, ob siebzig Euro genug seien. Die Frage überraschte mich ein wenig, aber weil ich so einiges in meinem Musikerleben erlebt habe, und weil noch keiner etwas über Geld geäußert hatte, war ich schlagfertig. Ich antwortete: „Das doppelte wäre in so einem Fall angebracht."

Sie fragte: „Würden sie es um hundert Euro machen?" Ich sagte zu und fragte zur Sicherheit nochmals, wie lang die Hochzeit dauern würde. „Eine Stunde", hieß die Antwort.

Die Hochzeit war wunderschön, aber sie dauerte zwei Stunden und fünf Minuten. Ich hatte, so gesehen, weniger als fünfzig Euro pro Stunde verdient. „Reiche Leute werden nicht ohne Grund reich", dachte ich.

Ich bekam auf Grund der Überlänge Schwierigkeiten beim nächsten Termin, aber sie waren zu lösen. Trotzdem bleibt diese wunderschöne Hochzeit in meinem Gedächtnis, nicht nur weil sie so wunderschön war.

Ein bisschen wurde mir das Gefühl vermittelt, dass der Musiker kein Geschäftspartner ist, sondern ein Diener der Wohlhabenden. Dieser unausgesprochene, nirgendwo aufgeschriebene und trotzdem glasklare Eindruck inspirierte mich dazu, Texte zu schreiben, die in der Zukunft von Straßenmusikanten humorvoll eingesetzt werden können. Im Jahr 1980 gab in Wien es einen offiziellen Ausdruck für Musiker, die auf der Straße spielten, um Geld zu verdienen. Diese Tätigkeit wurde „Musikbetteln" genannt.

## *Taxi vom Himmel*

So wie schon oft spielte ich am 9. November 2004 Trompete im Quartett der Polizeimusik für die Sponsionsfeiern an der Universität für Bodenkultur in Wien. Diesmal war es ein bisschen anders. Ich fuhr nicht von zu Hause weg, also nicht die wohlbekannte Route, die mein Auto schon auswendig kannte. Der Grund dafür war, dass ich schon bei einem Frühstück im Marriott Hotel in Wien gewesen war. So etwas ist für mich nicht alltäglich und ich genieße es sehr. Ich musste deswegen auch aufpassen, dass ich nicht zu lange dort blieb, sondern rechtzeitig weg und zu den Sponsionsfeiern kam. Bei diesen Feierlichkeiten sind die Musiker die ersten, die auf der Bühne Aufstellung nehmen. Deswegen ist es absolut notwendig, frühzeitig dort zu sein. Ein Nachzügler müsste vor dem Rednerpult den großen Festsaal durchqueren und das wäre bei dem vornehmen Ambiente ziemlich peinlich.

Ich fuhr also rechtzeitig mit der Straßenbahn vom Mariott Hotel los und studierte unterwegs den Stadtplan. Ich revidierte meine Fahrtroute dreimal, was nicht leicht war bei den kurzen Entfernungen zwischen den Umsteigstellen und befand mich schließlich bei der U6 Station Nussdorferstraße. Dort suchte ich die Autobushaltestelle. Wo ich aber hinschaute, fand ich keinen Autobus und auch keine Haltestelle. Ich wusste, dass die Gegend ein bisschen komplizierter angelegt war und ich wusste auch, dass es

keine Seltenheit ist, dass Autobushaltestellen auf Grund von Bauarbeiten geschlossen, bzw. verlegt werden. So etwas kann eine komplizierte Herausforderung noch komplizierter machen. Ich gab also nicht auf, sondern suchte weiter.
Es half aber alles nicht. Es war kalt. Ein kleiner Schneesturm war im Werden und die Autobusstelle war nicht zu finden. Die Zeit wurde aber auch schön langsam unangenehm knapp.

Instinktiv überquerte ich an einer Ecke die Strasse, als ich ein leises Hupen hörte. In Wien gilt Hupverbot und die meisten Menschen sind diesbezüglich sehr diszipliniert. Das Hupen ist also normalerweise eine Notfallsituation. Ich schaute über die Straße, sah aber nichts Auffälliges. Ich spürte den Zeitdruck und blickte die Autos, eins nach dem anderen an, um zu sehen, ob irgendjemand vielleicht mit dem Hupen mich gemeint hätte. Die Autos standen noch, weil die Ampel noch immer rot war.

Im sechsten Auto saßen die anderen Blechbläser. Ich konnte ihre Gesichter gerade noch ausmachen. Einer davon streckte seine Hand zum Fenster heraus und zeigte mir durch eine Handbewegung, dass ich schnell zusteigen sollte.

Der Himmel hatte mir das perfekte Taxi bestellt.

### *Ein gerechter Wind*

Ich marschierte am 10. Juni 2004 bei der Fronleichnamsprozession im 14. Wiener Bezirk mit und spielte im Blechbläserquartett. Ein Posaunistenkollege, Roland Fessl, hatte mich gebeten, mitzumachen. Anschließend spielten wir zur Unterhaltung der Zuhörer „Weissbacher“ Repertoire als Tischmusik, während sie eine Agape miteinander feierten.

Wir waren im Freien und der Wind war wechselhaft. Die Kompositionen waren so konzipiert, dass die Melodie von einem Instrument zum anderen herumgereicht wurde. Einmal hatte ich in der 1. Trompetenstimme die Melodie, danach übernahm der 2. Trompeter die Melodiefunktion.

Einmal wehte der Wind sehr stark, genau in dem Augenblick, als der zweite Trompeter die Melodie übernahm. Ich sprang ihm zu Hilfe und fixierte seine Notenblätter. Die ersten paar Töne spielte er auswendig und den Rest konnte er wieder lesen. Ich sprang zurück zu meinen Noten und spielte weiter mit. Weil ich vier Takte Pause gehabt hatte, musste ich keinen Ton auslassen.

Acht Takte später war ich wieder dran. Genau in dem Moment, als ich die Melodie übernahm, blätterte der Wind um - diesmal meine Stimme. Der Kollege blätterte für mich zurück und befestigte das Heft.

Es war ein gerechtes Spiel und nichts ging verloren. Wir hatten einander geholfen, nicht nur gespielt, sondern auch ein bisschen Morgensport gemacht und zum Schluss waren wir quitt.

## *Die innere Stimme*

Jeder Dirigent ist in seinem Stil und seiner Überzeugungskraft ein bisschen anders und das verlangt jedem Musiker Verständnis und Aufmerksamkeit ab. Man kann ein Stück von innen und außen kennen und trotzdem beim Dirigentenwechsel ganz schön auf die Nase fallen.

Dementsprechend musste ich beim ersten Dirigentendienst des Dirigent-Assistenten Michael Römer am 7. September 2006 sehr aufpassen. Christian Kolonovitz hatte für das Singspiel „Die Weberischen" die Musik geliefert und bis dorthin auch dirigiert. Der Stil von Michael Römer war von meiner Warte aus unmissverständlich. Ich erwartete also keine bösen Überraschungen. An einer Stelle aber hat er mich extrem verunsichert, ohne es zu wollen.

Ich hatte mehrere Minuten Pausen gehabt und gefühlsmäßig war noch nicht die ganze Pausenzeit verlaufen. Der Dirigent aber schaute mich mit feuriger Intensität an und zählte vor.

Ich nahm sofort die Trompete in die Hand und bereitete mich auf den ersten Ton vor. Das alles musste etwa in einem halben Takt passieren. Also gab es keine Zeit zum Nachdenken. Mein erster Ton war ein zweigestrichenes f, und zwar forte (laut). Der Kampf in meinem Herzen war extrem. Ich konnte es fast nicht glauben, dass die Pause vorbei war. Seine feurigen Augen aber waren für mich unmissverständlich und trieben mich in den Einsatz ... fast.

Im letzten Augenblick war es so, als riefe eine innere Stimme „Nein!“ Dementsprechend spielte ich auch nicht. Das war gut so, denn es wäre doch ein großer und gut hörbarer Fehler gewesen.

Woher dann seine feurigen Augen? Der Dirigent selber lieferte mir nach der Vorstellung die Antwort. Er hatte mich gar nicht gemeint. Auf Augenhöhe genau zwischen dem Dirigenten und mir gab es eine winzig kleine Kamera. Dieses Gerät war das einzige halbwegs genaue Kommunikationsmittel zwischen dem Dirigenten, der das Orchester hinter der Bühne dirigierte und den SängerInnen, die auf der Bühne wirkten. Bei der erwähnten Stelle handelte es sich also um eine schwierige Stelle, an der der klare Einsatz des Dirigenten extrem wichtig war und das Einzige, das eine Katastrophe auf der Bühne verhindern konnte. Christian Kolonovitz hatte die Stelle auch für die Kamera dirigiert, aber weniger intensiv, weil sie ihm nicht mehr neu war.

Alles hatte also seine Erklärung und ich spielte meine Stelle, als es endlich so weit war, relativ entspannt und – so weit ich informiert bin - zur Zufriedenheit aller Beteiligten. Gott sei Dank, dass es eine innere Stimme gibt, die manchmal sogar Recht hat.

### *Die Verbeugung*

Bei unseren Vorstellungen von „Die Weberischen“ gab es Missverständnisse zum Thema Verbeugung. Es gab mehrere Gründe für diese Missverständnisse. Erstens wollte Christian Kolonovitz, Arrangeur und Musikalischer

Chef des Stückes, dass sich am Ende des Stückes einzelne Musiker verbeugen. Zweitens gab er den einzelnen Musikern, einem nach dem anderen, ein Zeichen, wodurch sie auch wussten, wann der Zeitpunkt der Verbeugung gekommen war. Drittens ist es eher eine Ausnahme, dass das Orchester auf der Bühne sitzt, was aber bei diesem Stück der Fall war. Sonst hätte es kaum einen Sinn gehabt, dass sich Einzelne verbeugen, denn das Publikum hätte die Hälfte davon im Orchestergraben gar nicht sehen können. Dazu kamen zwei Punkte, die mich persönlich betreffen. Der erste Trompeter hatte in dem Stück oft eine Solofunktion und es wäre erfahrungsgemäß denkbar, dass er sich verbeugen soll. Ein zweiter Punkt machte die Sache nicht leichter. Ich saß in der letzten Reihe, fast genau hinter dem Hauptsolisten des Stückes, nämlich dem Soloklarinettisten (Karl Korak bzw. Jörg Wachsenegger). Aus der Entfernung ist es immer viel schwieriger zu erkennen, wer gemeint ist als aus der Nähe. Ich wusste zum Beispiel oft nicht, ob er mich und danach den Hauptsolisten – eine für mich verständliche Reihenfolge – meinte.

Die ganze Sache wurde mir mit der Zeit zu dumm, bis Christian eines Tages beim Schlussapplaus mit zwei Händen das Zeichen zur Verbeugung in meine Richtung gab. Die zwei Hände konnten „zwei Personen“ heißen, oder? Vielleicht meinte er nur den Hauptsolisten mit zwei Händen, weil der eine außergewöhnliche Funktion hatte. Ich fasste den Entschluss, mit ihm oder mit einem anderen darüber zu sprechen und die Sache endlich klar zu stellen. Aber wie würde er meine Frage auslegen?

Es blieb lange ungeklärt, aber nachfragen konnte auch problematisch sein, denn es hätte natürlich so wirken können, als ob es mir persönlich wichtig wäre, anerkannt zu werden. Das war aber nicht der Fall. Ich wünschte mir nur zu dem Thema eine gesunde Portion Klarheit. Die gab es eben wochenlang nicht.

Um den Eindruck des Hochmutes nicht aufkommen zu lassen, folgte ich dem Prinzip des Auslassens. Wenn ich nicht absolut sicher war, ob der Chef mich meinte, blieb ich sitzen. In den meisten Fällen, war das eine gute Lösung. Entweder wurde es akzeptiert oder korrigiert, im Sinne eines wiederholten, deutlicheren Zeichens. Im Fall von Christian K. aber gab es die zusätzliche Gefahr eines Missverständnisses auf Grund seiner Rücksichtsnahme. Christian hätte mein Sitzenbleiben als Verweigerung verstehen können, obwohl es gar keine war und es einfach akzeptieren, weil er nicht streitsüchtig war.

Manche Probleme lösen sich von selber, wenn man ein bisschen Geduld hat, und so wartete ich mit Vorfreude auf den Tag der Erleuchtung. Der Tag kam aber lange nicht.

Um auf Nummer Sicher zu gehen, bat ich Michael Römer um ein Gefallen. Ich erklärte die Situation ein bisschen, aber das kompliziert gewordene einfache Thema schreckte ihn sichtlich ab. So leitete er es gleich an den Chef weiter.
Christian antwortete: „Ja, selbstverständlich! Wenn du meinst, dass ich dich gemeint habe, einfach aufstehen!“ Es war also für ihn überhaupt kein großes Thema und er wollte, dass es so bleibt. Ich war sehr froh, dass es endlich möglich war, Klarheit zu haben.

Am nächsten Abend spielte ich eine gute Vorstellung und als wir den Schlussakkord schon hinter uns hatten, gratulierte mir der Soloposaunist, Dominik Stöger. Man muss verstehen, dass das Ende einer Vorstellung für einen Blechbläser eine wesentliche Entspannung bedeutet. Die Musiker genießen es, einander zu gratulieren, wo es passt. Daraufhin gratulierte ich ihm gleichfalls und als ich mich wieder nach vorne drehte, merkte ich, dass die Einzelnen, die sich verbeugen sollten, schon standen. Ich hatte es schon wieder verpasst! Nachdem er die „Verbeugungsliste" durchgegangen war, gab mir Christian doch noch ein Zeichen und ich stand ebenfalls auf.

Das Ganze war dem Dominik gar nicht bewusst, weil das Ende der Vorstellung für ihn eine klare Sache war. Noch dazu saß er günstiger als ich und die Gefahr der Verwechslung mit anderen Kollegen bei der Verbeugung war nicht gegeben. Dementsprechend verstand er mich überhaupt nicht, als er mir am nächsten Abend nach der Vorstellung gratulieren wollte und ich „Nein, nein, nicht schon wieder!" rief. Seine Verblüffung war mir aber offensichtlich. Sofort erklärte ich ihm die Hintergründe meiner Reaktion und wir lachten beide darüber - sehr, sehr entspannt.

***Liedertext aus: „Die Entscheidungshilfe"*** [14]

Viele Menschen, wie man sieht,
sind verwirrt und außer sich.
Offensichtlich können sie nicht Schritt halten-
Junge und auch Alte.

Sind wir wirklich so entgleist?
Ist die Kühlung so vereist?
Steigt der Rost bis zur Nabelschnur?
Was kann der Einzelne überhaupt dafür?

Sag mir endlich was du denkst!
Brauche ich bald schon, oder längst,
wie schon alle, die Entscheidungshilfe?

Heutzutage, grob und fein, ob verheiratet oder allein,
Jeder braucht sie, die Entscheidungshilfe.

### *Tixo hilft*

Schloss Atzenbrugg, 6. Jänner 2003, Neujahrskonzert des „Amadeus Brass Quintetts". Wir spielten in den Fußstapfen des Komponisten Franz Schubert.

Kurz vor dem Konzert erinnerte ich mich daran, dass ich noch die Notenseiten bei manchen längeren Walzerfolgen mit Klebeband kleben wollte, damit das Umblättern einfacher wäre.

Schnell griff ich zu meiner Tixorolle und erledigte den Auftrag. Um auf Nummer sicher zu gehen, klebte ich noch ein Paar „Schnellgriffe" aus Tixo dorthin, wo die Zeitnot das Umblättern erschwerte. Die Arbeit eines Musikers ist manchmal gar nicht so leicht und ein paar Hilfsgriffe erleichtern die Sache.

Im Konzert verwendete ich die neue Tixo - Hilfe und alles lief wie am Schnürchen, zumindest bis zu einem bestimmten Punkt, an dem ich mitten in einem Stück statt zwei Blättern irrtümlicherweise drei Blätter zusammengeklebt hatte. Ich blätterte um, fand meine Noten nicht, blätterte zurück, fand sie wieder nicht.

Eine Dame in der ersten Reihe, die mir helfen wollte, griff auch zu den Noten. Sie hatte mir während des Konzertes bei einer anderen Gelegenheit schon vorher einmal geholfen, indem sie meinen Spitzdämpfer, der von der kleinen Bühne heruntergefallen war, wieder auf die Bühne gestellt hatte. Diesmal stellte sie das Problem ein bisschen zu einfach vor. Tixo hält sehr gut!

Gott sei Dank hatte ich einen Trompetenständer aufgestellt! Irgendwie schaffte ich schnell die Trompete auf den Ständer und riss meine Noten wieder auseinander – keine gerade Linie, wohlgemerkt.

Danach setzte ich mich schnell und spielte weiter. Ich hatte kaum etwas verpasst. Nach dem Schluss des Stückes stand ich auf und bedankte mich mit den folgenden Worten: „Meine Damen und Herren, diese Dame hat mein Leben schon zweimal gerettet. Wenn es so weiter geht, wird es ein bisschen persönlich.“ Ich wollte lustig wirken, aber die Wortwahl war ein bisschen unglücklich. Viele lachten. Die Dame schaute aber zu Boden. Ich bedankte mich deswegen nach dem Konzert bei ihr auf ernsthafterer Art und Weise und hatte den Eindruck, dass alles wieder gut war.

### *Weihnachtsblasen 2005*

Die Vereinigten Bühnen Wien brachten das Weihnachtsprogramm nach Triest, wo es, wie erwartet, ein Riesenerfolg war. Am 24. Dezember um 16:30 Uhr war ich wieder zurück in Wien. Ich hatte mehr als genug Zeit, nach Grinzing zu fahren und dort in einem Heurigenlokal, der „Reblaus", einen Kümmelbraten zu essen, bevor ich in der Grinzinger Kirche die Probe spielen sollte. Eine Ungarische Tischmusik spielte. Sie verkauften mir eine CD und bekamen zusätzlich eine kleine Spende. Darauf spielten mir die Musiker einige Wunschlieder von Emmerich Kalman.

Als meine Probe beginnen sollte, bemerkte der Chef, dass er irrtümlicherweise die falschen Noten mitgebracht hatte. Bei ihm war es zu Hause nicht gerade ruhig zugegangen, und er hatte die Noten für Silvester eingesteckt statt für Weihnachten. Der Rest der Gruppe setzte sich zu einem anderen Wirt und bestellte etwas zu trinken, während der Chef die richtigen Noten von zu Hause holte. Obwohl sie mit einer Panne angefangen hatte, lief die Probe dann sehr gut ab und die anschließende Christmette war wunderschön.

Nach der Christmette fuhr ich zum nächsten Gig. Josef Graf hatte mich darum gebeten, beim Weihnachtsturmblasen in der Sieveringer Kirche mitzumachen. Ich nahm es mir vor und freute mich darauf. Das einzig Schwierige daran war die knappe Zeit. Von Grinzing nach Sievering zu fahren war kein Problem. Ich hatte gerade genug Zeit, pünktlich anzukommen und anzufangen. Das Problem war eher nachher. Geplant war, dass wir bis 24:00 Uhr in Sievering spielen. Ungefähr um 24:00 Uhr aber, musste ich in Neuwaldegg sein, für die dritte Spielerei an diesem Abend. Dort ist die Messe immer bald nach 24:00 Uhr aus, und gleich anschließend fangen wir mit den Weihnachtsliedern an. Ich wusste, dass es sehr knapp wäre, wusste aber auch von den Vorjahren, dass es fast immer mindestens 0:15 Uhr war, bevor die Messe aus war. Das war mir ein großer Trost, aber keine Garantie. Geographisch liegen alle drei Spielstätten in einer Linie hintereinander und sind gut zu erreichen, wenn der Schnee das Autofahren nicht zu sehr erschwert. Die Gegend ist zum Teil extrem hügelig und manche Strassen sind bei Schneelage nicht unbedingt zu empfehlen.

Ich hatte mich vom ÖAMTC- Autofahrerklub beraten lassen und war in der Woche vorher mehrmals mit Stoppuhr die Strecke gefahren, um so gut wie möglich darauf vorbereitet zu sein. Durch das Stoppen hatte ich gesehen, dass es auf jedem Fall sehr knapp sein würde. Ich hatte Josef Graf sicherheitshalber angerufen, um zu kontrollieren, ob wir wirklich genau von 23:30 Uhr bis 24:00 Uhr spielen. Er bestätigte es und ich versprach ihm sicher zu kommen, erklärte ihm aber auch die Knappheit des Ablaufs an dem Abend.

Wegen Parkplatzsuche kamen erfahrungsgemäß schon einige Musiker verspätet zum Dienst. Deswegen saß meine Frau Madelon am Heiligabend neben mir im Auto. Sollte es unangenehm knapp werden, würde ich aus dem Auto springen und zum Dienst laufen, und sie könnte weiterfahren und einen geeigneten Parkplatz suchen.

Josef ließ mich freundlicherweise ein paar Minuten früher gehen, damit meine Chancen beim nächsten Einsatz pünktlich zu sein besser wären. Das letzte Weihnachtslied in Sievering spielte das Quartett deshalb zu dritt. Ich packte die Trompete schnell ein und lief die Treppe hinunter zum Auto. Wir fuhren los. Ich fuhr wegen der Schneelage den sicheren Weg. In Neuwaldegg fand ich sofort einen Parkplatz, stellte das Auto ab, nahm die Trompete und die Tasche und lief in den Hof hinein zum Gebäude, wo sich die Musiker immer treffen. Ich riss die Tür auf und staunte. Es war niemand da! Zuerst war starr vor Schreck. Dann schaute ich hinüber zur Kirche. Die Messe war noch nicht aus. „Ach so, ich habe noch Zeit“, dachte ich. Aber wo waren die anderen?

Ich marschierte herum und suchte sie, bis ich sie im Keller beim Glühweintrinken fand. Ich trank nur Mineralwasser. Mit der Ausrede: „Ich habe jetzt schon mehr Zuckerwasser in mir als Salzwasser“, und auch dem fachlichen Einwand: „Sonst bleiben alle Ventile kleben“, kam ich gerade noch durch.

Es dauerte nur ein paar Minuten und wir waren dran.
Wir gingen zur Musikertreppe hinüber und machten die Fenster zum Hof auf. Ein kräftiger Wind blies eisig durch. Das Licht über unseren Köpfen funktionierte schon seit fünf Jahren nicht. Inzwischen hatten wir uns daran gewöhnt. Nur, sehen muss man schon können, und so hatten wir die letzten zwei Jahre eine kleine Lampe zur Hilfe geholt und auf einem Sessel hinter uns aufgestellt. Das half nur wenig. Stattdessen warf sie dunkle Schatten auf unsere Noten, die manchen von uns die Aufgabe zusätzlich erschwerten. Nur weil schwaches Licht vom

Raum hinter dem Treppenhaus durch die Glastüren und ins Treppenhaus hereinfiel, konnten wir die Noten überhaupt sehen.

Ich litt sehr unter der schlechten Sicht, versuchte aber so gut wie möglich mitzuhalten und improvisierte wo notwendig. Die Sicht war aber so extrem schlecht, dass ich nach dem dritten Stück beschloss, unsere Lage zu verbessern.

Ich machte die Glastür einen Spalt auf und versuchte eine Variante zu finden, durch die die Lampe an die Tür montiert werden und auf uns hinunter strahlen könnte. Als ich aber Kabeltrommel und Lampe in die Hand nahm, gab es plötzlich einen Kurzschluss und wir hatten überhaupt kein Licht mehr. Der Chef sagte, dass wir weiterspielen müssten. Wir hatten wesentlich weniger Licht als vorher. Die anderen Kollegen waren brav und sagten nichts.

Ich sah viele von meinen Noten fast überhaupt nicht. Vor Beginn eines Stückes schaute ich ganz genau die Tonart und den ersten Ton an. Wo ich nichts mehr sah, improvisierte ich oder spielte aus dem Gedächtnis. Weil ich schon beim Improvisieren war, ergänzte ich einige Stücke mit fanfarenähnlichen Einlagen.

Das gefiel dem Chef, Professor Werner Hackl, so sehr, dass er zusätzliche Strophen ansetzte, komplett mit „Militärkapellenfanfaren". Mehrmals lobte er mich an dem Abend für meine spontanen Ergänzungen zu den oft gespielten Weihnachtsliedern, die ich zum Teil notgedrungen hinzufügte.

Weil ein kleiner Arrangeur in mir steckt, genoss ich diese Aufgabe auch sehr. Diese Bereicherung glich zum Teil den Fehler mit dem Licht aus und hob die Stimmung in der Gruppe. Mit Freude froren wir weiter und spielten fertig. Ende gut, alles gut.

Am nächsten Tag rief mich Sepp Graf an und fragte nach, wie es mir gegangen war, ob alles gepasst hätte, und ob ich mit der Qualität des Musizierens in Sievering zufrieden sei.

Ich war so froh den Tag erfolgreich überlebt zu haben, dass ich nur eins dazu sagen konnte: „Es war alles SUPER!" Er war froh, diese positive Meldung von mir zu hören und plante sofort eine Wiederholung für das kommende Jahr. Ich sagte selbstverständlich zu.

## *Der Lacher*

Im Wiener Raimund-Theater standen von 1981 bis 1987 Operetten auf dem Spielplan. Viele dieser Operetten brauchten einen Schauspieler, der für die Buffo-Rolle geeignet war; der die Zuschauer durch seinen Witz, seine Gestik, seine humorvoll gesungenen und gesprochenen Texte, seinen Tanz und seine Schlagfertigkeit zum Lachen bringen konnte.

Hin und wieder besuchten uns im Raimund-Theater Patienten aus der Anstalt für Geistesbehinderte in Gugging mit Begleitperson. Einer davon hatte eine unmissverständliche Art, uns seine Anwesenheit kund zu tun. Die Orchestermitglieder gaben ihm intern einen Spitznamen: Er war für uns „der Lacher."

Durch seine Behinderung und längere Reaktionszeit lachte er immer „zu spät“. Er bekam die witzige Teile sehr wohl mit oder mindestens die Tatsache, dass die anderen Zuschauer lachten, aber war nicht in der Lage, selber rechtzeitig zu lachen. Tatsächlich begann sein Lachen erst dann, wenn das „normale“ Lachen im Abklingen war. Dann war er dran, und zwar mit Volldampf. Sein Lachen war schnell, laut, monoton und mit ernstem Gesicht. Es war so laut wie das Lachen von zehn anderen Besuchern. Sein Lachen fing plötzlich an und dauerte, bis er keine Luft mehr hatte. Dann verschwand sein Lachen genau so plötzlich wie es begonnen hatte. Sein Gesicht blieb die ganze Zeit ausdruckslos. Man hätte meinen können, dass er gar nicht wusste, dass er lachte. Das kann ich nicht beurteilen, obwohl ich ihn sehr oft beobachtete. Uns war es auf jeden Fall bereits nach den ersten fünf Minuten der Operette klar, dass der Lacher an dem Abend Ausgang hatte und uns im Raimund-Theater besuchte.

Dadurch, dass er uns eine Zeitlang bei jedem Stück besuchte - offensichtlich hatte er sich ein Abonnement gekauft - hatte jeder im Theaterorchester die Möglichkeit, ihn zu erleben. Am Anfang galt er als Störfaktor. Später wurde er zum größten Witz des Abends. Noch später wurde er zur Herausforderung für die Musiker und zum Teil für die Schauspieler und Sänger. Er war mit der Zeit durch sein unnatürliches Timing in der Lage, das ganze Orchester abzulenken und damit das Theaterstück zu gefährden. Er wirkte nicht nur falsch, sondern auch überzeugt. Seine Lautstärke drehte so manche Köpfe und erntete eine ganz Palette von Reaktionen von den anderen Theaterbesuchern.

Ich erinnere mich an einen Abend, wo sein falsch platziertes Lachen so perfekt war, dass das ganze Orchester nicht in der Lage war, weiterzuspielen. Er hatte das Orchester lahm gelegt und wusste es nicht. Wir rissen uns natürlich sofort zusammen, aber sein Auftritt im Zuschauerraum war gelungen.

Eines schönen Tages wurde ihm sein Maschinenpistolen-Lachen zum Verhängnis. Ein Hauptgrund dafür war sein Sitzplatz. Damit er die Bühne besser sehen konnte, hatte er sich eine Karte in der ersten Reihe besorgt, unmittelbar hinter dem Dirigenten. An dem Abend hatten dirigierte der Chefdirigent und Musikalische Direktor des Theaters. Er kannte den Lacher nicht, zumindest am Anfang der Vorstellung noch nicht. Es dauerte aber nicht lang, bis er wusste, dass etwas Außergewöhnliches in der ersten Reihe los war.

Dadurch, dass der Lacher überhaupt keine Miene verzog, war es dem Chef, der sich erst nach dem Lachen umdrehte, nicht leicht, den Zuständigen zur Verantwortung zu ziehen. Ich wusste aber: „Das kann nicht gut gehen".

Erwartungsgemäß war der Sitzplatz des Lachers nach der Pause leer. Seither habe ich ihn kein einziges Mal mehr im Theater erlebt. Ich vermute, dass er bei uns Hausverbot hat, und dass er woanders zu spät lacht.

### *Fröhliches Advent-Singen 2005*

Astrid Buchinger, Chorleiterin und Kollegin der Musikschule Altlengbach hatte mich darum gebeten, für das „Fröhliche Adventsingen“ am 18. Dezember 2005 in Altlengbach Musikbeiträge zu leisten. Ihre Vorstellung war, dass meine Schüler und ich am Anfang und zum Schluss des Programms spielen könnten. Ich sagte zu, weil sie und ich an der Musikschule unterrichten, und weil ich in Altlengbach wohne, und weil eine solche Gelegenheit als wertvolle praktische Erfahrung für meine Musikschüler gilt.

Für den gleichen Tag hatte mich ein Posaunist von der Polizeimusik, Gernot Haidecker, um eine Soloeinlage für sein Weihnachtskonzert in Würmla gebeten. Er hatte als Kapellmeister des Musikvereins in Würmla ein Harry James- Potpourri einstudiert und brauchte mich als Trompetensolisten. Vorgesehen war, dass ich zur Generalprobe kommen sollte, um das Stück mit der Kapelle durchspielen zu können und die schwierigen Stellen kennen zu lernen, bei denen man besonders aufpassen muss. Danach gäbe es nur noch den Auftritt.

Voraussetzung für die Generalprobe war, dass ich selbstverständlich meine Noten gut geübt und perfekt vorbereitet hatte. Die Noten waren zum Teil recht schwierig und die Vorbereitungsphase nahm einiges an Zeit in Anspruch. Ich sagte zu, weil es eine einmalige Gelegenheit war und weil ich Gernot von vielen Sponsionsauftritten auf der Universität für Bodenkultur in Wien kannte.

Für das fröhliche Adventsingen in Altlengbach komponierte ich eine Fanfare für zwei Trompeten und Euphonium. Für die gleiche Besetzung arrangierte ich „Von Himmel hoch, dort komm‘ ich her.“ Eine Stunde vor Beginn des Programms machten wir unsere Generalprobe zu Hause beim anderen Trompeter. Dreißig Minuten vor Beginn waren wir in der Kirche. Vor der Treppe, die zur Orgelempore hinführt, gab es eine Tür, die zugesperrt war. Weil wir nicht wussten, wer den Schlüssel hatte, warteten wir, dann fragten wir, warteten noch ein bisschen, usw. Nach einigen Minuten kam ein Kollege vom Musikverein Altlengbach, Karl Schoissengeier, und machte die Tür auf. Wir gingen hinauf und stellten in Ruhe alles auf: Notenpulte, Noten, Instrumentenständer. Wir wärmten unsere Instrumente auf. Die Beleuchtung von oben kontrollierte ich. Sie passte ganz genau. Um 17:00 Uhr sollte das Programm pünktlich beginnen, also schauten wir kurz davor, dass wir genug heiße Luft durch die Instrumente bliesen, damit sie auf eine halbwegs akzeptable Temperatur kamen.

Wir saßen also neben der Orgel und warteten auf ein Zeichen von unten. Um Punkt 17:00 Uhr wurde das ganze Licht in der Kirche ausgeschaltet, auch das unsere. Wir brauchten aber das Licht. Ohne Licht konnten wir unsere Noten nicht sehen. Wir konnten kaum einander sehen, geschweige denn die Noten, so finster war es. Wir mussten warten, bis jemand das Licht wieder einschaltete. Es war den Zuständigen nicht klar, was sie uns angetan hatten. Die Unklarheit herrschte eine gute Minute. Danach kam eine Dame aus der Sakristei und gab uns ein Zeichen zu spielen. Ich gab ein Zeichen zurück, dass wir Licht bräuchten, um spielen zu können.

Daraufhin suchten die Zuständigen den richtigen Lichtschalter. Sie probierten einen Schalter nach dem anderen aus, fanden aber den richtigen nicht. Alle

Besucher konnten die Sucherei ganz gut verfolgen. Ein Licht wurde eingeschaltet, ganz hinten in der Kirche. Kurz danach wurde es ausgeschaltet. Das gleiche passierte mit jedem Licht in der Kirche. Es war ein stilles Feuerwerk und mir ziemlich peinlich. Trotz aller Mühe fand man unseren Schalter nicht.

Nach diesem erfolgslosen Suchen ging eine zuständige Dame durch die kleine Kirche und kam zu uns herauf. Sie sagte zu mir: „Ihr müsst nach vorne kommen und von vorne spielen." Die Idee war die schlechteste Lösung, obwohl gut gemeint und ich wusste auch warum. Erstens war Tobias, mein Trompetenschüler, nicht in der Lage, vorne zu spielen. Aus Rücksicht auf ihn hatte ich uns oben an der Orgelempore aufgestellt. Die verlangte Änderung hätte für Unruhe gesorgt und ihn unter Umständen total verunsichert. Er war ein ganz lieber Kerl und sehr schüchtern. Unmittelbar vor einem Publikum zu spielen, wenn wir anders vorbereitet hatten, hätte für ihn katastrophale Auswirkungen gehabt. Er wäre so nervös gewesen, dass er möglicherweise seine Noten hätte nicht mehr lesen können. Aus unserem Terzett wäre vielleicht ein Duett geworden. Auf dieses Risiko wollte ich nicht eingehen.

Zusätzlich dachte ich an unsere anschließende Flucht. Wenn wir vorne wären, müssten wir uns nach dem letzten Stück des Programms, das von uns gespielt werden sollte, durch die ganze Menschenmenge drängen, um rechtzeitig zum Auto zu kommen. Ich durfte nicht zu spät zum nächsten Termin abfahren. Das hätte die Stimmung in der Kirche mit Sicherheit zerstört.

So sagte ich: „Nein. Wir sind hier oben aufgestellt. Alles ist bereit. Sie haben uns das Licht ausgeschaltet. Schalten sie uns bitte das Licht wieder ein".

Die Dame ging wieder hinunter und schaltete unser Licht sofort wieder ein. Wie sie so schnell den richtigen Schalter gefunden hatte, war mir ein Rätsel. Ich hatte den Burschen gesagt, dass sie sich bereithalten sollten, so fingen wir sofort mit der Fanfare an. Wir hatten vielleicht fünf Minuten verloren, und das gerade an einem Tag, an dem jede Minute doppelt zählte. Das Programm war vielseitig und meistens sehr schön und dauerte ungefähr eine Stunde. Wir spielten unser letztes Stück und das Programm war zu Ende.

Alles war gut gelaufen. Gerald, Tobias und ich packten unsere Instrumente, Notenständer und Noten zusammen und gingen vorsichtig die Treppe hinunter. Draußen schauten wir auf die Uhr. Es war 17:15 Uhr. Madelon kam dazu. Wir vier eilten zum „Fluchtauto", das- strategisch durchdacht- so abgestellt war, dass wir gut wegfahren konnten. Tobias wohnt auf dem Weg. Bei ihm zu Hause blieben wir kurz stehen, damit er schnell aus dem Auto springen konnte. Der siegreiche vierzehnjährige Held war wieder zu Hause. Ich fuhr sofort weiter, denn die Zeit war sehr knapp geworden.

Als wir in Würmla bei der Kirche angekommen waren- ich hörte die Kapelle schon von meinem Auto aus relativ gut- sah ich, dass ich ein zusätzliches Problem hatte. Die Parkplätze waren alle besetzt. Wo ich hinfuhr, gab es keinen einzigen freien Parkplatz. Wir hatten 17:40 Uhr als möglicher Auftrittsbeginn vereinbart, und es war schon

17:40 Uhr vorbei. Gernot, der Kapellmeister, hatte mir versichert, dass er entweder mit seiner Rede oder mit weiteren Stücken der Kapelle das Publikum so lange beschäftigen würde, bis ich käme. Nachdem ich keinen freien Parkplatz fand, fuhr ich bei der Raiffeisen- Bank auf den Parkplatz und blieb vor der Treppe stehen. Gerald Junior sagte sofort: „Papa, du darfst hier nicht parken. Du blockierst vier Autos." Ich antwortete ihm: „Sie sind alle beim Konzert! Ich muss hier stehen bleiben, sonst verpasse ich meinen Auftritt." Ich stieg aus dem Auto, nahm die Trompete unter den Arm und lief allein zur Kirche. Ich ging beim Seiteneingang hinein. Sobald ich im Kirchenraum war, zog ich den Wintermantel und die Handschuhe aus. Trompete, Mundstück und Noten wurden schnell ausgepackt.

Ich war nicht sicher, ob Gerald und Madelon wussten, dass das Konzert in der Kirche stattfand, drum ging ich kurz wieder hinaus und hupte mit der Trompete, damit sie mich hören konnten. Ich hörte keine Antwort. Ich ging wieder in die Kirche hinein und schaute mich um. Madelon und Gerald- Junior waren hinten in der Kirche und standen im Vorraum beim Haupteingang. Die Kirche war voll, und sie waren fast mehr außerhalb die Kirche als innerhalb, aber gerade noch drinnen ist auch drinnen.

Gernot war mitten in einer Rede zum Publikum und ich winkte ihm mit dem Trompetentrichter zu, damit er mich sehen konnte. Er rief mich mit einer Handbewegung nach vorne. Ich ließ meine Sachen in einem Haufen beim Seiteneingang liegen. Als ich nach vorne ging, stellte mich seine Frau dem Publikum vor. Sie hatte meine Biographie aus dem Internet heruntergeladen. Sie las vor, also nickte ich zustimmend dazu.

Vorne war wenig Platz, so musste ich meinen Notenständer auf Gernots Dirigentenpodest aufstellen. Gernot ist kein kleiner, sondern ein kräftiger Mann, der mit viel Kraft und Einsatz dirigiert. Der erste Teil des Solostückes „A Tribute to Harry James“ ist relativ ruhig. Wir fingen an und alles lief sehr gut. Als schwungvollere Teile an der Reihe kamen, dirigierte Gernot natürlich mit mehr Schwung und mein Notenständer tanzte mit. Mein Notenständer schwankte hin und her wie ein Metronom und ich konnte die Noten unmöglich lesen. Dabei handelte es sich oft um technisch extrem anspruchsvolle Teile, die schwierig zu spielen waren. Ich hatte sie nicht auswendig gelernt. Ich improvisierte einiges und versuchte den nächsten Einsatz zu erwischen. Ich wusste nicht mehr, wo ich war, oder wo er in dem Stück war, aber jeder bemühte sich und wir blieben irgendwie zusammen. Bei einer bekannten Melodie mit sechzehn oder zweiunddreißig Takten und einem durchgehenden Rhythmus geht das leichter, aber wenn ein Solist ein relativ unbekanntes Stück auf dem Notenständer hat, und noch dazu ein schwieriges Stück, und auf einmal die Noten nicht mehr lesen kann, kommen die tollste Gedanken und Gefühle hoch.

Zum Schluss spielte ich von $c^3$ auf $e^3$, und dann auf $g^3$, und das Solo war ein Hit. Verbeugung, Abgang, zurück auf die Bühne, nochmals Verbeugung. Alle waren begeistert und ich war sehr froh, dass alles so schön ausgegangen war. Ich ging zum Seiteneingang, zog den Mantel wieder an und ging zum Auto. Ich fand einen geeigneten Parkplatz am

Rande des Zentrums und stellte das Auto ab. Dann ging ich zur Kirche zurück, um Madelon und Gerald beim Haupteingang zu treffen. Wieder vereint hörten wir gemeinsam den Schluss des Konzertes an.

Als letztes Stück spielte die Kapelle „Ins Wasser fällt ein Stein“, ein modernes christliches Lied, das ich kenne. Als ich es hörte, sagte ich zu Madelon, „Ich glaube, ich gehe wieder nach vorne und spiele mit.“ Sie schwieg. Ich merkte, dass sie sich bei dem Gedanken nicht gerade wohl fühlte. Gerald Junior sagte: „Das kannst du doch nicht machen!“

Ich überlegte noch einmal. Die Kapelle fing an. Alle Besucher fingen an mitzusingen. Ich wusste, dass es passen würde. Ich zog den Mantel wieder aus und gab ihn Madelon. Den Hut und den Trompetenkoffer gab ich meinem Junior. Dann fragte ich eine Dame, wie viele Strophen gesungen werden und wie viele schon gesungen worden wären. Ich wusste, dass ich genug Zeit hatte. So ging ich nach vorne, klopfte Gernot auf die Schulter und fragte, ob ich mitspielen dürfe. Das hatte ich allerdings zu wenig überlegt. Er war total überrascht, hatte mich natürlich nicht erwartet und wusste nicht richtig was er tun sollte. Er war mitten im Dirigieren. So fing ich einfach an mitzuspielen und improvisierte bis zum Schlussakkord.

Es ging alles sehr gut und alle waren froh, dass ich mitgemacht hatte, inklusive Gernot. Ich war dann schon vorne für die Verbeugung am Ende des Konzerts. Das war eigentlich sehr praktisch.

Nach dem Konzert waren die Substituten und Solisten auf ein Essen eingeladen. Danach ging ich mit Madelon und

Junior zu den Musikanten ins Musikerheim, verkaufte einige CDs und plauderte mit den Trompetern. Wir hörten gemeinsam Teile der CD an und redeten über typische Trompeter-Fehler und Probleme. Die Zeit war sehr schön und bevor wir nach Hause fuhren, besprachen wir noch die Möglichkeit eines zukünftigen Trompeten- Workshops in Würmla. Ende gut, alles gut!

### *Glück gehabt*

Wir spielten die Abendvorstellung im Theater. Während einer Stelle mit Dämpfer fiel mir der Dämpfer aus dem Trichter heraus und prallte mit einem lauten Knall auf den Boden. Der Zeitpunkt war aber perfekt. Der Dämpfer landete auf der „Eins" des nächsten Taktes. Diese „Eins" war aber auch die richtige „Eins", denn der erste Posaunist hatte gerade in diesem Takt auf „Eins" einen lauten Ton zu spielen, einen sehr lauten Ton sogar. Den Aufprall des metallischen Dämpfers hörte dadurch nicht einmal ich. Was normalerweise als furchtbarer Störfaktor gegolten hätte, ging völlig unbemerkt unter. Auch das gibt es!

### *Bühnensolo*

Hornist: „Gerald, was ist das für ein Gefühl, wenn du auf die Bühne gehst und dein Solo spielst?"

1. Trompeter: „Manchmal ist das ein himmlisches Gefühl, zum Beispiel letztes Jahr einmal im Herbst."

***Spannung pur!***

Im Musicaltheater geht es darum, dass eine Geschichte erzählt wird. Die Tragik, Intensität und Schönheit - oder mit einem Wort, das Besondere an der Geschichte - wird durch die Musik unterstrichen und kommt dadurch klarer zum Ausdruck. Die Höhen und Tiefen der Musik, die Spannung und Entspannung machen aus der Geschichte eine hohe Kunst, ein Erlebnis, das auch den Zuhörer etwas kosten darf. Die Qualität überzeugt.

Es ist keine Seltenheit, dass es im Laufe eines Musicals zu großen Steigerungen der Intensität kommt. Wenn die Intensität am stärksten ist, folgt oft ein kurzer Moment des Schreckens, der vielleicht eine halbe Sekunde dauert. Danach folgen die Explosion oder die Lösung und die darauf folgende Entspannung.

Es kann kein Zufall sein, dass oft gerade mitten in dieser Schrecksekunde jemand niesen muss. Es passiert einfach viel zu oft. Das Niesen entspricht den Höhepunkt der Spannung, ruiniert sie aber auch. Obwohl das Niesen den musikalischen Sinn des Zusammenhanges unterstützt, ist es durch und durch unmusikalisch, und leider weiß das auch jeder Zuhörer. Ein humorvoller Aspekt ist die Tatsache, dass ein Husten oder Niesen im Vergleich zur Übermacht des Orchesters oder Chors lächerlich klein ist. Es wirkt wie eine Maus in einer Elefantenherde.

Weil so etwas relativ oft passiert, habe ich ein bisschen darüber nachgedacht. Die Spannung, die im Theater erzeugt wird, ist nicht nur eine ästhetische Spannung. Sie hat einen physischen Charakter und greift die Zuhörer an.

Das Publikum wird von einem Musical tatsächlich ergriffen. Das Nervensystem jedes Zuhörers, der Kreislauf jedes Besuchers, die Temperatur des Raumes und die Atmung der Fans werden alle durch die Musik beeinflusst. Der Dirigent arbeitet monatelang mit dem Orchester an einem neuen Stück, und extra mit Chor und Solisten auf der Bühne. Die Kostüme sind einmalig und das Bühnenbild ist atemberaubend.

Die Macht, die gesamte Aufmerksamkeit auf sich zu lenken, liegt aber in den Händen des feinfühligen Besuchers- der niesen muss.

### *Wiener Walzer und Johann Stress!*

1988 hatte ich, zusammen mit vielen Orchester-KollegInnen, ein Orchestergig. Wir sollten in einem Palais im ersten Wiener Bezirk für eine größere Gesellschaft Wiener Walzer spielen. Mein Trompetenkollege war eher auf Bigband spezialisiert und kannte sich beim Wiener Walzer nicht so gut aus. Das war für uns kein großes Problem, weil ich schon viele Wiener Ballveranstaltungen gespielt hatte. Ich spielte also erste Trompete im richtigen Wiener Stil und er unterstützte mich auf der zweiten Stimme. So war es jedenfalls ausgemacht.

Was wir nicht wussten, war, dass mich eine Wespe direkt in die Mitte der Oberlippe stechen würde, nur drei Stunden vor unserem großen Auftritt. Alle Bemühungen, die angeschwollene Lippe zur normalen Größe zurück zu schrumpfen, waren vergebens. Ich konnte gerade noch spielen, aber mit einer Trefferquote deutlich unterhalb von

75 %, mindestens gefühlsmäßig. Es war für mich ein Albtraum. Wie mein Kollege Wiener Walzer spielte, war für mich genauso ein Albtraum und so sagte ich nicht ab. „Er braucht mich", sagte mir mein Gewissen. Ich wollte auch den Veranstalter nicht enttäuschen.

Wie lösten wir dieses Problem? Wir machten es so: Er spielte die erste Trompetenstimme, bis ich es nicht mehr aushielt, seinen Stil anzuhören. War dieser Punkt gekommen, übernahm ich die erste Trompetenstimme und spielte, bis er meine ewige Gickserei nicht mehr aushielt.

So teilten wir die erste Trompetenstimme die Nacht hindurch bis zum Ende des Auftritts. Nicht nur war das Konzert fertig. Ich war auch fertig, durch und durch fertig. Nachdem der Albtraum vorbei war, schlief ich tief und gut.

### *Die Fieberblase*

1985 probte ich eines Tages / auf der zweiten Trompetenstimme mit einem sehr guten erster Trompeter als Vorbereitung auf ein Konzert in Braunau. Er bekam aber am Vorabend des Konzerts eine Fieberblase direkt auf der Lippe. Unterwegs zum Konzert sagte er mir, dass ich ihm helfen sollte, falls er es bräuchte. Ich kenne diese Art Vorwarnung. Sie wird oft gesagt, aber selten kommt es so weit. Diesmal sollte es anders sein.

Bei der Eröffnung hatte er schon große Probleme. So tauschten wir Plätze und Mappen und ich spielte die erste Trompetenstimme vom Blatt. Ich musste mich extrem gut konzentrieren, aber es ging gut, und er war froh, dass er sie nicht spielen musste.

### *Luftbahnverschiebung*

Im Theater an der Wien spielte ich bei der Wiederaufnahme von „Elisabeth" nach der Sommerpause die erste Trompetenstimme. Kurz vor der Hauptprobe und Generalprobe merkte ich, dass die Lippen ziemlich dick und unbeweglich wirkten. Ich hatte sehr viele Auftritte innerhalb einer sehr kurzen Zeit gespielt und die Lippen wollten sich nicht zum normalen Ausgangspunkt zurückfinden. Stattdessen gab es bei mir eine Luftbahnverschiebung (meine Bezeichnung). Das heißt, die Luft wollte jetzt an einer anderen Stelle als sonst aus dem Mund und in das Mundstück hineinfließen, weil es dort im Moment leichter ging. Dagegen ist nichts einzuwenden, so lange man Zeit hat, um sich daran zu gewöhnen.

Nach der Umstellung meines Ansatzes im Jahr 1978-79, hatte ich mehrmals so etwas erlebt, und es immer als Feineinstimmung eingestuft. Die Reihenfolge war immer die gleiche. Zuerst kam nach einer sehr arbeitsreichen Periode ein geschwollenes Gefühl in den Lippen. Darauf folgten zwei bis vier Tage des unangenehmen Spielens. Mit der Zeit wurde es angenehmer. Danach kam die Stabilisierung. Ich merkte normalerweise, dass ich um eine deutliche Stufe weiter gekommen war. Luft floss auf einmal leichter in und durch das Instrument. Höhe und Ausdauer waren um ein Stück besser geworden.

Diesmal aber lief es anders ab. Ich erklärte meinem Chef meine Situation und er zeigte dafür Verständnis(!). Er gestattete mir eine bewusste Schonung bei den nächsten Proben. Erst bei der Generalprobe sollte ich wieder Volldampf geben. In den nächsten Tagen aber wurde mir klar, dass die normale Länge des Prozesses – zwei bis vier Tage - nicht gelten würde. Darauf fragte er, um wie viel länger es dauern könnte. Meine Antwort war: „Wahrscheinlich dauert es eine Woche."

Bei der Wiederaufnahme musste ein Kollege statt mir das große Solo auf der Bühne spielen. Mit Erlaubnis des Musikalischen Direktors schrieb ich das Solo um, diesmal um eine Terz tiefer. So konnte ich das Solo, nachdem die Wiederaufnahme vorbei war, gerade noch spielen.

Täglich bemühte ich mich um das Normalisieren meines Ansatzes. Es tat sich aber nichts. Es war, als ob eine Decke eingeschoben wäre. Höher als ein dreigestrichenes c war nichts möglich. Die Lippen blockierten sich gegenseitig. Es war ein Albtraum. Dieser Zustand dauerte länger als sechs Monate an. Ich wollte so bald wie möglich das originale Solo wieder spielen und arbeitete darauf hin, war aber mit der Tatsache belastet, dass es mir einfach nicht gelang.

Ich musste immer wieder anderen erklären, dass es sich um eine Luftbahnverschiebung des Ansatzes handelte. Die KollegInnen reagierten verschieden darauf. Manche verstanden es nicht. Manche glaubten es nicht. Manche waren zufrieden gestellt und akzeptierten es. Es dauerte lange, bis ich Fortschritte merkte, und auch dann war der Fortschritt extrem langsam.

Gegen Ende der sechs Monate sah ich wenigstens das Licht am Ende des Tunnels, aber dann war die Herausforderung anderer Natur. Sollte ich es riskieren? War es noch zu früh? Ich fühlte mich noch schwach, andererseits ging es nur um zwölf Sekunden Spielen auf der Bühne. Nur, die Bühne ist auch kein Labor, wo Experimente durchgeführt werden sollen.

Jeden Tag gab es die gleiche gespannte Lage. Dirigenten schauten mich schief an. Zwei Kollegen waren der Meinung, dass mein Problem psychischer Natur war. Nun, ich schätze beide Kollegen sehr, aber sie lagen in diesem Fall falsch, und ich wusste es. Mit der Zeit kann so ein Problem natürlich auch psychische Begleiterscheinungen ins Leben rufen, die die Lösung des Problems hinauszögern. Das auf jeden Fall!

Also kam ein neues Problem dazu. Wer heutzutage behauptet, dass das Problem eines anderen eigentlich ein psychisches Problem sei, dem wird oft Recht gegeben, auch wenn er Unrecht hat. Warum? Die Antwort ist einfach: Versuchen Sie, seine Behauptung zu widerlegen. So leicht geht das nicht! Es ist leichter zuzustimmen und damit dem anderen auf indirekte Art und Weise die Schuld für sein eigenes Problem in die Schuhe zu schieben. „Er denkt nicht richtig, er ist der Verantwortung seiner Aufgabe nicht gewachsen", und... und... und. Ob das Problem auch eine psychische Seite hatte oder nicht, das war nicht die Frage. Es ging um die Herkunft des Problems.

Wer bestreitet, dass sein physisches Problem psychischen Ursprungs ist, wirkt unter Umständen unverantwortlich. Er will nicht an sich arbeiten. Das Dumme war, dass ich sehr wohl an mir gearbeitet hatte und langsam aber sicher kam der Fortschritt auch. Nur, die Frucht war noch nicht reif zum Pflücken.

Eine Überzeugung entwickelte sich durch das „Hin und Her“ meiner Lage: Es gibt nichts Hoffnungsloseres als die Suche nach der unsichtbaren Ursache eines Problems, wenn die Ursache nicht existiert...oder vielleicht doch? Es gäbe natürlich die Möglichkeit, tatsächliche existierende unsichtbare Ursachen zu ignorieren, mit der Ausrede, dass sie unsichtbar seien, daher nicht existieren können.

## *Die Göttweiger Turmbläser*

Zusammen mit Leo Kremser (Posaune), Josef Lielacher (Posaune), Franz Lasselsberger (Bassposaune) und Johannes Distelberger (Trompete) war ich auch Mitglied der Göttweiger Turmbläser. Einer der Musiker hatte den Kontakt zum Dirigenten der Göttweiger Sängerknaben, Dr. Constantini, hergestellt und mich auch gefragt, ob ich Interesse hätte. Wenn es um Musik ging, hatte ich fast immer Interesse.

Wir feierten viele Festtage in Göttweig und es war immer ein Genuss. Die Werke von Johann Christof Pezel (1639-1694) spielten wir so oft, dass ich schließlich viele Stücke auswendig konnte. Ich lernte die Göttweiger Messe, die Göttweiger Sängerknaben, die Musik und das anschließende Essen mit mehreren Gängen kennen. Gemeinsam mit den Sängerknaben nahmen wir eine Schallplatte auf. Die 900- Jahrfeier des Stiftes gestalteten wir im Jahr 1983 auch gemeinsam. Das waren sieben Jahre nach der 200-Jahrfeier der Vereinigten Staaten!

Das ist alles schon einige Jahre her. Zwei von den Musikern sind inzwischen geschieden. Einer starb im Spital. Zwei davon sind Musikschuldirektoren geworden. Mit einem bin ich noch relativ oft in Kontakt. Das Rad der Zeit bleibt nicht stehen.

Wo geht es in Zukunft hin? Das werden wir sehen. Zur rechten Zeit wird alles Nötige klar.

### *Die Überraschung am Anfang*

In den 80er Jahren durfte ich Professor Franz Haselböck kennen lernen. Mehrmals haben wir Trompete und Orgel-Konzerte gespielt, manchmal auch mit einer Solostimme dabei. Professor Haselböck war für mich ein Meister der fliegenden Fingerspitzen auf der Orgel. Mit ihm zusammenarbeiten zu dürfen war immer ein optisches und akustisches Feuerwerk, ein wahrer Genuss.

Er pflegte sich hundertprozentig auszukennen, aber sehr flexibel zu sein, dort, wo seine Solisten es sich wünschten oder nötig hatten. Das schätzte ich sehr. Wo immer wir spielten wurde er Kraft seines Könnens mit viel Respekt und Würde behandelt.
Eines Tages spielten wir ein Kirchenkonzert in Altenburg. Wir hatten das Programm am Telefon besprochen. Er hatte wenig Zeit und ich auch. Ich brachte alle Noten, inklusive seiner Noten mit. Wir waren relativ spät bei der Kirche und hatten wenig Zeit zu proben. Die weniger oft

gespielten Stücke spielten wir kurz an, sonst blätterten wir nur um. Die paar Minuten, die uns zur Verfügung standen, waren bald um. Wir hatten genug Routine und wussten, dass alles in Ordnung gehen würde.

Nun, es gibt bekanntlich verschiedene Ausgaben von vielen Werken. Das trifft noch doppelt bei bekannten und beliebten Werken zu. Ich hatte irrtümlicherweise die Orgelstimme von einer Ausgabe und die Trompetenstimme von einer anderen mitgebracht, wusste es aber noch nicht. Ich würde es bald erfahren, denn es traf bei unserem allerersten Musikstück – „Trumpet Voluntary" von Henry Purcell - zu.

Zu Beginn des Kirchenkonzertes wussten wir nicht, dass wir in zwei verschiedenen Tonarten waren- erst als wir den ersten Ton gespielt hatten. Dann war die Überraschung perfekt. Ich war beim ersten Akkord so schockiert, dass ich automatisch korrigierte. Der zweite Akkord war schon in Ordnung. Wir spielten weiter. Ich transponierte das ganze Stück um einen Ganzton und die Sache war erledigt. Ich hoffte im Geheimen, dass es irgendwie, durch ein Wunder der Kirchenakustik, niemandem aufgefallen war. Dieser Wunsch ging aber nicht ganz in Erfüllung. Beim Essen nach dem gelungenen Konzert stellte uns ein Konzertbesucher sehr höflich die Frage: „Ganz am Anfang war doch was, oder?"

***Premiere: „Mozart!“***

Die Tatsache, dass diese Premiere eine Welturaufführung war, hat mich natürlich sehr beschäftigt. Folgende Gedanken waren mir sehr klar vor Augen:

1) Diese Aufführung ist sehr wichtig. Daher ist es absolut notwendig, äußerst konzentriert an die Sache heranzugehen, mich für die Aufführung körperlich, geistig und emotionell fit zu machen und vom ersten bis zum letzten Ton voll bei der Sache zu sein.

2) Gestern hatte ich Schwierigkeiten, die ich heute vermeiden möchte. Welche Schwierigkeiten waren es? Warum gab es sie? Wie kann ich sie lösen, bzw. vermeiden?

3) Die Aufgabe ist mir nicht zu groß. Trotz des hohen Schwierigkeitsgrades habe ich mehrmals gezeigt, dass ich sehr wohl in der Lage bin, dieses Stück meisterhaft zu spielen. In diesem Bewusstsein werde ich es heute anpacken.

4) Der Bezug zum Stück muss aufrecht bleiben. Konzentration ist wichtig, Vorausblicken auch. Kontakt zu den Kollegen, wo der Kontakt den Bezug zum Stück verstärkt. Ich darf keine Ablenkung, auch keine Sekundenablenkung dulden.

5) Dieses Musical darf man nicht unterschätzen. Es gibt genug heimtückische Fallen. Es gibt hohe, exponierte Einsätze, die gnadenlos sind. Entweder ist man voll drauf oder voll daneben. Es gibt schnelle Zerlegungen,

die das richtige Zentrum verlangen, sonst spielt man 50:50 (gewollte und nicht gewollte Noten.) Es kommt zum Instrumentenwechsel mit gleich darauf folgendem Solo – sehr exponiert –, fast bevor die Lippen sich umstellen können.

6) Es kommen hohe, leise Passagen vor (so quasi Gas geben und gleichzeitig bremsen). Es kommen auch Klavierphrasen vor, die auf der Trompete gespielt werden. Sie verlangen extreme Flexibilität und Genauigkeit bei schnell wechselnden Richtungen und Lagen. Danach folgen lange Phrasen, richtige „Blutsauger“ (Sind wir noch beim „Tanz der Vampire?“). Zum Schluss gibt es eine halbe Seite ohne eine einzige Achtelpause und den höchsten Ton des Stückes, ein fis³. Diesen Ton soll man wiederholen, falls man ihn beim ersten Mal erwischt hat. Sonst gibt es immer noch die Möglichkeit in den hohen Genuss des letzten Gicksers des Stückes zu kommen und sich bei allen Kollegen wahnsinnig beliebt zu machen.

7) Nach dem Schlussakkord: Der Klopfer auf die Schulter vom Musikdirektor Caspar Richter, seine Gratulationen und die vieler Kollegen waren extrem nett und sehr aufbauend. Es hätte alles ganz anders kommen können. Die paar Missgeschicke waren mit Willi Poisinger nur ganz kurz Gesprächsgut, damit wir beide wussten, dass wir beide wussten. Danach lachten wir darüber.

8) Überströmende Dankbarkeit dir gegenüber, Herr Jesus. Du hast mich gesegnet und durch zwei unterstützende Eingriffe von Willi Poisinger

beschützt. Ich hätte eine Nummer überblättert und einen wichtigen Einsatz verpasst. Er merkte und korrigierte es sofort. Nichts ging verloren.

9) Du hast mir Mut geschenkt zum großen Einsatz mit voller Kraft bei Stellen, die extrem dramatisch und meistens auch sehr gelungen sind.

10) Du gabst mir rechtzeitig Phantasie, Einsicht und Einfallsreichtum, die mir halfen, Schwächen zu überwinden (Bugle einblasen in der Pause, Flatterzunge im Harmon- Dämpfer bei tiefen Tönen zum Auflockern des Ansatzes).

11) Die allgemeine Schonung während des ganzen Tages mischte sich mit Segen, den wir als Familie auf verschiedenste Art und Weise erfuhren. Junior fand seinen verlorenen Schlüssel. Ein Nachbar schenkte uns einen Computer, den wir dringend brauchten.

Diese waren meine Eindrücke, meine Erfahrungen bei der Premiere von „Mozart!" Jetzt ist sie für mich endlich vorbei, und die Freude ist sehr, sehr groß.

Gerald Pfister
02.10.1999
Solotrompeter
Vereinigte Bühnen Wien

## *Wirtschaftsball 2001*

Ende Februar 2001 spielte ich wieder als Trompeter bei „Rudy's Swing Five“ den Wirtschaftsball in Böheimkirchen, Niederösterreich. Dieses Jahr zeichnete sich der Ball durch ungewöhnliche Gespräche aus.

Es ging schon relativ früh am Abend los. Ein Unbekannter sagte zu mir: „Die Musik ist ein Wahnsinn.“ Ich wollte mich bedanken, war aber so gut aufgelegt, dass ich mit der Frage antwortete: „Gut oder schlecht?“ Er überraschte mich dann mit seiner Antwort: „Na, schlecht! Man muss mehr Stimmung machen … Stimmung … Stimmung!“ Der gleiche Mann blieb den ganzen Abend sitzen, während fast alle anderen voll Einsatzfreude tanzten. Der Tanzboden war bumsvoll. Bei unserer nächsten Begegnung behauptete er, dass ich das Gilet seines Freundes anhätte. Er hatte es angeblich aufgehängt und jetzt war es weg. Gott sei Dank war das Gilet Teil unserer Uniformen. Jeder auf der Bühne hatte das gleiche Gilet an.

Wir spielten ab 21:00 Uhr und machten um 24:00 Uhr Pause, um eine Kleinigkeit essen zu können. In der Mitternachtspause begrüßte ich einen Schlagzeuger aus der Umgebung, den ich kannte. Ich hatte ihn von der Bühne aus schon gesehen. Er fragte mich: „Was machst du hier?“ (Ein guter Schmäh.) Ich antwortete: „Ich spiele seit drei Stunden.“ Er antwortete: „Ah so? Ich habe nicht hingeschaut.“

Als ich auf das Essen wartete, ging ich kurz hinüber, um Ludy und Rupert Bayer zu begrüßen. Ich hatte Ludy sowieso von der Bühne aus zugewunken. Sie, eine sehr attraktive Philippinerin, hatte strahlend zurückgelächelt. Die beiden tanzten näher zur Bühne. Ich freute mich sehr, die zwei nach vielen Jahren wieder zu sehen. Zwanzig Jahre vorher, bei unserer Hochzeit, hatte Madelon von Ludy das Hochzeitskleid ausgeborgt. Ich war begeistert, dass ich ihren Namen noch im Hinterkopf hatte. Sie waren eigentlich eher Freunde von Madelon gewesen als von mir. Ich ging zuversichtlich auf ihren Tisch zu und deklamierte mit lauter Stimme: „Ludy und Rupert Bayer!" Darauf gab es eine Pause. Danach schaute mich der Mann fragend an und schüttelte verneinend den Kopf. Ich entschuldigte mich und ging zurück zu meinem Tisch, um mein Essen zu genießen. Ich hatte mich ordentlich blamiert. Mein Pfeffersteak war lecker und absolut unproblematisch und half mir den peinlichen Abend zu überstehen.

## *Applausmusik Rebecca*

Am 12. Mai 2007 erlebte ich bei der Applausmusik nach der Vorstellung von „Rebecca" im Raimund-Theater eine einzigartige Vorstellung eines Theaterbesuchers. In den sechsundzwanzig Jahren meiner Orchestermusikertätigkeit im Theater hatte ich so etwas noch nie gesehen.

Die Theatervorstellung war sehr gelungen. Das Publikum tobte und applaudierte wie verrückt. Die Zuhörer warfen rote Rosen auf die Bühne. Plötzlich näherte sich ein sportlich wirkender ca. 45-jähriger Mann der Bühne mit einem Riesen- Blumenstrauß in den Händen. Das war an und für sich nichts Ungewöhnliches am Schluss einer solchen Vorstellung. Das Orchester spielte die Verbeugungsmusik weiter.

Plötzlich hob er den Strauss über seinen Kopf und warf ihn auf die Bühne. Er setzte dabei seine ganzen Kräfte ein, denn er musste den Strauss über den Orchestergraben werfen, um die Bühne zu erreichen. Das war keine leichte Sache. Ich habe genug Leute gesehen, die nicht einmal eine einzige rote Rose auf die Bühne werfen konnten.

Er schien sich aber der Schwierigkeit der Leistung bewusst zu sein. Er warf den Strauss mit so viel Kraft, dass er selber aus dem Gleichgewicht kam und fast in den Orchestergraben gestürzt wäre. Als ich ihn sah, waren seine beiden Beine auf 11:00 Uhr. Es fehlte also nicht sehr viel und er wäre ein Orchesterkollege geworden.

Spaß beiseite, wenn er es nicht geschafft hätte, seine Beine wieder auf den Boden des Parketts zu bringen, wäre es für ihn und mehrere Kollegen im Orchester eine Katastrophe geworden- gefährlich sowie auch teuer. Er war genau oberhalb der ersten Geigen. Geigen sind teure und auch zerbrechliche Instrumente. Manche GeigerInnen sind auch ein bisschen zerbrechlich.

Einige Kollegen, die in der Nähe saßen, bestätigten nach Ende der Vorstellung, dass Alkohol auch im Spiel war. Sie hatten seinen Atem ziemlich genau kontrollieren können, denn als seine Füße auf 11:00 Uhr waren, war sein Kopf auf 5:00 Uhr, nicht weit entfernt von den Köpfen der ersten Geiger. Umso erstaunlicher war es, dass es ihm gelang, sich zu halten und in den Zuschauerraum zurückzukehren. Er applaudierte dann begeistert weiter, als ob nichts geschehen wäre.

Normalerweise verstehen wir unter Doppelvorstellung etwas anders- einen Tag, an dem das Musical sowohl am Nachmittag sowie auch am Abend gespielt wird. Heute Abend hatte es eine Doppelvorstellung der anderen Art gegeben. So eine Art Doppelvorstellung wiederholt sich hoffentlich nicht so schnell!

### *Die letzte Wiederaufnahme von „Elisabeth"*

Am 14. September 2005, hatte ich in Neulengbach von 8:30 Uhr bis 12:00 Uhr eine Quintettprobe. Am Abend war die Generalprobe für „Elisabeth" im Theater. Ich spielte nicht schlecht, machte aber einige hörbare Fehler. Die Meldung vom Chef: „Geht es nicht, alle Noten zu treffen?" Die Stimmung war freundlich und ich antwortete: „Das ist der Traum jedes Trompeters." Ich wusste aber, dass ich den ganzen morgigen Tag am Feinschliff arbeiten würde, damit ich für den Abend in „Topform" wäre.

Musikalischer Direktor Caspar Richter: „Weißt du...Es ist die letzte Wiederaufnahme von Elisabeth. Alle Fernsehleute werden da sein. Es muss ihnen klar werden, das wir das beste Musicalorchester der Welt sind." Ich antwortete: „Ich werde vorbereitet sein."

Am nächsten Tag schlief ich bis 10:30 Uhr. Büroarbeit erledigte ich bis 13:00 Uhr. Das Mittagessen war herrlich. Danach machte ich eine kurze Pause und dann übte ich.

Die ganze Zeit beschäftigte ich mich geistig mit der Wiederaufnahme. Um 16:00 Uhr stand ich unter einer heißen Dusche. Um 16:15 Uhr trank ich zwei Eiscafe nach Art des Hauses, eine Spezialität meiner Frau. Um 16:30 Uhr fuhr ich nach Wien los. Um 17:45 Uhr, war ich in der Nähe des Theaters an der Wien und stellte das Auto ab.

Ich ging zu Fuß in die Walfischgasse, wo Franziska Chrobak, eine Trompetenschülerin von mir wohnt. Ich probte kurz mit ihr zusammen und mit ihrer Schwester.
Die zwei hatten vor, am nächsten Tag bei der Hochzeit eines Onkels aufzutreten und ein Duett auf Trompete und Klarinette zu spielen. Wir probten bis 18:30 Uhr. Dann ging ich am Karlplatz auf eine Pizza und Cola, bevor ich wieder die acht Minuten zum Theater zurücklegte.

Außerhalb des Theaters traf ich meinen Chef. Er wollte ein bisschen plaudern. Ich verabschiedete mich aber bald, um zu meinen eigenen Gedanken und Strategien zurückzukehren.

Wenn der Druck groß ist, braucht man eigene Gedanken, Motive, Strategien. Die Verantwortung war mir schon klar. Es half mir nicht, immer wieder vor Augen gehalten zu bekommen, wie wichtig die Vorstellung war, und auch nicht Smalltalk zum Ablenken. Ich musste meine Offensive starten.

Ich ging ins Theater und nahm die Stiege, die zur Garderobe hinaufführt. Dort erfrischte ich mich und zog ein Paar neue schwarze Schuhe an, die ich noch nie getragen hatte. Ich fühlte mich sehr wohl. Von dort aus ging ich die Treppe hinunter und auf meinen Platz im Orchestergraben.

Es dauerte nicht lang, bis der Zeitpunkt zu beginnen da war. Jede Seite hat ihre Tücken. Das Stück ist genial, aber man muss vorsichtig sein. Ich blätterte immer wieder voraus, um sicher zu sein nichts zu übersehen. Spannung hing in der Luft. Ich betete immer wieder. Das Gefühl war sehr gut, aber die Herausforderung war riesengroß. Ich wusste, dass so etwas kippen kann.

Der erste Akt ist am schwierigsten, mit sechs oder sieben großen Fallen. Alles lief beinahe perfekt ab. Jetzt war die Pause da. Ich wärmte auf der B-Trompete ab und nahm die Piccolotrompete zum Aufwärmen in die Garderobe mit. Ich erfrischte mein Gesicht mit Wasser. Ich band eine Binde um meinen Bauch. Das war für die Zuhörer und auch für mich. Danach ging ich ein bisschen früher als sonst an meinen Sitzplatz im Orchestergraben zurück.

Die erste Nummer ging gut. Das Solo auf der Bühne war wunderschön, ein Phänomen. Der Applaus des Publikums war so mächtig, dass ich fast das Gefühl hatte, von der Bühne weggeblasen zu werden. Es war wie eine Explosion von Anerkennung. Ich ging wieder in den Orchestergraben zurück.

Als ich die Tür zum Orchestergraben aufmachte, gratulierten mir alle Blechbläser. Es war ein herrliches Gefühl.

Die Vorstellung war aber nicht aus. Ich spürte, dass ich „sehr gut drauf" war und war so, so dankbar dafür. Mein

Herz floss über vor Dankbarkeit und Freude. Ich betete weiter und spielte weiter. Jede Nummer bestätigte neu die Kraft, die ich in mir spürte. Die letzten zwei hohen Töne waren glasklar. Die Vorstellung war aus.

Ich saß auf meinem Sitzplatz und staunte.
Der Chef reichte mir seine Hand im Vorbeigehen.
Ich war so froh! Ich freute mich auf eine schöne Zeit der Entspannung mit Freunden und Kollegen bei den Feierlichkeiten. Ich war überwältigt. Als ich aber zum Auto hinausging, wurde mir klar, dass ich total fertig war und überhaupt nicht in der Lage, mit den anderen gemeinsam zu feiern. Ich rief Madelon an und sagte ihr, dass die Vorstellung wie ein Traum gewesen war. Ich stieg ins Auto und fuhr nach Hause.

Auf dem Nachhauseweg dachte ich ununterbrochen über den Abend nach und dankte Gott für den Ausgang. Es war wie ein Gladiatorenabend für mich gewesen. Beim Auftritt eines Gladiators waren Heldentum und Überleben miteinander verknüpft. Das Gefühl hatte ich jetzt. Wäre es nicht der Fall gewesen, hätte ich wahrscheinlich eine Art Sterben erlebt. Auch hier gilt der Vergleich mit dem Gladiator. Ich war froh und dankbar, dass mir diese Erfahrung erspart blieb.

### *Liedertext: „Keiner weiß, wie gut es heute mir geht“* [15]

Keiner weiß wie gut es heute mir geht.
Ich gehe auf Wolken, bin federleicht.
Manche glauben fest, dass ich verrückt bin,
und wenn sie mich fragen, dann sag‘ ich „Vielleicht!“
Von diesem Tag hab‘ ich schon oft geträumt.
Das Leben für mich ist wie der Himmel auf Erden.
Auch wenn es morgen anders kommen sollt‘,
Jetzt will ich singen bis wir alle müde werden.

Meine Stimme will ich jetzt erheben,
die Wolken vertreiben mit Freudenruf!
Alle Blumen draußen sollen blühen
Und die Luft erfüllen mit herrlichem Duft!
Warum soll ich alleine fröhlich sein?
Andere sollen auch etwas davon haben.
Auch wenn dein Leben nicht so lustig ist,
Komm jetzt, feiere mit! Meine Freude reicht für alle.

Dieser Tag geht in die Weltgeschichte ein,
wo jeder erlebt, wie es mir geht
und sehen kann, wie glücklich ich bin.
...wo jeder erlebt, wie es mir geht
und sehen kann, wie glücklich ich bin.

# DER AUSLÄNDER

## *Tiefstapler*

Einige Kollegen halten mich für einen Tiefstapler. Der Grund meiner Einstellung ist aber wahrscheinlich eine Mischung aus Bescheidenheit, die aus dem Christusglauben entsteht, eine ehrliche Einstellung Schwierigkeiten gegenüber, und eine nüchterne Selbsteinschätzung als „Gast“ in einem Land, in dem ich nicht auf die Welt kam und immer wieder Überraschungen erfahre. Als Christ glaube ich, dass kein Sieg über irgendein Problem nur mir allein gelingt. Gottes Hilfe ist immer dabei. In der Praxis merke ich oft, dass ich „Hilfe von oben“ bekomme. Oft erfahre ich diese Hilfe durch andere Menschen, oft aber auch in Situationen, in denen mir kein Mensch helfen könnte.

Interessant ist, dass viele zu glauben scheinen, dass ein echter Amerikaner in jeder Hinsicht stark ist, oder sich immer dafür hält. Wo er schwach ist oder Schwächen zugibt, ist er kein echter Amerikaner. Manche scheinen diesen Hollywood-Mythos tatsächlich zu glauben.

## *Sprachschule Raimund-Theater*

Als ich die Stelle als erster Trompeter im Wiener Raimund-Theater annahm, war mein Deutsch noch nicht das, was man unter „gut“ versteht. Ich war schon eineinhalb Jahre im deutschsprachigen Raum unterwegs, doch viele Feinheiten fehlten mir noch, und einige Eigenheiten, die gar nicht als Feinheiten gelten.

Das Theater war in verschiedener Hinsicht eine sehr gute Sprachschule. Kultur und Sprachtradition präsentierten sich gemeinsam auf der Bühne. Ernsthaftes und Historisches steht neben Humorvollem und diese Tatsache erleichtert das Lernen. Weil wir die gleiche Operette jeden Tag spielten und das monatelang, war für Wiederholung gesorgt. Wiederholung ist aber eine der wichtigsten Voraussetzungen, wenn es darum geht, eine Sprache zu erlernen.

Wenn ich zurückdenke, gibt es genug, worüber ich den Kopf schütteln und lachen muss. Ich wollte natürlich so viel gesprochenen und gesungenen Text wie möglich verstehen. Es kam mehrmals vor, dass ich nach relativ langer Zeit, in der ich keine Ahnung hatte, was auf der Bühne los war, glaubte, dass ich endlich etwas verstanden hatte. Diese „Spätdämmerung“ war immer ein überraschender glücklicher Moment. Natürlich teilte ich meine Freude mit meinem Trompeterkollegen Franz Wecerka. Meine Auslegung war normalerweise irgendwie logisch, aber meistens falsch, und Franz hatte schon wieder etwas zum Lachen. Dabei hatte ich mich so bemüht! Aber wie heißt es so schön? „Deutsche Sprache, schwere Sprache“!

Es ist schade, dass ich das alles nicht aufschreiben konnte. Aus der heutigen Sicht wäre es für mich auch sicherlich sehr unterhaltsam, das zu lesen, was ich mir damals zusammenreimte, und es mit dem Originaltext zu vergleichen.

### *Liedertext: aus „Se Lengkwatsches are se sem“* [16]

You want to learn Chairmann? There's no committee.
You ask for a map, so se tell you se Weh.
You go to se course, of course, no course today.
Se Lengkwatsches are se sem.

You forgot your hat, so you hattest den Hut.
You're missing your shoe, so you mister your boot.
You shoot basketball, sen se ball is kaputt.
Se Lengkwatsches are se sem.

So why is se difference, anyhow?
We make such a pigtail of a Tal.
And why do we say so: „Mir san mir“?
Does not only Tat schast verwirr?

Se Lengkwatsches are se same?
Se Lengkwatsches are se same!

### *Außenseiter sind Anfänger*

In der Musik kommt vieles zum Vorschein. Um einiges mehr als nur die persönlichen Gefühle und Gedanken des Komponisten. In der Musik kommen die Schwerpunkte einer Gesellschaft zum Tragen, die Weltanschauung einer Kultur.

Jede Kultur ist aus Plus- und Minuspunkten zusammengebaut. Wenn man die Plus- und Minuspunkte wie Mosaiksteine zusammenlegt, bekommt man als Ergebnis „Das Leben" wie es in dieser Kultur verstanden wird.

Weil jede Kultur ihre „Geheimnisse" hat, die für Außenseiter nicht sofort verständlich sind, können diese geheim gehaltenen „Insider-Tipps" zum Stolperstein für Außenseiter werden, ja sie können auch bewusst von gemeinen Menschen eingesetzt werden, um das Leben eines Außenseiters noch schwieriger zu machen als es schon ist.

Als ich meine ersten Trompetenunterrichtsstunden in Wien nahm, lernte ich meinen Trompetenprofessor, Helmut Wobisch, auf eine für mich ungewöhnliche Art kennen. Er verlangte von mir, dass ich eine Ganze Note spiele. Das tat ich auch. Er meinte, sie sei zu lang. Ich spielte noch einmal. Er meinte, sie sei zu kurz. Wir wiederholten das Spiel ein paar Mal. Dann schüttelte er den Kopf und ich durfte wieder Platz nehmen. Der Nächste in der Reihe kam dran.

Mehrere Wochen hindurch arbeiteten wir an der Ganzen Note, bis Professor Wobisch „die Hoffnung aufgab" und umblätterte. Wir versuchten es mit der punktierten Viertelnote und der Achtelnote. An diesem unmöglichen Projekt arbeiteten wir auch sechs Wochen und dann war das Semester zu Ende.

Professor Wobisch wusste, wo ich herkam. Er war auch nicht dazu verpflichtet, mich zu mögen. Das wusste er nur zu gut und nützte es auch aus. Ungeduld, Unzufriedenheit, Kritiklust und Beleidigungen waren an der Tagesordnung. Eines Tages erklärte er mir auf folgende Art und Weise den Wiener Walzer: „1, 2, 3, 1, 2, 3." Nun, jeder der den Wiener Walzer kennt, weiß, dass diese Erklärung falsch ist. Viele Schriftsteller haben sich mit dem Thema auseinandergesetzt und als Ergebnis lange Artikel geschrieben, worin es darum ging, den Wiener Walzer als charmante und komplizierte Form zu erklären. Rhythmus und Interpretation sind in der Wiener Musik gleichermaßen wichtig.

Einige Monate nach Antritt meines Studiums bei Professor Helmut Wobisch wurde er wegen einer Gallenoperation ins Spital eingeliefert. Kurz nach der Operation starb er. Woran er starb? Vielleicht war er einfach ungeduldig mit seinem Zustand, unzufrieden mit den Bedingungen im Spital, kritiklustig den Ärzten gegenüber und beleidigend Gott gegenüber. Vielleicht hatte die größere Krankheit eher mit dem Herzen zu tun.

### *Liedertext: „Weich ein bisschen vom Weg ab"* [17]

Weich ein bisschen vom Weg ab.
Gib ein bisschen eigenen Senf dazu.
Mach es schnell und mach es leise,
Es schaut sicher keiner zu.

Vielleicht brauchst du nicht seinen Segen.
Vielleicht brauchst du nicht seinen Schutz.
Doch, das wird sich alles zeigen,
wenn nicht früher, dann zum Schluss.

Ich brauche ganz sicher seinen Segen.
Ich brauche ganz sicher seinen Schutz.
Ich brauche ihn jeden Tag meines Lebens
Und dann besonders- ganz zum Schluss.

***Arbeit macht frei?***

Als 1980 mein Geld immer weniger wurde, weil ich gerne arbeite und von einer Arbeitsvermittlung für Ausländer gehört hatte, besuchte ich das Büro von Frau Zimmer. Sie stellte viele Fragen auf Englisch und schien mit meinen Antworten zufrieden zu sein. Sie war lieb und hilfreich. Es ging um eine Fernsehaufzeichnung mit Fritz Muliar und Herbert Prikopa. Meine Aufgabe- sollte ich diese Arbeit machen wollen- war die Rolle eines Tschechischen Trompeters zu spielen. Ich musste nicht reden. Ich musste auch nicht spielen. Die Musik dazu hatte man schon im Tonstudio aufgenommen. Ich musste nur so tun als ob. Die Bezahlung war gut und ich brauchte Geld. Ich sagte zu und unterzeichnete den Vertrag.

Es stellte sich heraus, dass Muckenstrunz und Bamschabbl auch mitwirkten. In der Kapelle spielten sie Tuba und Klarinette. Jeder von uns in der Kapelle bekam einen Tschechischen Namen zugeteilt. Ich wurde Havranek getauft.

Die Aufzeichnungen wurden vom ORF im Schloss am Wilhelminnenberg durchgeführt. Ich war ganz Aug und Ohr. Ich verstand sehr wenig von dem, was um mich herum passierte. Andere waren behilflich und erklärten mir das Wichtigste auf Englisch, damit ich nichts Wichtiges versäumte.

An einer Stelle, bei einer Aufzeichnung im vollen Kostüm, kam der Deutsche Regisseur auf die Kapelle zu und fragte nach Havranek. Ich erkannte meinen Namen und meldete mich per Handzeichen. Darauf erklärte er mir, dass ich eine kurze Sprechrolle hatte. Ich musste nur einen Satz sprechen.

Das Problem war, dass ich nicht sehr viel von dem, was er mir sagte, verstand. Er verschwand wieder hinter der Fernsehkamera und wir nahmen die Dreharbeit wieder auf...bis zu meinem Satz. Es entstand ein Loch. Ich spürte, dass etwas schief gelaufen war und dass ich irgendwie damit zu tun hatte. Ich verstand nicht alles, was an der Stelle geschrieen und geschimpft wurde, aber ich merkte, dass es eine ungewollte Panne war und dass es mit mir zu tun hatte. Ein Kollege in der Kapelle meldete sich freiwillig und übernahm meine Aufgabe. Ich fühlte mich wie ein Versager, konnte aber nichts zur Verbesserung der Situation beitragen.

Jahre später, sah ich diesen Film im Fernsehen und erfuhr, welchen Satz ich hätte sagen sollen. Der Satz war eine Frage und hieß: „War es ein Bub oder ein Mädel?“ Das mag relativ einfach klingen, aber ehrlich ... in dem Augenblick wusste ich selber nicht, ob ich ein Bub oder ein Mädel war.

Auf diese Art und Weise hatte ich den Regisseur durch seine laute Stimme besser kennen gelernt, den Kollegen, der für mich die Rolle übernahm, das Österreichische Fernsehen, Frau Zimmer und die Schwierigkeiten, die man in Österreich haben kann, wenn man nicht Deutsch kann, auch wenn im Vertrag drinnen steht, dass man keine Sprechrolle hat.

Ich sehe es noch vor mir, obwohl es über 25 Jahre her ist, wie der Regisseur sich ärgerte. Seine Worte waren mir fremd. Seine absolute Unzufriedenheit und sein Ärger waren mir aber klar. Sie bleiben überlebensgroß in meiner Erinnerung.

Ich sehe ihn noch vor mir, wie er mit mir schimpft, mit dem Finger zeigt, herumschreit. Er vermittelte mir das Gefühl, dass er mich hasste. In ein paar Augenblicken lernte ich ein Phänomen kennen, das ich vielleicht niemals vergessen werde: die absolute Machtlosigkeit eines entwurzelten erwachsenen Menschen, der sich nicht helfen kann- und das ganz nebenbei.

Man verlangte von mir etwas, was ich nicht liefern konnte. Man verlangte von mir etwas, wozu ich nicht verpflichtet war.

Trotzdem war ich irgendwie an allem Schuld und keiner erhob Einspruch.

***Liedertext: aus „Traurig ist der Tag“*** [18]

Traurig ist der Tag an dem ich nicht mehr weinen kann.
Arm sind wir, wenn Reichtum alles uns bedeutet.
Wenn das Herz gefühllos wird
und das Geld kein Leid mehr lindert,
wird dann diese Welt erkälten, ohne die Freude?
Denn, wenn man blind für andere ist
weil man nur sich selber sieht,
wird es kaum den Menschen einfallen,
dass es die Freude gibt.

***„Wie ein Geheimnis geheim bleibt“,*** oder
***„Wie man ein Lexikon kauft“,*** oder
***„Wie man auf falsche Art und Weise Probleme löst“***

Der Abflug war am 22. März 2007. Das Orchester der Vereinigten Bühnen Wien war zusammen mit SchauspielerInnen und SängerInnen des Theaters Richtung Japan unterwegs. Wir würden das Erfolgsmusical „Elisabeth“ sechs Wochen in Osaka spielen und danach drei Wochen in Tokio.

Nach vier erfolgreichen Wochen mit Vorstellungen hatte ich ein Problem. Das Problem hieß „Hämorrhoiden“.

Vom Typus her versuche ich Probleme so gut wie möglich selber zu lösen, und so versuchte ich mit Hilfe von Olivenöl, kalten Bädern und mehr Schlaf meinen Zustand zu verbessern. Diese Maßnahmen halfen, aber nach der nächsten Vorstellung war das Problem schon wieder da. Ich beschloss, bis Dienstag, unserem freien Tag, es weiterhin mit Hausmitteln zu probieren. Wenn das Problem bis dorthin nicht gelöst werden könnte, würde ich „echte“ Medikamente kaufen müssen.

Ich dachte an vergleichbare Situationen, wie zum Beispiel einen Brand in einer Zündholzfabrik, oder eine Überflutung in einem Lagerhaus voll von Brausetabletten, aber diese Beispiele kamen mir alle zu extrem vor. Ähnlicher wäre vielleicht eine Giraffe mit Halsweh. Auf jeden Fall macht Trompete spielen mit Hämorrhoiden überhaupt keinen Spaß.

Ich wollte meinen Zustand nicht unbedingt an die große Glocke hängen, aber es kam der Punkt, wo ich von anderer Hilfe brauchte. Mittlerweile hatte ich meine Frau Madelon in Österreich angerufen und sie ausführlich informiert. Sie betete für mich, dass ich weiter spielen konnte und, bezugnehmend auf meinen Zustand, dass ich kluge Entscheidungen treffen würde. Sie rief das Theater an, um zu fragen, ob jemand vom Theater in den nächsten Tagen nach Osaka flöge und wenn ja, ob sie der Person für mich Medikamente mitgeben dürfte. Die Idee war gut. Nur war es zu spät. Es gab tatsächlich einiges an Hin-und-Her-Fliegerei während dieses Gastspiels. Der letzte Theaterangestellte, der nach Osaka flog, war aber schon unterwegs. Zwei Wochen später würden wieder einige nach Tokio fliegen, aber dann wäre meine Zeit in Japan zu Ende und ich wäre schon am Heimweg.

Das Musical „Elisabeth“ war keine leichte Kost. Für die Trompeten gab es viele Stellen, die hoch waren, viele laute Stellen und auch genug Stellen, die hoch und laut waren. Es war, mit anderen Worten, eine perfekte Falle für einen Trompeter mit Hämorrhoiden.

Am Sonntag waren die Schmerzen ziemlich stark, und so beschloss ich, die Apotheke zu besuchen. Sonntag bedeutet in Japan nicht wirklich Wochenende im Sinne von Österreich oder Amerika. Das Lebensmittelgeschäft gegenüber meinem Hotel zum Beispiel sperrte überhaupt nie zu.

Ich suchte und fand die Apotheke, aber sie war geschlossen. Ich konnte nicht lange gehen, darum kehrte ich zu meinem Hotelzimmer zurück und wiederholte meine eigene Therapie. Ich schaffte es durch die Vorstellungen am Sonntag und Montag. Am Dienstag, unserem freien Tag, sagte ich einen Museumsbesuch ab, damit ich zu Hause bleiben und an meiner Genesung arbeiten konnte. Die Hämorrhoiden waren inzwischen noch schmerzhafter und auch blutig geworden. Ich trug Dameneinlagen, um das Blut aufzufangen.

Am Dienstag um 12:30 Uhr entschied ich, dass mein Fortschritt nicht ausreichend war. Am nächsten Tag hatte ich zwei Vorstellungen zu spielen. Der Gedanke war alles andere als entspannend. Ich hoffte sehr, dass die Apotheke jetzt offen hätte. Ich wusste, dass ich wirklich Hilfe brauchte. Ich zog mich langsam an und ging langsam durch die Strasse, Richtung Apotheke.

Diesmal hatte sie offen. Das war eine große Ermutigung. Ich ging hinein und schrieb auf einen Zettel das Wort Hämorrhoiden und auch die Übersetzung auf Englisch. Den Zettel gab ich dem Apotheker. Der nahm den Zettel und schien sofort alles zu verstehen. Er verließ mich kurz, um ins Büro zu gehen. Dort machte er ein paar Laden auf, als suche er etwas. Danach schaltete er seinen Computer ein.

Er kam zurück und fragte mich auf Englisch, ob es ein Mittel für den Kopf wäre. Ich antwortete „nein". Er fragte, ob es ein Mittel für den Bauch sei. Ich antwortete „nein".

Wir spielten also ein kleines Frage-und-Antwort-Spiel, das aber sehr lange dauern konnte. Um ehrlich zu sein, hatte ich nach mehreren Tagen unangenehmer Schmerzen überhaupt kein Interesse, so ein Spiel zu spielen. Ich wusste sehr wohl, wie man es beenden könnte: Ich müsste ihm nur mit meinem Finger zeigen, wo das Problem war. Ich war aber nicht sicher, wie so eine Aktion in Japan wirken würde. Vielleicht könnte der Apotheker eine solche Erklärung als unhöflich oder sogar beleidigend auffassen. Ich wusste einfach zu wenig und wollte nichts riskieren. Also überlegte ich alternative Möglichkeiten, um mich klar auszudrücken.

Die Apotheke war im Untergeschoß eines Hotels. Vielleicht befindet sich auch ein Büchergeschäft im gleichen Hotel? In diesem Fall könnte ich ein Wörterbuch kaufen-entweder Deutsch-Japanisch oder Englisch-Japanisch. Mit Hilfe eines Wörterbuches wäre mein Problem leicht zu erklären. Der Apotheker wies mich darauf hin, dass das nächste Büchergeschäft zehn Minuten zu Fuß entfernt wäre, im Umeda Bahnhof. Ich kannte den Bahnhof. Gleichzeitig dachte ich an die Ironie der Situation: Zehn Minuten zu Fuß dorthin und zehn Minuten zu Fuß zurück, damit ich ihm klar machen kann, warum mir das Gehen so schwer fällt. Na ja...so ist das Leben.

Ich bedankte mich, lächelte und ging vorsichtig aus der Apotheke zum Umeda Bahnhof. Fünfzehn bis zwanzig Minuten später kam ich dort an. Ich sah mehrere Büchergeschäfte, ungefähr zehn an der Zahl. Sie waren nebeneinander und auf beiden Seiten der Fußgängerpassage. Nun musste ich überlegen, in welches ich hineingehen sollte. Ich studierte die Bücher in der Auslage und überlegte bei einem nach dem anderen, wie groß die Wahrscheinlichkeit wäre, dass jenes Geschäft ein Wörterbuch zu verkaufen hätte. Ich war unentschlossen, bis ich vor dem letzten Geschäft auf der rechten Seite stand. Dort ging ich hinein.

Ich fragte die Verkäuferin, ob sie ein Englisch-Japanisch Wörterbuch hätte. Sie bejahte lächelnd und brachte mir sofort ein Exemplar. Ich fragte, ob ich ein Wort nachschlagen dürfe. Sie verstand mich nicht. Ich wiederholte mich mit einfacheren Sätzen. Auch das brachte nichts. Gerade zu diesem Zeitpunkt brauchte ein anderer Kunde ihre Hilfe. Ich gestattete es ohne Worte, dass sie den anderen Kunden bediente. Während sie weg war, suchte ich im Wörterbuch das Wort „hemorroids“. Als sie zurückkam, fragte ich sie, ob das Geschäft einen Kopierer hatte. Sie war verwirrt. Der Chef kam zur Hilfe und sprach Klartext. Er sagte „Nein“. Ich fragte, ob er so nett wäre mir das Wort auf Japanisch aufzuschreiben. Er antwortete mit “Nein“. Ich sah ein, dass seine Einstellung mir gegenüber ziemlich klar war, und fragte ihn, wie viel das Buch kostete. Er antwortete: „1100 Yen“. Das sind ungefähr sieben Euro. Ich sagte „ok!“ Jeder Mensch versteht „ok“.

Der Chef ging mit mir zur Kasse. Neben der Kasse war ein Stoß von Büchern. Eines davon war ein Wörterbuch, allerdings nicht das Wörterbuch, das ich in meinen Händen hielt. Ich fragte nach dem Unterschied zwischen den zwei Wörterbüchern. Welches war billiger? Ohne lange nachgedacht zu haben, zeigte ich auf meinen Kopf und sagte: "Einfaches Buch für einfachen Kopf".

Der Chef lachte laut. Ihm gefiel mein Humor. Er fragte mich, ob ich Amerikaner sei. Ich antwortete „Ja“ und versuchte ihm die 1100 Yen zu geben. Er nahm das Geld nicht, sondern sagte mir einen Satz, den ich nicht verstand. Ich versuchte ihm nochmals das Geld zu geben. Er wollte nur 1000 Yen nehmen. „American Discount“, sagte er. Diesmal verstand ich ihn und bedankte mich.

Wir verbeugten uns voreinander und dankten uns gegenseitig. Dann marschierte ich langsam auf die Straße zurück und Schritt für Schritt Richtung Apotheke. Ich war zuversichtlich, dass ich mit Hilfe des Wörterbuches endlich die Sprachbarriere überwinden könnte.

Als ich die Apotheke erreichte, erkannte mich der Apotheker sofort. Wir begrüßten einander. Auch seine Assistentinnen begrüßten mich. Ich begann das Wörterbuch auszupacken, um ihm das japanische Wort für Hämorrhoiden zu zeigen. Bevor ich aber so weit gekommen war, zeigte mir der Apotheker zwei Bilder von Produkten, die er lagernd hatte. Die Frage hieß: „Zäpfchen oder Creme“?

Während ich unterwegs war, hatten der Apotheker und sein Team die Bedeutung von

„Hämorrhoiden“ herausgefunden. Ich merkte, dass es ihnen peinlich war, mich in meinem Zustand weggeschickt zu haben. Ich wusste aber, dass die Situation sehr kompliziert gewesen war und wollte nicht, dass sie sich schuldig fühlten. Nachdem ich die Creme gekauft hatte (Kostenpunkt: 1176 Yen), hielt ich das Produkt in der rechten Hand und sagte dazu: „Gut“. Danach hielt ich das Wörterbuch in der linken Hand und sagte: “Auch gut”.

Sie nickten zustimmend. Die Damen kicherten. Der Mann schaute ernsthaft drein. Wir alle verbeugten uns; der eine aus Höflichkeit, der andere aus Not. Alle freuten sich, dass das spannende Kapitel zu Ende war.

Ich freute mich, wieder eine multikulturelle Erfahrung überlebt, und vielleicht sogar mein Ziel erreicht zu haben. Ich ging langsam zum Ramada Hotel Osaka zurück und suchte meine Zimmertür, Nr. 525. Kurz darauf erfuhr ich eine noch tiefere Freude....

# EINSTELLUNGEN UND KONZEPTE

## *Das Ziel des Übens*

Das Ziel des Übens sollte sein: Alle Noten und Phrasen in allen Höhen und Tiefen und Lautstärken spielen zu können, mit variablen Geschwindigkeiten. Am Besten ist es, wenn es völlig egal ist, ob man frisch oder müde ist. Dementsprechend sollte man üben.

## *Was und Wie?*

Gerade als Trompeter muss ich mir überlegen, welche Stilrichtungen für mich in Frage kommen. Die Selbsteinschätzung muss stimmen. Wenn man weiß, dass man in einer Richtung unerfahren oder unfähig oder „noch nicht so weit" ist und tut trotzdem, als ob man in der Lage wäre, dies oder das hervorragend über die Bühne zu bringen, blamiert man sich nur. Die Leute sind nicht dumm. Man wird als schlechter Musiker bekannt, der sich selber gegenüber blind ist. Wenn die Selbsteinschätzung aber stimmt – man bereitet sich gut vor und spielt das, wozu man in der Lage ist – wird man als guter Musiker bekannt, der auf seine Art fähig ist und als positive Ergänzung gilt für eine Band, ein Orchester oder ein Show. Welche Musik interessiert mich? Welche Musik verstehe ich? Mit welcher Musik kann ich mich gut identifizieren?

Wo wird welche Musik gespielt? Die Musik, die als „meine Musik“ gelten soll wird viele Einzelheiten in meinem Leben mitbestimmen. Welche Musik wird das also sein?

Gleich danach wird eine zweite wesentliche Frage gestellt. Jetzt handelt es sich um das „Wie.“ Wie werde ich das Ziel der Qualität erreichen? Welche Lehrer, Bücher, Aufnahmen, Vorbilder und Gewohnheiten werden mir dabei helfen? Wie muss mein Leben ausgelebt werden, um das Ziel zu erreichen? Wie muss ich mich trainieren? Welche allgemeinen Punkte und welche spezifischen Punkte sind dabei? Eine Garantie gibt es nicht, doch viele Hinweistafeln. Lesen, sich damit auseinander setzen, verstehen lernen und „die gewonnene Einsicht schätzen und im Alltag umsetzen können“ heißt die Devise. Das ist natürlich leichter gesagt als getan, aber wehe man tut es nicht.

### *Hohe Töne*

Hohe Töne sind wie ein Antibiotikum, extreme Maßnahmen. „Wenn schon, denn schon!“ aber auch „Sparsam damit umgehen.“ Eine gesunde ausgewogene Diät für die Ohren und die Lippen sind genauso wichtig wie Ausgewogenheit für unser Verdauungssystem.

Hoch und Tief sind und bleiben subjektive Begriffe. Trotzdem, Hohe Noten sind wie Höhepunkte in einer Geschichte. Zu viele Höhepunkte belasten die Geschichte. Ein gestufter Aufbau ist wichtig, damit der Höhepunkt als solches erkannt werden kann.

Eine Warnung an den Trompeter, der hoch spielen will: Der Rest des Musikstückes ist auch Musik! Ohne den Rest verliert der hohe Ton seine Bedeutung.

Eine Warnung an den Trompeter, der nicht hoch spielen will / kann. Arbeite daran, denn der hohe Ton verleiht deinem Trompetenspiel Glanz und Wirkung. Musikstücke verlangen danach, also muss der Trompeter in der Lage sein, sie auch zu spielen. Es kann sein, dass viel Zeit investiert werden muss, um mit der Höhe auf der Trompete Freundschaft zu schließen, aber besser Freundschaft als Feindschaft. Die Wahrheit ist, dass die Höhe auf der Trompete immer weniger Option wird, und mehr und mehr zum normalen Wortschatz des Trompeters dazugehört.

### *10x Hausverstand*

1) Der morgige Tag wird dem heutigen Tag nachfolgen. Das, was ich heute oder morgen tue oder nicht tue, wird den Morgen beeinflussen. Essen und Trinken, Üben, Schlafen, Bewegung machen…Alles ist Teil meines Lebens und hat mit meinem Zustand am heutigen Tag und auch am morgigen Tag zu tun.

2) Die Körperteile, die eingesetzt werden, um mein Instrument zu spielen, bleiben Teil meines Körpers und widerspiegeln den Zustand meines Körpers. Sie sind nicht nur Werkzeug meines Willens, mit geistigem Dasein. Sie sind Körperteile mit physischem Dasein. Physische Müdigkeit, Trägheit oder Nervosität

spielen beim Musizieren genauso eine Rolle, wie der geistige Bezug zu der Musik, die ich spielen soll.

3) Der ganze Körper spielt das Instrument, zusammen mit dem ganzen Herzen und mit dem ganzen Geist. Es gibt natürlich primäre und sekundäre Funktionen, aber alle Teile sind irgendwie daran beteiligt. Das Ziel ist eine perfekte Teamarbeit.

4) Alles was in einer Teamarbeit wichtig ist, ob das beim Sport, oder im Geschäftsleben, oder woanders sei, ist beim Musizieren genauso wichtig. Die Kommunikation, die Effizienz, die Unterstützung, die Flexibilität, die schnelle Reaktionszeit, die Bereitschaft und die Fähigkeit, Probleme zu lösen, Fitness.

5) Theorie und Praxis: Man muss die Hauptpunkte erkennen und verstehen können. Man muss noch dazu die notwendige Zeit nehmen, um das Verstandene anzuwenden. Sonst hat man wenig davon. Nur etwas gehört zu haben, oder auch etwas erklären zu können, löst das Problem nicht. Man muss in der Lage sein, das Verstandene anzuwenden, und das lange genug und kontinuierlich genug, um einen positiven Unterschied merken zu können. Es kann Jahre kosten, es kann jahrzehntelange Arbeit bedeuten. Es ist dein Leben. Das muss es dir wert sein.

Dein Instrument muss dein Kumpel sein, dein Lebensgefährte. Es ist nur dann dein Feind, wenn du es versäumt hast, damit Freundschaft zu schließen. Es ist keine Hürde, sondern ein Werkzeug, außer du kannst mit dem Werkzeug nicht umgehen, dann wird es zur Hürde. Es soll dir helfen, und nicht hindern. Du wirst mit Hilfe deines Instrumentes in die glückliche Lage versetzt, Dinge zu vollbringen, die du ohne das Instrument, nicht hättest machen können. Entwickle diese Freundschaft. Es macht sich bezahlt. Es könnte sich zum Beruf oder Nebenberuf entwickeln.

6) Die wichtigsten Dinge im Leben, und die Dinge die dir am meisten bedeuten, sind die Dinge, die tief gehen. Viele von diesen Dingen sind Dinge, die wir regelmäßig tun. Wenn es nicht regelmäßig ist, dann ist es dir nicht wichtig: Atmen, Essen, Herzschlag, Schlaf, Bewegung, Reden, ... Üben?

7) Entwickle eine Beziehung zum Leben allgemein, und dann wirst du in der Lage sein, in deine Musik Leben hineinzuhauchen. Die Kraft deiner Überzeugungen wird dich durch die musikalische Herausforderung hindurch tragen. Wenn die musikalische Herausforderung mehr Leben von dir abverlangt als du besitzt, verstehst und auslebst, steigt der Druck; von außen und von innen. Dieser Druck kann dich aber unter Umständen zerquetschen. Aus einer Musik, die du nicht mit Leben erfüllen kannst, kann eine Musik werden, die dir das Leben wegnimmt.

8) Sei immer bereit, mehr zu tun als du tun müsstest, um das Ziel zu erreichen. Dann bleibt dir unter Umständen ein Sicherheitsabstand übrig. Wenn du ihn brauchst, hast du ihn auch. Übe mehr als das, was absolut notwendig gewesen wäre, oder auch kontrolliere noch einmal, ob du nichts vergessen hast-

auch wenn du sicher bist, dass du nichts vergessen hast- Es könnte dir zum Lebensretter werden.

9) Lebe nicht oberflächlich. Das Leben besteht aus dem, was gesagt wurde und nicht gesagt wurde, getan wurde und nicht getan wurde, gewollt und nicht gewollt wurde...aus welchem Grund halt immer.

Nichts ist ohne Bedeutung, alles kommt irgendwoher und führt irgendwohin- kein Baum ohne Wurzeln und Blätter. Alles hat in sich die Macht zu Beeinflussen, zum Positiven oder Negativen oder beides. Ein Musiker sollte sich bemühen, nicht im Widerspruch mit sich selber zu leben, sondern in Harmonie mit sich selber zu sein. Nur dann kann er als Musikinterpret den optimalen Ausdruck suchen, finden und wiedergeben, und als Folge dessen, geschätzt werden.

10) Genieße deine Musik, und mache Musik, die von anderen genossen werden kann.

### *Mittelmäßig oder hervorragend?*

Beim Spielen, denk an deine Funktion, nicht an deinen Ruf. Dann wird dein Ruf lange positiv bleiben, so lange du deine Funktion erfüllen kannst.

Die Musik ist im Mittelpunkt, nicht der Musiker.

Denk nicht höher von dir selbst als du solltest.

Das Orchester sollte, wie ein Organismus, gesund bleiben. Stilrichtung, Ausdruck und Gefühl eines Musikstückes wird vom ganzen Orchester getragen, genauso fließt das Blut eines gesunden Körpers durch alle Organe und Körperteile. Es erfrischt, bestätigt, korrigiert und erhält am Leben.

Die Musik ist erst aus, wenn man nach dem letzten Ton, nach dem letzten Akkord, nichts mehr hört. Dumme Fehler passieren oft dort, wo die Aufmerksamkeit früher aufhört als die Verantwortung. Ein Paradebeispiel: Ein Musiker schaut beim Schlussakkord nicht auf den Dirigenten, der einen gefühlvollen Schluss machen will. Der Musiker setzt sich zu früh beim Schlussakkord ein und ruiniert die Spannung.

Versuche, dir das Leben musikalisch vorzustellen, und die Musik als Teil des Lebens vorzustellen. Die Musik spiegelt etwas wider, aber was? Verstehst du das?

Die Musik ist Kunst: Gefühls- und Gedankenmalerei, Disziplin: Übung für Körper und Geist, Kommunikation: Wortschatz und Botschaft.

Musik ist die Kunst für das Ohr. Das Ziel beim Musizieren sollte Hörer orientiert sein. Der Zeitpunkt, an dem der Hörer der Klang wahrnehmbar ist, muss stimmen. Alles andere ist als untergeordnet zu verstehen. Bewegungen der Körperteile, die für das Erzeugen des Klangs zuständig sind; ob Arm, Hand, Finger, Lippen, Zunge, Lungen, Zwerchfell, usw. sind alle dem Klang untergeordnet. Dem Zuhörer ist das alles egal. Er will den Klang rechtzeitig hören, und er hat das Recht dazu. Technische sowie stilistische Faktoren, die uns bremsen, so dass die Musik

nicht rechtzeitig gehört werden kann, machen unsere Musik minderwertig. Auch wenn wir es nicht so wahrnehmen, merken es trotzdem unsere Kollegen und unsere Mitmenschen.
Neue Literatur kennen lernen und vorbereiten heißt für den Musiker Weiterbildung. Wer nach der Grundausbildung aufhört zu lernen und die Weiterbildung ignoriert, bleibt für immer ein minderwertiger Musiker, und wird im besten Fall nur mittelmäßig.

### *Das Spannungsfeld*

Man sucht sie nicht unbedingt, aber wird trotzdem von ihnen gefunden. Sie heißen, „schwierige Situationen“. Das sind Spielgelegenheiten, die mich an meine eigene Grenze drücken. Es gibt Dinge, die eigentlich nicht vorkommen dürften. Nur, sie kommen vor. . Dabei ist es, in dem Moment, fast egal, ob mir die schwierige Lage von einem anderen bereitet wurde, oder von mir selber. Tatsache ist, sie ist da, und ich muss damit fertig werden, oder eben kapitulieren.

Durch optimale Vorbereitung werden Fähigkeiten entwickelt, die uns helfen aus einer engen Situation ein Erfolgserlebnis zu machen. Wichtig ist, dass man innerlich frei genug ist, um sich einen möglichen Plan B vorzustellen. Hier ist ein falscher Stolz am falschen Platz.

Zu viel Negatives ist genauso falsch wie zu viel Positives. Beide haben eines gemeinsam. Ich selber stehe im Mittelpunkt. Eigentlich geht es primär um eine Aufgabe, die zu erledigen wäre, eine künstlerische, oder musikalische, oder technische oder zwischenpersönliche Aufgabe, die wie eine Mauer vor mir steht, und nicht um mich!

Ist der Spiel zu Ende, oder ist es nur mein Zug? Manchmal sind beide Möglichkeiten gegeben und ich entscheide welche von den zwei gilt. Wie oft hätte man Probleme lösen können, wenn man nur bereit gewesen wäre, das zu tun, das zur Lösung beigetragen hätte!

### *Ausreichend und Ausgleichend*

Als Berufstrompeter muss man sich grundsätzlich zwei Dinge vor Augen halten, damit man richtig üben kann: 1) Das Unmittelbare: das was ich brauche, um die nächsten Spielverpflichtungen zu erfüllen. 2) Das Prinzipielle: Ergänzendes und Ausgleichendes, damit mein Trompetenspiel gesund bleibt und nicht zu einseitig wird.

### *Die Rücksichtnahme des Trompeters*

Trompeter dürfen nie vergessen, dass sie Trompeter sind, und Trompete muss man selbstverständlich hören. Genauso wichtig aber ist es, sich dafür zu interessieren, wie es für sie geschrieben wurde. Die Trompeter unter sich müssen schauen, dass sie als Satz und nicht als Einzelkämpfer auftreten. Solo Passagen sind klar erkennbar. Sonst sind sie ein Trompetensatz und sollten sich wie ein Satz verhalten. Was heißt das aber?

Der 1. Trompeter muss führen, nicht nur die Trompeter, sondern oft die ganzen Blechbläser, und manchmal das Orchester. Um das auf richtige Art und Weise zu vollbringen, muss er sehr gut zuhören können; er muss wissen, was im Orchester, bzw. im Stück los ist. Sein Doppelziel muss heißen: Er bringt seine Stimme optimal über die Bühne, er führt die Trompeten/die Blechbläser auf würdige Art und Weise.

Führen heißt aber nicht, dass er alle andere nieder blasen soll. So gesehen, hat er nur dann Recht, wenn die anderen ihm Recht geben, was sie auch meistens gerne machen werden, wenn sie merken, dass er seine Funktion wahrnimmt, und seine Grenzen, bzw. die Funktionen der Anderen auch respektiert. Er muss im Voraus wissen, wo die anderen ihm Recht geben und dazustehen werden.

Nach einem gewaltigen Einsatz des 1. Trompeters sollen die anderen Musiker froh sein, dass es ihn gibt, und nicht feindselige Gedanken haben oder im Herzen nach Rache suchen.

Der 2. Trompeter, sowie alle anderen Trompeter auch, haben eine sehr schwierige Aufgabe. Sie müssen ihre eigenen Noten meisterhaft beherrschen, aber dürfen auch nie ihre unterstützende Funktion dem 1. Trompeter gegenüber vernachlässigen. Was braucht er? Was will er? Sie sollen sich nicht verstecken, sondern im Satz einbetten, und zwar auf eine Art und Weise, die dem 1. Trompeter recht ist. Sie dürfen nicht führen, sondern müssen den 1. Trompeter optimal unterstützen, damit er sich wie ein König wohl fühlt. Sie dürfen ihn nie außer Acht lassen, auch nie übertönen, egal wie leise er spielt. Sie dürfen ihn nie in der Luft hängen lassen, weil sie ihn nicht ausreichend unterstützt haben. Die geschriebenen dynamischen Markierungen nehmen sie selbstverständlich wahr, aber dort fängt die Arbeit erst an. Zusätzlich müssen sie immer die momentane Interpretation des ersten wahrnehmen, auch wenn die gleiche Phrase nie zwei Mal gleich interpretiert wird. Sie sollen so viel wie möglich im Voraus wissen, und zusätzlich ständig in der Lage sein, Entscheidungen der Feineinstellung zu treffen.

Man kann ein hervorragender Trompeter sein und gleichzeitig ein schlechter 2. Trompeter. Ein hervorragender 2. Trompeter ist eine Seltenheit.

### *Die heilige Dreieinigkeit des Musikers*

Es gibt eine heilige Dreieinigkeit des Musikers, drei Komponenten die ganz und zusammen bleiben müssen, d.h. ständig respektiert werden müssen, wenn die Musik gelingen soll:

1) Der Musiker selbst, alle sichtbaren und unsichtbaren Teile von ihm. Körperteile sowie auch Gefühle, Konzepte und Beweggründe des Musikers schaffen die Musik.

2) Das externe Instrument, das gespielt wird, um Musik zu machen.

3) Die sichtbare und hörbare Musik, die gespielt wird. Die gedruckten Noten sind sichtbar, der Klang der erzeugt wird, ist unsichtbar.

Missachtung dieser Dreieinigkeit durch den Dirigenten oder den Musiker verursacht Frust, die sich in der Musik ausdrückt. Einige abschreckende Bespiele davon folgen:

1) Der Dirigent zerstört die Dreieinigkeit des Musikers durch Einmischen. Er führt nicht richtig, sondern übertreibt. Der Musiker ist nicht mehr frei, um an diese Dreieinigkeit zu denken. Er wird durch die Art und Einstellung des Dirigenten abgelenkt.

2) Der Dirigent hat zu viel Respekt vor dem Musiker, lenkt ihn nicht richtig. Der Musiker erwartet mehr und wird verwirrt. Er versucht zu erraten, was der Dirigent will und wird dadurch abgelenkt.

3) Der Musiker schaltet auf stur und lässt sich vom Dirigenten überhaupt nicht lenken, damit die Dreieinigkeit bewahrt bleibt. Dadurch gibt es Diskrepanzen zwischen dem Musiker und dem Rest des Orchesters.

4) Der Musiker beschützt nicht seine eigene Dreieinigkeit, wird sich selber dadurch zum Feind und wird in Folge dessen zerrissen. Zum Beispiel, er ändert seinen Ansatz, damit er ins Mikro hinein spielen kann. Das Ergebnis ist unzufriedenstellend.

Der optimale Fall: Beidseitiger Respekt und Wahrnehmung der eigenen Grenzen und der Möglichkeiten innerhalb dieser Grenzen.

Der Musiker, der es zulässt, dass diese für die Musik heilige Dreieinigkeit zerstört wird, oder tut es sogar selber, lässt es zu, das sein Fundament kaputt gemacht wird und verliert seine Basisqualität.

### *Der Mensch und Die Musik sollen überleben*

1) Weil Solo Passagen für Musiker immer eine eigene Sache sind, die eine besondere Behandlung verlangen, und

2) weil ein Mangel an Methodik im Falle eines Solos, sowohl dem Musiker als auch der Musik Schaden zufügen kann, und

3) weil ich persönlich oft mit solchen Herausforderungen konfrontiert worden bin, gehe ich von der folgenden Grundregel aus: Alles ist wichtig, aber fast alles ist auch begrenzt wichtig.

Wenn man unabhängig vom Thema darauf besteht, dass irgendwas, das mit Verantwortung zu tun hat, nur wichtig, oder nur begrenzt wichtig sei, wird man oft des anderen belehrt. Daher schlage ich den folgenden Hilfsgriffen vor:

Es gibt eine gute und eine schlechte Art, einen musikalischen Ausdruck (zum Beispiel ein Solo) als „wichtig“ zu empfinden. Gut ist es, wenn durch das „ernst nehmen“ der Musik der gesunde Zustand des Musikers nicht gefährdet wird. Einen musikalischen Ausdruck als unwichtig zu betrachten ist eine unernste Einstellung des Musikers. „Weniger wichtig“ könnte aber gut passen.

Es gibt auch eine gute und eine schlechte Art, etwas als „begrenzt wichtig“ zu empfinden. Es ist gut, wenn die

Musik ohne Wertverlust oder mit Wertsteigerung überlebt. Die Musik als „allein Wichtige“ zu betrachten ist eine unernste Einstellung dem Leben gegenüber, sich selber gegenüber, und Gott gegenüber. „Sehr wichtig“ könnte aber gut passen.

Hiermit wünsche ich dem Leser / der Leserin ein wunderschönes Solo, und ein Leben mit bester Qualität – vor dem Solo, während des Solos und nach dem Solo.

### *Engagement? Ja oder Nein*

In meinem Beruf spiele ich sehr viel Verschiedenes. Schön ist es, wenn ich Engagements habe, die vom Anfang an ganz klar sind: das, was von mir erwartet wird und das, was ich verdiene. Oft, gibt es aber die berühmten „kleinen Überraschungen“, die in Kauf genommen werden müssen.

Ich habe für Kollegen gearbeitet, wo man mit Sicherheit damit rechnen musste, dass irgendetwas schief läuft, und dass man im Nachhinein dafür um Verständnis gebeten wird, usw. Genauso ist es auch gekommen, wie es befürchtet wurde. Solche geschäftlichen Beziehungen sind oft von kurzer Dauer.

Manchmal hat man aber kaum die Wahl. Gewisse Dinge „muss“ man ja machen, weil sie in einem größeren Zusammenhang zu verstehen sind. Der Beweggrund ist also nicht die Sache selber, sondern etwas ganz anders, aber es trifft auch bei der Sache zu.

Es gibt Kollegen und Projekte, wo relativ wenig bezahlt wird, dafür aber regelmäßige Arbeit besteht. Menschen sind verschieden und Projekte sind verschieden. Studioaufnahmen sind anders als Frühschoppen und Umzüge sind anders als Ball-Veranstaltungen. Die klassische Umrahmung eines Festaktes ist anders als ein Dixieland Auftritt in einem Gasthaus. Eine Band zusammen zu rufen ist anders als die Musik für eine CD zu liefern. Manchmal braucht der Musiker den Auftritt, manchmal braucht der Veranstalter oder Bandleader dich.

Wenn man lange genug in der Musikszene aktiv gewesen ist, hat man es wahrscheinlich erlebt, dass man die zehnfache Arbeit um die gleiche Gage geleistet hat, und auch ein Zehntel der Arbeit um die gleiche Gage. Irgendwann lernt man „nein" zu sagen und man weiß auch warum.

Grundsächlich aber, bin ich nicht Musiker geworden, um „nein", sondern um „ja" zu sagen. Deswegen habe ich viel gespielt, Vieles kennen gelernt und viele Musiker und andere Künstler kennen gelernt. Dadurch gibt es auch viele Menschen, die mein Gesicht und meinen Namen kennen. Weil ich Musik und Menschen gern habe, ist mir das ganz recht. Es ist eigentlich viel mehr als nur das. Es ist ein Vorrecht. Denn, schließlich muss man einsehen, dass gar nichts davon selbstverständlich ist.

### *Was brauche ich?*

Was mache ich gerade und was brauche ich, um das machen zu können?

- Doppelter Dämpfer-Kauf, damit ich in beiden Hauptspielstätten nicht nur Diensttrompeten habe, sondern auch das notwendige Kleinwerkzeug.

- Billige oder gebrauchte Instrumente für begrenzte Einsätze.

- Der Koffer (Die Instrumententasche) muss praktisch sein und gut funktionieren. Er muss leicht genug sein, damit man nicht müde zum Dienst kommt; stabil, damit man nicht deswegen ständig Reparaturkosten bezahlen muss, klein genug (für Auto und Flugzeug), groß genug, damit alle Instrumente, die gebraucht werden gut hineinpassen. Den Klettverschluss habe ich entfernt, weil er für den Orchestergraben zu laut war und unnötig die Aufmerksamkeit der KollegInnen und Zuschauer darauf lenkte. Manchmal muss man während der Vorstellung in die Tasche hinein! Der Klettverschluss passt nicht zur pp.

- Mundstücke für alle normalen Einsätze auf den verschiedenen Instrumenten immer griffbereit halten, in der Aktentasche extra tragen (nicht in einem Instrumentenkoffer), damit die optimale Flexibilität gegeben ist. Ersatzmundstücke im Spind haben und zusätzlich im Auto.

- Das Leben so einrichten, dass man für andere erreichbar ist und andere auch erreichen kann.

- Gewisse Kleider, die zur Dienstbekleidung dazugehören, im Spind griffbereit halten, im Fall eines Falls. Mascherl, Krawatte, Socken, Schuhe, Hemden- weiß und schwarz…

- Mobil sein: innerlich und äußerlich: Auto und Jahreskarte für den öffentlichen Verkehr, bereit sein, wohin zu fahren.

- Bereit und dazu fähig sein, musikalische Ideen so zu dokumentieren, dass sie nicht verloren gehen, System haben. Alles aufschreiben und geordnet aufheben.

- Die äußerliche Erscheinung ist wichtig, besonders in feierlichen Ambienten. Kopf und Füße sollte man nicht vernachlässigen. Das sind die Abschlussstellen des menschlichen Körpers. Man sieht sie und bemerkt sie, wie Anfang und Schluss eines Briefes.

- Trompetenansatz: Alles hängt davon ab. Man braucht ein Aufbausystem und auch ein Reparaturkonzept. Beides muss gut funktionieren. Sonst braucht man einen anderen Beruf.

### *Der Bereichsübergreifende*

Es gibt nicht nur einen Typ Mensch, sondern viele verschieden Typen. Jeder sollte versuchen, zu verstehen was für ein Typ er ist.

Ich zum Beispiel, bin, sowie viele andere auch, ein Bereichsübergreifender, von Haus aus. Ich interessiere mich für Verschiedenes, bin lernbegierig und habe schon in meinem Leben viel Wertvolles kennen gelernt, weil ich nichts dagegen hatte, Neues zu lernen, Neues zu probieren. Ich bin nicht nur Trompeter, sondern Musiker, und deswegen interessiere ich mich für andere Instrumente auch. Auch fürs Arrangieren und Komponieren interessiere ich mich.

Dadurch, dass ich gerne unterrichte, habe ich genug Privatschüler und Musikschulschüler gehabt - Blechbläser, Holzbläser und Klavierschuler - um der Bank und der Fa. Novyhaus ein Einkommen vorzuweisen, dass sie bereit waren, mir ein Darlehen zu gestatten, damit wir 1992 einen Grund kaufen und mit dem Hausbau anfangen konnten.

Obwohl ich Berufstrompeter bin, habe ich als erstes, in der Musikschule in Neulengbach, Niederösterreich, Holzblasinstrumente unterrichtet: Klarinette und Querflöte. Beide Instrumente hatte ich auch gelernt und die Stelle des Trompetenlehrers war schon besetzt, und zwar von einem Tubisten, Franz Griesler, den ich inzwischen sehr gut kenne. Wir beide spielen im Amadeus Brass Quintett zusammen.

Professor Silvia Zobek hat mir auf Grund meiner musikalischen Laufbahn Vertrauen entgegen gebracht,
zu einem Zeitpunkt, wo kein Klarinettenlehrer für die Musikschule in Neulengbach zu finden war.

Zur gleichen Zeit hat Peter Aschenbrenner an der gleichen Musikschule Saxophon unterrichtet. Er war aber auch Musikschuldirektor in Altlengbach und suchte gerade einen Trompetenlehrer. Ich wusste nichts von der Musikschule in Altlengbach, wir waren ja nur ganz kurz am neuen Grundstück und kannten uns noch nicht aus. So wurde ich in unserem Dorf Trompetenlehrer an der Musikschule Laabental.

Nach dem Motto: „Es muss nicht leicht sein, es muss nur möglich sein“ habe ich mit meiner vierköpfigen Familie eineinhalb Jahre in einem Wohnwagen mit sechs Quadratmeter Größe gewohnt. Am Anfang des Hausbaukapitels gab es auch keinen Strom im Wohnwagen und Madelon, meine Frau, hat im Freien auf einem Holzofen am Grundstück einen ganzen Sommer gekocht.

Drei Jahre nach Beginn des Hausbauprojekts, durch Überanstrengung, bekam ich Schwierigkeiten mit meinen Schilddrüsen, die eineinhalb Jahre andauerten. Das Unterrichten musste ich fünf Jahre unterbrechen und später bat ich meinen Hauptarbeitsgeber im Theater um eine Umstufung; von einem ganzen auf einem dreiviertel Vertrag. Er willigte ein, aber das hatte zur Folge, dass ich ungefähr sechs Monate weniger verdiente. So musste ich - sobald meine Gesundheit wieder in Ordnung war- andere musikalische Arbeiten wahrnehmen, um unsere finanziellen Verpflichtungen erledigen zu können.

Eine Sache nach dem anderen ergab sich, und mehr und mehr wurde ich angerufen; um einzelne Auftritte zu spielen, bzw., Mitglied einer neuen oder alten Gruppe zu werden.

Dadurch, dass ich Konzerttrompete sowie auch Jazztrompete, das heißt Klassische sowie auch Jazz und Popmusik gerne spiele, und Menschen sehr gerne habe, habe ich so oft wie möglich zugesagt.

Dadurch, dass ich viele Musiker und Musikanten in der reichen Musikszene Österreichs kennen lernen durfte, kam es hin und wieder dazu, dass ich gefragt wurde, ob ich für die Gruppen komponieren würde, bzw. Kompositionen für eine neue CD liefern würde. So kam es dazu, dass ich für die Bauernbrass Orkesda, Blaskapelle Royal, Wiener Stadtmusikanten und auch für die Julius Scheybal Doppel-CD komponierte und arrangierte. Ich hatte auch Mappen voll von eignen Kompositionen aufgehoben. „Der Garten des Königs", ein Kindermusical, komponierte ich für die Baptistenkinder Österreichs 1994. Weil ich für andere komponierte und arrangierte, tat ich es für mich selber auch. So entstand meine Weihnachts CD: „Weihnachtsüberraschung" mit Solostücken, Duetten und Terzetten, Arrangements von österreichischen und amerikanischen Weihnachtsliedern. Jedes Mal lernte ich auch sehr viel dabei.

Manchmal fragte ich mich, was für ein Trompeter ich bin, ob die breite Palette mir schadet, was auch sehr wohl möglich ist. Manchmal fragte ich mich, ob ich ein Vielseitiger oder nur ein Orientierungsloser bin, ob ich außergewöhnlich, oder nur ungewöhnlich bin, ob ich Verschiedenes gut kann, oder nur Verschiedenes mache. Aber, die andauernden Anrufe rissen einfach nicht ab. Wenn es möglich war und ich es sinnvoll fand, sagte ich zu.

Ich versuchte nur zu überleben, und meine Interessen und mein Können weiterzuentwickeln, für mich und meine Familie, in meiner neuen Heimat. Dadurch lernte ich sehr viele gute Musiker kennen und hatte jede Menge Chefs.

Im Jahr 1997, verlieh mir der Landeshauptmann von Niederösterreich, Dr. Erwin Pröll, auf Grund meines Musikschaffens in Niederösterreich und den Empfehlungsbriefen von vielen meiner Vorgesetzten in den verschiedensten Musikgruppen, Orchestern und Bands, die Österreichische Staatsbürgerschaft.

Zusammenfassend, ein gesundes Mischmasch: „Ich bin nicht so gut wie ich glaube, deswegen muss ich am Ball bleiben, sonst gehe ich unter. Aber auf der anderen Seite, ich bin besser als ich glaube und deswegen gelingt mir Einiges. Aber wehe ich glaube es! Das wäre der Anfang des Endes.

## *Grundregeln sind wichtig*

In der Baptistengemeinde Hütteldorf leitete ich jahrelang einen Instrumentalkreis. Ich bereitete Arrangements vor, leitete Proben und dirigierte oder spielte im Gottesdienst mit. Wir begleiteten die Gesangslieder und, hin und wieder, spielten wir auch Vortragsstücke.

Einige hatten seit Jahren ihre Musikinstrumente nicht ausgepackt, wollten aber gerne mitmachen. Damit so viele Menschen wie möglich mitspielen konnten, auf der einen Seite, und die Qualität der Musik nicht leiden würde, auf der anderen Seite, brauchten wir ein System, das funktionierte. Ich musste überlegen, wie das überhaupt gehen könnte. Die Lösung war ein einfaches aber wirksames System mit drei Punkten.

1) Wenn du Schwierigkeiten hast, deine Stimme zu spielen, üben.

2) Wenn, nach viel Mühe (Üben) deine Stimme für dich immer noch zu schwierig ist, schreibe ich dir deine Stimme um, vereinfacht.
3) Wenn dir auch die vereinfachte Stimme zu schwierig ist, und (die Übung hilft nicht ausreichend), spiel diesmal nicht mit, und steig beim nächsten Stück wieder ein.

Die Proben am Montagabend und die Sonntagvormittage waren gekoppelt. Am Sonntag wurden nur Stücke gespielt, die wir am vorigen Montag ausreichend geprobt hatten. So hatte sich jeder ausgekannt, und die Zeit war zu kurz um alles wieder vergessen zu können, was man am Montag geprobt hatte. Sonntags um 9:00 Uhr hatten wir dann eine Auffrischungsprobe für den Gottesdienst um 10:00 Uhr gemacht.

Die endgültige Entscheidung, ob ein Musikstück so weit vorbereitet war, dass wir es im Gottesdienst spielen konnten, lag allein bei mir. Es gab ein paar mal verschiedene Meinungen dazu, aber die Entscheidung blieb bei mir, weil ich derjenige war, der eher in der Lage war, bei der Entscheidung zwischen Optimismus und Träumerei zu unterscheiden. Ich kann mich auch nicht an einen Auftritt erinnern, der nicht schön war.

***Wie man als Musiker den eigenen Freundeskreis verringern kann und sich unbeliebt machen kann:***

Versuche so viele Dinge wie möglich überkompliziert zu machen.

Horche nicht wirklich hin.

Die Beiträge der anderen als Selbstverständlichkeiten verstehen.

Lass nicht zu, dass harmonische Abläufe stattfinden.

Nimm keine Korrektur an, oder verzögern und darauf bestehen, dass dir andere am Ende doch Recht geben.

Versuche ständig andere davon zu überzeugen, dass das, was du willst, am wichtigsten ist.

Behandle die unterschiedlichen Meinungen der anderen als Personenangriff und verteidige dich selber bis zum letzten Mann.

Sei allzeit bereit, zu deiner Verteidigung Ausreden jeglicher Art einzusetzen.

Über große Projekte Schwärmen und kleine Projekte betrachten, als ob sie unter deiner Würde wären.

Eingebildet sein und dich über andere lustig machen.

Lerne strategisch vor zu gehen, damit du als cleverer Bursche bekannt wirst.

Hab Mitleid mit dir selber. Keiner versteht deinen eigentlichen Wert. Die ganze Welt behandelt dich falsch. Alles ist so ungerecht.

# DIE GESUNDHEIT

## *Powerplay*

Die wahren Geschichten über wahre Probleme haben in meinem Leben nicht erst mit dem Musikerberuf begonnen, sondern schon viel früher. Schon als 14-Jähriger musste ich erfahren, dass Sport und Musik nicht immer optimal zusammenpassen. Ich war wie jedes Jahr bei der Football Mannschaft der Highland-Highschool dabei, und obwohl ich der zweitkleinste war, hatte ich eine zentrale Funktion, die des „Specialty-Centers“. Es war meine Verantwortung, den Ball so schnell wie möglich und so genau wie möglich von der „Line of Scrimage“ durch meine Beine und ungefähr 10 Meter nach hinten und direkt in die Hände meines Kumpels zu werfen. Dieser sollte entweder dem Ball mit seinem Fuß Flügel verleihen oder den Ball für einen anderen Mitspieler so halten, dass jener schießen konnte.

Viele meiner Gegner waren zweimal so groß wie ich. Diese Tatsache wurde oft zum Problem. Aber es musste nicht einmal ein richtiges Spiel geben, um Schwierigkeiten zu haben. Ein Trainingsspiel reichte unter Umständen auch.

An einem sonnigen Herbsttag teilte unser Coach die Mannschaft. Die beiden Hälften spielten gegeneinander und trainierten gleichzeitig neue taktische Ideen des

Trainers. Als Center durfte ich natürlich nichts wissen, aber ein junger Mannschaftskollege von mir, der gerade heute für die andere Seite spielte, hatte eine Aufgabe erteilt bekommen, die mich persönlich betraf. Seine Aufgabe war es, von weit hinten in der Defensiv-Mannschaft früh loszustarten und mit voller Power auf mich zuzulaufen. Er sollte dann zur gleichen Zeit, zu der ich den Ball bewegte, mit voller Kraft durch die Linie brechen und den Quarterback mit dem Ball zu Boden bringen. Er war kompakt gebaut und um einiges größer als ich. Wenigstens war das die Theorie.

Die Theorie war nicht schlecht. In der Praxis sah es leider ein bisschen anders aus. Es war kein schöner Tag für mich. Der Quarterback machte einen „Long call." Er wusste auch nichts von den Plänen der Defensiv-Mannschaft, sondern glaubte, als er den kompakten „Linebacker" auf uns wie eine Kanonenkugel zulaufen sah, dass das ein Bluff sei. Es war aber kein Bluff. Das nächste, was ich wahrnahm, war ein fürchterlicher Krach und danach die Stille. Ich sah ihn nicht einmal. Der Ball war immer noch dort, wo er am Anfang des Spiels gewesen war. Statt ihm flog ich durch die Luft. Ich landete auf meinem Rücken auf dem Boden, ca. fünf Meter von meiner ursprünglichen Stelle entfernt. Ich wusste nicht einmal, wie ich dorthin kam. Als ich wieder zu mir kam, hieß es, der Zeitpunkt sei nicht ganz richtig gewesen. Aufgrund meines blutüberströmten Gesichtes musste ich das Spielfeld verlassen.

Meine obere Lippe war extrem geschwollen und auf der Innenseite schwarz und Purpur. Zwei Wochen lang konnte ich keinen Ton auf der Trompete erzeugen. Meine Freunde betrachteten mein geschwollenes Gesicht ausgiebig und wollten immer wieder hören, wie es passiert war. Weil ich am Anfang nicht klar reden konnte, musste ich manches mit Handzeichen oder schriftlich erklären. Irgendwie funktionierte es aber immer. Meine Gefühle und mein Herz waren sicherlich viel verletzter als mein Gesicht. Die nächsten zwei Wochen waren hart. Der Football- Kumpel entschuldigte sich; er hatte nur gemacht, was der Coach verlangt hatte, eh klar. Viele Menschen sprachen mich an und alle wollten ganz genau und mit allen Details hören, wie es passiert war. Ich konnte an nichts anderes denken- immer wieder das gleiche Thema! Es war zum Verrücktwerden! Zu solchen Zeiten war ich gerne allein. Meine Familie war extrem hilfreich und verständnisvoll. Da konnte ich Kraft schöpfen. Die brauchte ich sehr, um der übrigen Welt entgegenzutreten.

### *Gesunde Musik*

In der Baptistengemeinde in der Bujattigasse in Wien Hütteldorf spielte ich oft vor dem Gottesdienst ein Solostück auf der Trompete mit Klavierbegleitung. Meistens waren es Kopfarrangements, also keine genau notierten Stücke, sondern nur Skizzen- kurz vorher besprochen und dann vorgetragen. Ich hatte und habe immer noch sehr schöne Erlebnisse bei dieser Tätigkeit und verstehe sie als Solostücke, als musikalische Gebete, als Dankbarkeit, und als ermutigende Geschenke. Klavier spielte meistens entweder Christian Terzinsky, Joachim Orth, Klara Drews oder Robert Bauer.

Eines Sonntags erhob ich mich aus der Kirchenbank, ging zum Klavier, drehte mich um und begann „wie immer“,

Trompete zu spielen. Joachim Orth begleitete mich am Klavier.
An diesem Herbsttag im Jahr 1995 aber hatte ich beim Atmen Schwierigkeiten. Es war, als ob der Hals zumachte. Ich wartete ein bisschen, dann öffnete er sich wieder. So etwas war mir noch nie passiert. Ich unterbrach das Solo nicht, sondern machte notgedrungen längere Pausen zwischen den Phrasen. Ich wurde äußerst nervös und konnte nicht richtig phrasieren. Ich wusste aber nicht warum. Was war mit mir los? Das war das, was mich am meistens störte. Es war mir peinlich und ich konnte es nicht verstehen. Ich war ganz verwirrt. Irgendwie war es mir möglich, das Solostück fertig zu spielen. Nachher nahm ich wieder Platz.

Meine Frau Madelon hatte auch bemerkt, dass etwas nicht in Ordnung war. Ich konnte es ihr aber nicht erklären. Nach dem Gottesdienst kam ein Freund auf mich zu und redete mit mir. Er war Direktor des Hanusch-Krankenhauses in Wien, Gerhard Haeske. Er stellte mir einige Fragen. Ich erzählte ihm, dass mein Herzrhythmus in der letzten Zeit unregelmäßig gewesen war, etwa beim Schlafengehen. Ich hatte es als Übermüdung eingestuft, weil ich einen Vollzeit- Vertrag im Theater hatte, sechs Tage in der Woche unterrichtete, Haus baute und außerhalb des Theaters auch Auftritte spielte. Mit anderen Worten, ich hatte genug oder mehr als genug zu tun.

Er schickte mich zu einer Untersuchung ins Spital. Durch Blutabnahme und mehrere Tests stellten die Ärzte fest, dass ich eine mächtige Überfunktion der Schilddrüse hatte.

Vom T1 Hormon hatte ich, im Vergleich mit der normalen Menge, das achtfache und von T2 das sechsfache im Blut. Kein Wunder, dass ich zweimal so viel wie normal essen musste und trotzdem eine Stunde nach der Mahlzeit fast am Verhungern war. Alle Organe waren übersteuert. Ich war oft erschöpft, erkannte es aber nicht als Krankheit, weil ich wusste, dass ich sowohl im Berufsleben als auch in der Freizeit sehr stark belastet war.

Ich musste eineinhalb Jahre lang Medikamente nehmen, reduzierte meinen Theatervertrag um ein Viertel auf einen Dreivierteivertrag und pausierte fünf Jahre lang vom Musik-Unterrichten- mit einer einzigen Ausnahme.

Mehrmals in der Woche wurde ich im Spital kontrolliert. Die Dosis der Medikamente wurde dementsprechend nachjustiert. Ich fand die Betreuung hervorragend. Die Abstände zwischen den Kontrollen wurden immer länger. Eines Tages sagte mir die Krankenschwester, dass ich keine Medikamente mehr brauchte und völlig gesund war. Eineinhalb Jahre hatte die Therapie gedauert.

Mittlerweile spiele ich wieder Trompetensolos vor dem Gottesdienst. Das Haus ist noch nicht fertig aber es wird, so glaube ich, nicht mehr lange dauern. Der Dreiviertelvertrag ist geblieben und ich bin dafür sehr dankbar. Ich unterrichte wieder, aber nicht mehr so viel wie früher. Das Leben ist ein Buch mit mehreren Kapiteln und ich freue mich, in diesem Kapitel zu sein.

### *Zu viel Freude*

Eines Tages im Raimund-Theater ging ich mit ein bisschen zu viel Schwung im Schritt in die Pause hinein. Das führte dazu, dass ich mit meinem Kopf gegen eine Betonkante lief, die über meinen Kopf im Treppenhaus auf mich wartete.

Ich ging sofort zu Boden, nicht bewusstlos, aber durch den plötzlichen Schlag am Kopf in die Knie gezwungen. Kollegen versuchten mit mir zu reden. Ich konnte nicht antworten. Ich versuchte mich mit den Händen zu stabilisieren, um nicht umzufallen. Ob einer es gesehen hatte oder ich es mit ein paar Worten und viel Mühe erklärte, weiß ich nicht. Sie verstanden, was mir passiert war, aber warteten in der Runde und überlegten, wie sie mir helfen konnten.

Als ich soweit wieder gehen konnte, suchte ich den Theaterarzt. Ich fragte ihn, ob ich den zweiten Teil spielen durfte. Er sagte nicht nein, und so spielte ich die Vorstellung bis zum Ende durch, mit Kopfweh. Seither gehe ich langsam und vorsichtig auf jener Treppe.

Ein Kopfschutz ist inzwischen bei der Kante angebracht worden. Als ich eines Tages in der Pause zwischen 1. und 2. Akt einem Kollegen erzählen wollte, dass der Kopfschutz wahrscheinlich meinetwegen angebracht wurde, besserte er mich aus. Nein, seinetwegen war es gemacht worden. Die Kante hat einen Kosenamen bei einigen Kollegen, und wird die Bauerkante genannt, nach Gustl Bauer, mit dem ich redete.

Er erklärte mir ein anderes Mal, dass er ins Spital musste und sieben Nähte bekommen hatte. Wir beide mussten eine kleine Runde drehen, einen kurzen Arztbesuch machen, nach unseren Unfällen. Beim Kollegen Bauer war die Verletzung schlimmer als bei mir. Trotzdem war Gustl dankbar, dass es nicht noch schlimmer ausgefallen war.
Sein Humor ließ auch nicht nach: „Manchmal hilft es, einen Dickschädel zu haben." Gustl spielt im Theaterorchester unter anderem Bassklarinette und B-Klarinette; beide Instrumente in B gestimmt. Ich spiele hauptsächlich die Trompete, aber auch Flügelhorn und Piccolotrompete, alle in B gestimmt. Ich finde es also völlig in Ordnung, dass diese Kante als Bauerkante (kurz: B-Kante) berühmt wurde. Wir zwei hatten auf jeden Fall zum Teil den gleichen B-Kanten-Kreis.

### *Theaterdienst*

Weil ein Trompetenkollege krank war, musste ich eine Dienstagabend- Probe mit der Blue Eyes Big Band absagen, um seinen Theaterdienst auf der 2.Trompete übernehmen zu können. Ich dachte, dass ich die Woche darauf an der Probe teilnehme und dann passt alles wieder. Am nächsten Dienstag aber waren viele Mitglieder des BEBB krank und die Probe wurde nach der halben Zeit abgebrochen. Es hatte keinen Sinn, weiter zu proben. Am Dienstag darauf war ich krank. Die Woche darauf war Niki krank. Ich musste für ihn den Theaterdienst übernehmen.

Am Montag, einen Tag davor, war ich beim Zahnarzt gewesen. Ich glaubte, dass bei mir ein Zahn gespalten war, und wollte, dass der Arzt den Zahn kontrolliert. Ich hatte, nachdem die Plombe ausgefallen war, noch gegessen. Beim Erdnüsse-Essen, glaubte ich einen Krach im Mund zu hören und dachte, dass sich der Zahn gespaltet hätte. Am Röntgen war es nicht eindeutig, und so beschloss der Zahnarzt, mir den Zahn zu plombieren. Wir hatten einen Termin für den nächsten Tag, Dienstag, vereinbart.

Der nächste Tag war mit Terminen bis an den Rand voll gepackt: 8:30 Uhr bis 11:30 Uhr Quintett-Probe, nachmittags der Termin beim Zahnarzt, danach unterrichten, danach ins Theater fahren, zum Theaterdienst. „Ein voller Tag, wie immer, aber es geht sich aus", dachte ich. „Noch dazu ist die zweite Trompetenstimme nicht so arg wie die erste."

Bei der Quintett-Probe war der Ansatz schlechter als je zuvor. Klar, warum: Ich war in der letzten Zeit viel krank gewesen, die Pausen waren zu lang und ich konnte mich nicht fit halten. Im Laufe der Probe wurde alles besser und zum Schluss war der Ansatz viel besser, aber nicht wirklich gut.

Nach dem Mittagessen fuhr ich mit dem Auto zum Zahnarzt. Die Assistentin machte wie immer ein Röntgen. Danach ging ich zum „begehrten" Patientensitzplatz. Der Zahnarzt bereitete den Zahn auf die Plombe vor. Dann fing er an, die Plombe einzusetzen. Es war schmerzhaft für mich. Plötzlich klafften die zwei Zahnhälften auseinander.

Der Arzt sagte mir: „Hr. Pfister, sie haben Recht gehabt. Wir müssen den Zahn ziehen." Ich sagte zu. Ich hatte keine Wahl.

Der Zahn war aber schwer zu ziehen. Der Zahnarzt bemühte sich sehr, aber der Zahn machte nicht mit. Immer wieder brachen Teile des Zahns ab. Mehrmals rutschte er mit der Zange ab. Der Arzt war keiner, der zu früh aufgibt, aber für mich wurde es immer unangenehmer und schmerzhafter. Ich bemerkte seine steigende Unzufriedenheit und seinen Frust. Grob war er nicht, sondern sehr professionell. Ich bat ihn um eine Spritze, damit ich nicht alles unter Schmerzen miterleben musste.

Er setzte den Drehmeißel ein. Er bohrte zusätzlich. Er probierte es mit verschiedenen Zangen. Er versuchte es mit Hebeln. Der Zahn hatte auf Stur geschalten. Es war nichts zu machen. Nach einer Weile musste ich nochmals um eine Spritze bitten. Er willigte ein. Er erklärte mir, dass er gar keine Wahl hatte. Er musste in den Kiefer hineinschneiden und einen Teil des Kiefers herausnehmen, um den Zahn herauszubekommen. Es war Krieg. Ich sagte zu.

Um an den Knochen des Unterkiefers herankommen zu können, musste er ins Zahnfleisch hineinschneiden. Beim Sägen nahm er eine Art Mini-Trennscheibe zur Hand. Es dauerte nicht lang, bis der Geruch von verbranntem Knochen den kleinen Ordinationsraum füllte.

Nachdem ein Stück des Unterkiefers herausgeschnitten wurde, war der Zahn auch sehr schnell weg. Er musste dann das Zahnfleisch wieder zumachen. Dazu brauchte er fünf Nähte. Die kleine Operation war gelungen. Ich atmete auf.

Ich fragte ihn, ob ich Trompete spielen durfte, weil ich in fünf Stunden Dienst hatte. Er war unsicher, aber antwortete, dass ich selber kontrollieren sollte, wie es mir beim Spielen ginge. Er hatte aber „kein großes Problem" damit.

Ich musste damit rechnen, dass es einige Tagen blutete. Essen und Trinken wie normal, und nicht spülen. Er verschrieb mir ein Antibiotikum und Schmerztabletten. Das Rezept nahm ich sehr gerne an.

Ich fuhr nach Hause, den Geruch von verbrannten Knochen noch in meiner Nase und Blutgeschmack im Mund. Ich bat Madelon darum, dass sie so nett sein soll, für mich alle meine Schüler anzurufen und die Nachmittagsstunden abzusagen. Ich konnte nicht mehr den Abenddienst absagen, dachte aber gleichzeitig, dass die 2. Trompetenstimme sicherlich gehen würde.

Ich legte mich nieder und schlief sofort ein. Drei Stunden später wurde ich ohne Wecker wach. Auf der Matratze neben meinem Kopf war eine Blutlache halb so groß wie mein Kopf. Die Wunde blutete stark nach. Es war spät. Ein Substitut kam nicht mehr in Frage. Gerhard Zwickl war auch eingeteilt. „Er kann 1.Trompete spielen", dachte ich. Madelon rief ihn an, um das zu bestätigen.

Ich zog mich an und fuhr ins Theater. Dort fand ich nicht sofort einen Parkplatz. Erst als einer unmittelbar vor mir wegfuhr. Ich stellte das Auto ab und eilte ins Theater. Das Unterschreiben auf der Torliste war sehr knapp, aber gerade noch rechtzeitig.

Gerhard stand noch nicht auf der Liste. Ich ging in die Kantine, um mich ein bisschen zu verwöhnen und hoffte sehr, dass er bald kommen würde. In meinem Zustand 1. Trompete zu spielen wäre unmöglich gewesen.

Ein Hornist setzte sich zu mir und erzählte, dass er Zwickl gesehen hatte. Das beruhigte mich. „Ja" sagte er. Er sei hereingekommen, hätte gesehen, dass mein Name auf der Liste stehe, hätte sich wieder umgedreht und sei weggegangen. Ein Keyboarder ergänzte: Einer mit Rollkoffer ist beim Haupteingang hinausgegangen (Gerhard hatte einen Rollkoffer), aber es war vielleicht ein anderer, nicht unbedingt der Gerhard.

Ich wollte ihnen nicht glauben und traute ihnen zu, dass sie mit mir ein Spielchen machten, wusste aber nicht mit Sicherheit, dass es so war. Es war aber sowieso zu spät, um irgendetwas zu unternehmen. Allein daran zu denken kam mir in meinem Zustand wie eine anstrengende Arbeit vor. Ich schleppte mich in den Orchestergraben. Dort saß Gerhard am ersten Pult. Ich war überfroh, ihn zu sehen und setzte mich beruhigt zum 2. Pult.

Auch die 2. Stimme war für mich an dem Abend sehr hoch; ich spürte die Nähte ziehen. Es tat weh. Der Arzt hatte gemeint, dass ich an Schmerztabletten nicht sparen sollte. Ich schluckte wieder eine Schmerztablette und spielte vorsichtig weiter. Ich wusste nicht, ob es möglich wäre, die Wunde durchs Spielen wieder aufzureißen und wollte es auf jedem Fall vermeiden.

Es war sehr wichtig, dass Gerhard dort war. Die Unisono-Passagen habe ich ausgelassen. Ich versuchte zu spielen, so gut wie möglich. „Es geht, aber nur, weil der Zahn so weit hinten ist," dachte ich und erinnerte mich dabei an andere Erfahrungen, die viel schwieriger gewesen waren. Ich dachte an andere schmerzhafte Situationen, in denen ich keine Schmerztabletten mitgehabt hatte und schätzte mich glücklich.

Es dauerte nicht lang, bis Gerhard mich ansprach. „Du warst nicht heute beim Zahnarzt, sondern gestern, oder?" „Gestern und heute" antwortete ich. „Heute wurde der Zahn herausgenommen." Er glaubte mir nicht.

Mein Mund schmerzte und ich wollte nicht unbedingt lange darüber diskutieren. Ich holte mein Kalenderbuch heraus und zeigte ihm den gestrigen Termin und den heutigen, der um 13h gewesen war. „60 schmerzhafte Minuten bin ich bei ihm gesessen. Ein Stück des Unterkiefers musste er auch herausschneiden." Gerhard starrte mich nur an.

Ich saß also und spielte leiser als sonst, und schluckte die ganze Zeit Blut; dem Gefühl nach relativ viel, aber wahrscheinlich nur sehr wenig. Der Geschmack war aber eindeutig. Ich ging mit meinem Unterkiefer so um, als wäre er ein Baby in meinen Armen.

Im Laufe der Vorstellung fiel mir ein, dass Freunde an dem Abend die Vorstellung besuchten. Meine Amadeus Brass Kollegen hatten sich entschlossen, geschlossen an der Theatervorstellung teilzunehmen. Ich schaute hinauf, fand sie und winkte ihnen zu. Wir trafen uns auch nach der Vorstellung, aber nur kurz. Ich musste an meine Genesung denken.

Am Montag, 21.05.2005 war ich in der Ordination bei Dr. Fritz Horak, um ihm Posaunenunterricht zu geben. Ich rief vorher an, um zu fragen, ob er so lieb sein und am Anfang der Stunde ein paar Nähte aus meinem Mund entfernen könnte. Er sagte mir: „Kein Problem." Bei der Unterrichtstunde ging er nach der Begrüßung und ein bisschen Small Talk gleich zur Entfernung der Nähte über. Danach folgte der normale Posaunenunterricht, wie jeden Montag um 15:45 Uhr.

## *Spannend bis zum letzten Augenblick*

Ich machte Urlaub und freute mich sehr darüber. Diese kleine Pause brauchte ich dringend. Ich hatte in der letzten Zeit so viel um die Ohren gehabt! Ich genoss die Zeit und beschäftigte mich mit kleinen Projekten und Erledigungen. Einmal musste ich etwas heben und machte dabei eine falsche Bewegung. Plötzlich spürte ich etwas im Nackenbereich. Ich hatte einen Nerv eingezwickt. Es folgten fünf Tage Schonung: Einschmieren, Halskrause tragen und Rehabilitationsübungen machen. Am Sonntag, nach einigen Tagen also, war ich im Theater eingeteilt und musste unbedingt spielen, weil die anderen 1.Trompeter andere Verpflichtungen außerhalb von Wien hatten.

Am Freitag, zwei Tage vor dem großen Auftritt, übte ich zum ersten Mal seit Beginn des Urlaubs. Es klang absolut hässlich, aber es war notwendig, wieder einzusteigen. Am Samstag reservierte ich den ganzen Tag fürs Training auf der Trompete. Ich spielte und trainierte und übte den ganzen Tag, mit vielen Pausen dazwischen. Allmählich klang es besser. Ich dachte: „Es wird knapp sein, aber wenn alles so weiter geht, schaffe es am Sonntag gerade noch.“

Um den Ansatz zu schonen, ließ ich beim Gottesdienst die Trompete im Autokofferraum und nahm sie gar nicht in den Gottesdienst mit hinein. Die Vorstellung war am Nachmittag, also Beginn um 15 Uhr.

Ich hatte nach dem Gottesdienst ein bisschen Zeit, um mit den anderen zu reden. Das tue ich gern. Ich hatte viele kleine Freunde in der Baptistengemeinde, die nach dem Gottesdienst zu mir kamen und die Trompete ausprobieren wollten, oder Fragen stellten oder mir etwas zeigen wollten, oder auch etwas spielen wollten. Heute war das Wetter besonders schön, und so gingen wir hinaus in die frische Luft.

Im Hof machten die Kinder dies und das. Ein zweijähriges Mädchen wollte, dass ich mit ihr Fangen spiele. Ich dachte: „So lang ich gut aufpasse, kann nichts passieren“, und erklärte auch dem Mädchen, dass ich nicht zu schnell laufen könne, weil ich am Nachmittag einen wichtigen Auftritt hatte. Ihr war das alles egal. Es wollte nur, dass ich mit ihm spiele. Das tat ich auch.  Es ist mir nicht schwer gefallen, den kleinen Zwerg zu erwischen. Die zweijährige versuchte alles Mögliche, alle Tricks die sie auf Lager hatte. Es nützte alles nichts. Schon wieder hatte ich sie erwischt.

Als ich dieses kleine, einfallsreiche Mädchens wieder einmal erwischt hatte, hob ich es in die Höhe. Die zwanzig Kilo, die es wog, gingen fast von selber hinauf.

Schon wieder erwischt worden zu sein hatte, so glaube ich, eine doppelte Bedeutung. Erstens, war es eben erwischt, also Misserfolg. Zweitens, meine gesamte Aufmerksamkeit war auf das Mädchen gerichtet, um es erwischen zu können, und natürlich so kunstvoll wie nur möglich, um ein bisschen Überraschungseffekt hinein zu bringen. Diese hundert- prozentige Aufmerksamkeit ist der Traum sehr vieler zweijähriger Mädchen. Gemeinsam mit dem schon erwähnten Misserfolg war das „Erwischtwerden von einem Erwachsenen", der noch dazu große Freude daran hatte, ein großer Sieg. Nachdem ich es von hinten mit meinen zwei Riesenhänden gepackt hatte, hob ich es auf, um absolut klar zu machen, welcher von uns zwei der tatsächliche Sieger war.

Dieser Sieg, der auch zugleich ein Misserfolg war, löste bei dem Mädchen einen Freudenschrei aus, der zugleich ein Klageschrei war. Um das alles bildhaft zu machen, machte sein kleiner Körper mit. Es schlug mit dem kleinen Puppenkopf nach hinten wie eine Peitsche und erwischte dabei meine untere Lippe.

Ich dachte mir: „Jetzt ist es aus"! Die Lippe schwoll an. Die Unterlippe blutete ein bisschen und schmerzte. Dem Mädchen war nicht klar, was los war. Es wusste nichts von der Verletzung. Ich erklärte ihm also, dass ich eine Pause machen musste und lief ins Herrenklosett zum Waschtisch. Dort blieb ich einige Minuten und behandelte die Lippe mit kaltem Wasser. In einem Augenblick war die anstrengende Arbeit von mehreren Tagen zunichte gemacht, und das von einem nichts ahnenden zweijährigen Mädchen.

Wir sind aber nach wie vor beste Freunde, und die Vorstellung habe ich so gut wie möglich gespielt. Dabei habe ich hin und wieder „Versteck“ gespielt, um nicht aufzufallen.

***Es muss nicht leicht sein, es muss nur möglich sein.***

Ich war mit einer starken Grippe seit einigen Tagen im Bett gelegen und war sehr geschwächt. Heute war der Tag, an dem ich um 14:00 Uhr aufstand und mit Madelon an meiner Seite ein bisschen an die frische Luft gehen wollte. Ich wusste, dass es für mich sehr wichtig war.

Wir gingen ungefähr hundert Meter gemeinsam spazieren. Ich bewegte mich wie ein Hundertjähriger, aber es machte mir nichts aus. Der Spaziergang war wichtig und ich wusste es. Das Ganze dauerte ungefähr zwanzig Minuten. Sie kamen mir wie drei Stunden vor. Ich war froh, wieder ins Haus zu kommen und fiel wieder total erschöpft ins Bett.

Um 18:00 Uhr klingelte das Telefon. Madelon ging ans Telefon. Es war der Orchestersekretär, ein gewisser Herr M. Er wollte mit mir reden. Ich sagte Madelon, dass sie es mir ausrichten solle. Ich war zu schwach, um ans Telefon zu gehen. Er meinte, dass ich den Abenddienst in eineinhalb Stunden spielen muss. Da ging ich doch ans Telefon. „Ich kann nicht.“

„Sie müssen“, sagte er.

„Ich bin zu schwach“, sagte ich.

„Sie müssen, trotzdem“, sagte er.
„Sie verstehen nicht, ich bin krankgemeldet, ich liege im Bett.“

Er antwortete: „Heute gilt die Ausnahme. Die Vorstellung ist gefährdet. Sie müssen spielen.“

Ich sagte: „Ich weiß nicht einmal, ob ich es schaffe.“ „Sie müssen es schaffen“, antwortete er.

„Wie soll ich nach Wien kommen? Ich weiß nicht ob ich fahren kann.“

„Sie müssen“, antwortete er. Nichts was ich sagte beeinflusste im Geringsten seine Einstellung.

„Nur wenn meine Frau im Orchestergraben neben mir sitzt, falls ich sie brauche…“

“Geht in Ordnung“, antwortete er.

Madelon fuhr und ich schlief neben ihr im Auto. Ich versuchte mir vorzustellen, wie ich den Abend überstehen könnte. Ich betete und versuchte Vertrauen zu schöpfen.
Ich wusste, dass es ums Überleben ging.

Ich spielte die 1. Trompetenstimme beim Musical „Elisabeth“, keine leichte Kost. Ich spielte manches eine Oktave tiefer. Ich musste Anfang des 2. Aktes auf die Bühne und ein schwieriges Solo auf der Piccolotrompete spielen. Das schien mir unmöglich zu sein, aber ich hatte keine Wahl. Alleine die Wendeltreppe hinauf auf die Bühne war für mich eine ungeheure Anstrengung.

Es ging alles irgendwie. Madelon sagte mir, dass alles ganz gut geklungen hatte. Ich war froh. Am Ende der Vorstellung begleitete mich meine Frau zum Auto, wo ich auf dem Mitfahrersitz sofort einschlief. Als wir wieder zu Hause waren, weckte mich Madelon, damit ich ins Haus hineingehen konnte. Wieder im Schlafzimmer, stieg ich ins Bett. Dort blieb ich eine ganze Woche, mit wenigen Ausnahmen.

Als ich später Bekannten davon erzählte, sagten mir einige, dass so etwas aufs Herz gehen kann und eine Herzmuskelschwäche verursachen kann. Tatsache war, in meinem Zustand wollte ich nur das machen, was richtig war. Ich wollte mich schonen, weil es auch verantwortlich ist und vom Gesetz her gestattet wird, aber auch meine Pflicht dem Arbeitsgeber gegenüber in einer Notsituation, die es angeblich auch gab. Ich war nicht in der Lage, in Bezug auf die kurze Zeit und meinen Zustand das Thema ausführlich aufzurollen und von allen Seiten und Richtungen zu betrachten. Ich war nur überglücklich, dass es vorbei war, und bis jetzt bereue ich es auch nicht, dass ich gespielt habe.

Es war ein Sieg in mancher Hinsicht, aber ganz sicher eine der schwierigsten Vorstellungen meines Lebens. Vielleicht hätten sie wirklich zusperren müssen ohne 1. Trompete, oder vielleicht „nur" meine Stimme unter den anderen Blechbläsern aufteilen. Auf jeden Fall hat die Geschichte ein Happy End. Ich habe es überlebt.

### *Super Solo*

Nach einen wunderbaren Solo mit allen Höhen und Tiefen meldet sich einer aus dem Zuschauerraum: „Das war so schön. Mein Leben wird nie wieder dasselbe sein." Der erfolgreiche Trompeter betastet seine müde Lippen und erwidert: „ Mein Leben auch nicht!"

### *Aushilfe bei Freunden*

Eines Sonntages hatte ich den Predigtdienst in der Baptistengemeinde Wien-West, wo wir Mitglieder waren. Unmittelbar nach dem Gottesdienst fuhren wir los, Richtung Matzen in Niederösterreich. Ein Kollege und guter Freund, Albert Steinhauser, hatte mich gebeten, wieder einmal beim Konzert des Musikvereins Matzen auszuhelfen. Diesmal ging es um das Frühlingskonzert, und ich sagte gerne zu. Wir mussten sofort nach dem Gottesdienst losfahren, damit ich auch bei der Probe dabei sein konnte, um die Noten ein bisschen kennen zu lernen.

Die Probe ging gut, das Konzert auch wunderbar. Anschließend trafen sich alle MusikantInnen im Gasthaus, nicht weit vom „Optimum" Konzertsaal entfernt. Das Essen war hervorragend und das Tischgespräch sehr unterhaltsam. Ich war sehr froh, dass alles so wunderbar ablief an diesem Tag, an dem ich so viel Verantwortung zu tragen hatte.

Als Madelon und ich uns verabschiedet hatten und in Richtung Parkplatz zum Auto hin gingen, nahm ich plötzlich Madelon mit einem kräftigen Schwung in die

Arme. Ihre Füße waren nicht mehr auf dem Boden, sondern in meinem linken Arm. Wir waren ein paar Wochen vorher in der Türkei gewesen, um unsere silberne Hochzeit zu feiern, und nach so einem schönen Tag, war ich wieder in silbernem Hochzeitsfieber.

Ich trug sie über die Straße und sprang eine Stufe hinauf auf eine kleine Trennmauer zwischen der Straße und dem Parkplatz. Ich hatte Madelon immer noch in meinen Armen, als ich auf der anderen Seite - die Trennmauer war etwa eineinhalb Meter breit - wieder hinuntersprang.

Es war inzwischen finster geworden, aber es gab wenig Verkehr, fast überhaupt keinen Verkehr. Ich erwartete keine Probleme und genoss den Augenblick.

Weil ich Madelon vor mir hatte, sah ich nicht alles, was auf mich zukommen würde. Ich hatte die gleiche Stufe erwartet, die es auf der Straßenseite gab. Statt 25 cm hatte diese Stufe ca. 75 cm, und das bemerkte ich leider erst sehr spät.

Als ich auf den Boden sprang und der Boden nicht dort war, wo ich ihn erwartet hatte, dachte ich nur mehr an Madelon. „Es darf Madelon nichts passieren." Ich hielte sie trotz großer Unsicherheit so fest ich konnte, als wir zwei zu Boden stürzten. Als ich den Boden unter meinen Füssen spürte, war ich völlig aus dem Gleichgewicht gekommen. Ich hatte Madelon nach wie vor in meinen Armen und versuchte sie so leicht wie möglich landen zu lassen. Es gelang mir auch. Sie hatte überhaupt keine Schmerzen. Ihr Kleid war nicht einmal schmutzig.

Ich fragte sofort, ob es ihr gut ging. Sie antwortete „Ja“ und fragte mich, ob es mir auch gut ginge. Ich sagte auch „Ja“ und versuchte aufzustehen. Das gelang mir aber nicht. Mit Madelon in meinen Armen war ich im Indianersitz zu Boden gegangen. Ich hatte meine Rippen auf der rechten Seite und das rechte Knie verletzt. Das linke Fußgelenk aber war das, was am meisten wehtat. Ich versuchte immer wieder zu gehen, konnte aber nicht. Ich hinkte herum wie ein verletztes Tier.

Ich konnte nicht klar denken. Ich hoffte, dass ich die Uniform nicht schmutzig gemacht hatte. Ich verstand nicht, was mit meinem Fuß los war. Ich dachte ans Auto und fragte Madelon: “Wie soll ich fahren? Ich kann nicht.“ Mitten in dieser Verwirrung kamen ein paar Kollegen vom Gasthaus herüber und wollten sich verabschieden. Es war alles so schnell passiert, dass sie nichts mitbekommen hatten.

Im diesem Augenblick war es mir peinlich, in so einer Lage zu sein, und ich war nicht einmal sicher, ob wir zum Arzt fahren sollten. Vielleicht war es nur eine Kleinigkeit, und alles wäre in Ordnung, wenn wir zu Hause angekommen wären. Während Madelon mit den anderen redete, wurde alles klar und wir wussten, dass ich ziemlich verletzt war, und dass ich mich untersuchen lassen musste. Ich schlug das Meidlinger Unfallkrankenhaus vor, weil wir es kannten und weil es nicht so extrem weit weg von uns liegt. Wir fuhren los.

Madelon brachte mich gut dorthin. Ich stieg aus und verwendete meine Trompetenkoffer als Krücke. Langsam aber sicher bewegte ich mich Richtung Haupteingang. Die

Untersuchung erfolgte in mehreren Etappen und in verschiedenen Abteilungen. Um 20:20 Uhr hatte ich mich verletzt, aber um 2:20 Uhr in der Früh war ich erst wieder zu Hause. Ich hatte einen Liegegips am linken Fuß und ein paar Krücken. Die Rippenprellungen machten aus dem Gehen mit Krücken einen richtigen Albtraum. Nach der Woche mit Liegegips ging ich noch fünf Wochen mit einer Schiene am linken Fuß. Ein Jahr später war einiges mit dem linken Fuß immer noch nicht „wie neu", aber der Fuß behindert mich nicht wirklich, weder in der Arbeit noch in der Freizeit. Es schaut nur ein wenig komisch aus, wenn ich schnell laufe. Das mache ich aber immer weniger, sowieso. Seither heißt die Stelle beim Parkplatz in Matzen „Lovers' Leap." Dort habe ich gelernt, dass die Liebe blind ist.

## *Der Pfister-Gesundheitstest*

Manchmal wusste ich nicht mit Sicherheit, welches Problem ich hatte, obwohl es mir ganz klar war, dass ich ein Problem hatte. Ich hatte viel gearbeitet, vielleicht auch fast rund um die Uhr. Es hat sich nur so ergeben. Es geht auch vorbei. Aber jetzt war es mir auf jeden Fall klar, dass ich geschwächt war, nur- war ich krank? Vielleicht war ich nur extrem müde, oder vielleicht nur hungrig.

Probleme zu lösen, die mehrere Unbekannte aufweisen, ist immer doppelt schwer, und doch muss ich zugeben: Ich habe dieses Problem mehrmals gehabt. Das Schlimmste an der Sache ist, dass man in dem Zustand nicht einmal in der Lage ist, ein einfaches Problem zu lösen. Eines schönen Tages suchte ich Hilfe für meine Lage und fand sie auch.

Die Hilfe kam in Form einer Formel, die eigentlich eine Reihenfolge von Schritten ist. Die Schritte heißen: Schlafen, Essen, Schauen.

Wenn ich nicht weiß, ob ich krank, müde oder hungrig bin, gehe ich als erstes schlafen. Nach dem Schlafen, weiß ich, dass ich nicht mehr müde bin. Nach dem Schlafen habe ich normalerweise auch Hunger. Also, bin ich ausgeschlafen, ist eine normale Mahlzeit daran. Danach schaue ich mich an: Fühle ich mich wieder wohl, ist das Problem meistens gelöst. Schlafen und Essen waren die Heilmittel. Kann ich nach dem Schlafen nicht essen, oder nicht einmal aufstehen, um essen zu können, bin ich krank.

Das ist nicht unwichtig, denn eine Krankheit, die übergangen wird, kann zu einem großen Problem werden.

Eine kleine Mischung aus Intelligenz, Erfahrung und Verantwortungsbewusstsein scheint also die Antwort zu sein. Manchmal ist man sehr unverantwortlich, wenn es um die eigene Gesundheit geht. Doch ist sie nicht eines der wichtigsten Elemente unseres Lebens? Also ist es besser, im Klaren zu sein. Es wäre schön, wenn alle Probleme so leicht zu lösen wären!

Doktor Friedrich Horak, HNO Arzt, lernt jetzt seit vier Jahren bei mir Posaune. Er engagierte mich als Musiker für die Pensionsfeier seines Vorgesetzten. Ich konnte Verschiedenes anbieten, und wir entschieden uns für eine Besetzung namens „Vienna Dixie Cats“, eine Gruppe sehr guter Kommerzmusiker unter der Leitung von Rens Newland.

Am 20.11. war das Fest und alles lief „wie am Schnürl". Ich freute mich, dass Fritz und die Gäste mit unserer Musik zufrieden waren. Anschließend trug ich wie immer den Termin auf meine Liste der noch nicht bezahlten Dienstleistungen ein. Fritz hatte mir schon gesagt, dass die Bezahlung vom Spital aus geleistet werden wird.

Anfang Jänner, sah ich, dass diese Rechnung immer noch offen war und sprach das Thema bei einer Unterrichtsstunde vorsichtig an. Fritz versprach mir, dass er sich erkundigen würde.

Es stellte sich heraus, dass alles in Ordnung war. Die Bürokratie des Spitals „dauert halt noch ein bisschen."
Kurz danach bekam ich das Geld auf mein Konto überwiesen. Zusätzlich bekam ich eine Kopie des „Finanzierungsplans für Bedienstete" von Fritz überreicht, aus dem klar hervorging, dass ich am 11.12.2006 zehn Stunden lang als freier Dienstnehmer bei der Universitätsklinik für Hals, Nasen und Ohrenkrankheiten in Wien in einem befristeten Dienstverhältnis unter Vertrag gestanden war. Am selben Tag war ich dann auch gekündigt worden. Ich war als männlicher Österreicher und als nicht wissenschaftlicher Projektmitarbeiter bezeichnet und es war meine erste Anstellung an der Universität Wien.

Irgendwie fühlte ich mich sehr geehrt, und dachte nicht mehr so ungeduldig über die Zeit nach, in der ich auf das Überweisen des Honorars wartete.

Wenn man diese extreme Genauigkeit, die vorsichtige Kategorisierung und die immense Detailarbeit vor Augen hält, war man mit der Überweisung recht flott.

# TOURNEEN UND BESONDERE AUFTRITTE

## *Kunst, Kumpel, Charakterlosigkeit*

Kurz nach meiner Ankunft in Wien durfte ich an einer Tournee teilnehmen, die von einem gewissen Herrn Schmidke organisiert wurde. Andere Musikstudenten hatten mich darüber informiert und als ich mich erkundigte, wurde ich sofort engagiert. Wir spielten ein Monat lang „Cosi Fan Tutte“ von Wolfgang Amadeus Mozart im Deutschen Sprachraum und in Holland. Es war für mich in mancherlei Hinsicht ein fantastisches Erlebnis: Ich war erst ein paar Monate vorher in Wien angekommen. Ich hatte gerade Weihnachtsferien, der Zeitpunkt passte also haargenau. Ich war konfrontiert mit der Wiener Musikszene: Menschen, Musik und Lebensstil; und ich traf einen Trompeter dabei, der für mein ganzes Berufsleben ausschlaggebend war.

Mattias Idinger, geboren etwa 1925, war 1.Trompeter der Wiener Volksoper. Auf dieser Tournee spielte er die 1. Trompetenstimme, und zwar auf einer C- Trompete der Marke Ganter. Zusätzlich war er der Reiseleiter. Ich durfte neben ihm sitzen und 2. Trompete spielen und zwar auf einer C- Trompete der Marke Ganter. Das ist kein Scherz! Ein Trompeter der Wiener Philharmoniker hatte keine Verwendung mehr für das Instrument und hatte es einem anderen Trompetenschüler, einem Studienkollegen, angeboten. Dieser wollte sie aber nicht, also fragte er mich, ob ich Interesse hätte. Ich sagte „Ja“, und kaufte meine erste Konzerttrompete in C um 5.000 Österreichische Schilling kurz vor der Schmidke- Tournee.

Nun, als Herr Idinger sah, dass ich die gleiche Trompete spielte wie er, war er mit mir sehr zufrieden. Sofort waren wir Kumpel. Ich konnte noch sehr wenig Deutsch und so gesehen war es wichtig wie fast nie in meinem Leben einen solchen Kumpel zu haben.

Herr Mattias Idinger ist der eigentliche Grund, warum ich in Wien blieb. Er stand kurz vor seiner Pensionierung und war ein Meister der Wiener Trompetenschule. Als ich hörte, wie er Trompete spielte, wusste ich, warum ich nach Wien gekommen war. Es war für mich atemberaubend zu hören, wie er mit der Trompete umging, so mühelos, so perfekt, so logisch. Es machte mich neugierig und motivierte mich.

Sein Trompetenspiel war für mich wie eine Fremdsprache, die ich lernen wollte. Ich beobachtete ihn so oft wie möglich in allem was er tat. Sprachlich konnte ich nicht viel verstehen, aber Kollegen halfen mit und es gab nur selten Pannen. Ich versuchte so zu spielen und so zu artikulieren wie er, so zu atmen wie er, das Instrument so zu halten wie er. Ich versuchte seinen Zungenstoß nachzumachen, aber es war nicht möglich. Ich hatte meine Zunge ganz anders trainiert als er, und das jahrelang. Ich machte seine Dynamik nach und bekam einen ganz anderen Sinn für die Musik. Sein Klang war wie Kristall mit einem riesigen Kern.

Trompete spielen schien ihm nicht wesentlich mehr Arbeit zu sein als atmen. Die Trompete war für ihn kein Hindernis oder Gegner, sondern ganz im Gegenteil ein Freund und die Brücke zur echten Kunst.

Er wickelte seine Trompete in ein ganz normales Badetuch ein und trug sie in einer Aktentasche mit sich. So blieb sie sein Geheimnis, wenn er durch die Straßen ging.

Später erklärte mir jemand anderer - vielleicht war es Manfred Stoppacher - dass Musiker in Wien ihre Instrumente früher oft geheim hielten. Der Musikerberuf war bei vielen Menschen kein angesehener Beruf. Sogar Manfred selbst hatte, wie sein Bruder auch, Schuster lernen müssen, sein Vater war Schuster, damit er einen angesehenen Beruf hätte. Inzwischen hat er sich einen Ruf als Trompetensolist und Bandleader im ganzen deutschen Sprachraum erarbeitet.

Sogar Johann Strauss hatte gegen den Willen seines Vaters im Geheimen Violinunterricht genommen. Als sein Vater davon erfuhr, nahm er ihm seine Geige weg.

So hat jeder seine Geschichte. Bei mir war es wichtig, dass Mr. Pat McGuffey mich nach Wien zu Herrn Helmut Wobisch geschickt hatte, damit ich Herrn Mattias Idinger kennen lernen konnte.

In Wien lernte ich auch Mr. Dan Morgan aus Australien kennen, einen Bratschisten im Wiener Raimund-Theater. Dieser stellte mich seinem Chef vor, Herrn Herbert Moog, der mir dann im Jahr 1981 einen fixen Vertrag im Raimund-Theater anbot. Dan war es auch, der, zusammen mit einer Bekannten, Jill La Forte, mir Madelon aus Tacoma, Washington, vorstellte - meine Frau.

Ein Jahr nach der ersten erfuhr ich, dass es wieder eine Schmidke-Tournee gab. Da ich wieder Interesse hatte, meldete ich mich und unterschrieb als Trompeter. Mattias Idinger war nicht mehr dabei, aber die erste Tournee hatte mir so viel bedeutet, dass ich mich sehr auf die zweite freute. Wochen später, als ich anrief, um mich wegen unserer Abfahrt zu erkundigen, klang der neue Organisator sehr überrascht und ahnungslos. Er wusste nicht, wer ich war. Dabei hatte ich auf der Liste unterschrieben, genau wie im Jahr davor.

Er versicherte mir, dass mein Name nicht auf der Liste stehe. Es gäbe auch keinen Bedarf mehr an Trompetern, sagte er dazu. Die Trompeten seien schon besetzt.

Das schien mir unmöglich zu sein. Also fragte ich, ob ich vorbeischauen dürfte. Er gestattete meinen Besuch. Als ich dort ankam und die Liste anschaute, sah ich, dass ein anderer Trompeter meinen Namen durchgestrichen und stattdessen seinen Namen hingeschrieben hatte. Die Trompeten waren besetzt und es gab keine Möglichkeit einer Änderung. Also- ich war nicht dabei. Ich hatte nie die Gelegenheit, mit ihm darüber zu sprechen. Für solche Diskussionen waren meine Deutschkenntnisse sowieso viel zu schwach.

Ich akzeptierte es. Auch „nein" ist eine Antwort. Auch eine geschlossene Tür kann auf den richtigen Weg hinweisen. Eine zweite Schmidke-Tournee hätte nie im Leben die

Bedeutung der ersten gehabt. Der Zweck war erfüllt. Ich fand die Aktion gemein, konnte mich aber damit abfinden. Ich versuchte mir den Namen des Trompeters zu merken. Tatsächlich half mir das bei späteren Gelegenheiten, bei denen ich für denjenigen im Studio spielte, zu erkennen, was für ein Mensch er war. Er bestätigte seine Art auch durch weitere ähnliche Aktionen, die noch folgten. Er hieß Roland.

## *Aus meiner eigenen Hochzeit ausgesperrt*

Da unsere Familien fehlten, feierten Madelon und ich unsere Hochzeit im Kreise vieler guter Freunde. Freunde aus der Amerikanischen International Chappel kamen, viele österreichische Freunde und auch einige Freunde aus anderen Ländern, die in Wien wohnten.

Freundschaft stand also im Mittelpunkt. Nicht nur, weil viele Freunde dabei waren, sondern auch weil unsere Eltern und Geschwister nicht anwesend waren. Das wäre unseren Familien zu teuer gekommen und wäre auch unpraktisch gewesen. Stattdessen vereinbarten wir mit unseren Familien in Amerika einen Sommerurlaub für einige Monate später, damit wir Madelon's Familie im Bundesstaat Washington und danach meine Familie in Colorado besuchen konnten. Bei beiden Besuchen stand unsere Hochzeit im Mittelpunkt, nach dem Motto: „Aller gute Dinge sind drei."

Beim Hochzeitsgottesdienst in Wien agierte Elisabeth Peduzzi als meine Mutter. Als Vater von Madelon agierte

Rick Herrlin, ein Vorgesetzter von Madelon in ihrer Arbeit als Missionarin.

Elisabeth Peduzzi war die einzige außer Gott selber, die schon von Anfang an gewusst hatte, dass Madelon und ich für einander bestimmt waren. Sie gab auch keine Ruhe.

Ich erinnere mich an ein Vieraugengespräch mit ihr, bei dem ich Elisabeth klar zu machen versuchte, dass es nicht ihre Überzeugung war, die für meiner Hochzeit ausschlaggebend war, sondern meine und unsere. Überzeugungen dieser Art können langsam oder schnell geformt werden, aber sie müssen bei den Betroffenen Tiefgang haben, sonst halten sie nicht viel aus. Ich wollte sie beruhigen und versicherte ihr, dass ich ernsthaft an Madelon interessiert war, und dass Gott auf jeden Fall alles wusste, was zwischen Madelon und mir passieren sollte. Sie antwortete: „Und ich auch!"

Elisabeth Peduzzi war vor Jahren in den USA im Bundesstaat Mississippi zum christlichen Glauben bekehrt worden und hatte seither eine sehr positive und starke Beziehung zu Amerikanern. Als ich sie kennen lernte, war sie um die sechzig Jahre alt und Mitglied der International Chappel, einer Englischsprachigen Baptistengemeinde in Wien. Dort lernten wir einander kennen. Es dauerte nicht lang, bis wir regelmäßig tiefe Gespräche miteinander führten, einander praktische Ratschläge gaben und einander auf verschiedenste Art und Weise halfen. Sie war etwa dreißig Jahre älter als ich, und so entstand ohne jeglichen Zwang eine Beziehung, die einer Mutter-Sohn Beziehung sehr ähnlich war. Es gab nie Zweifel daran, dass sie als meine Ersatzmutti bei unserer Hochzeit die richtige

Person war. Ich bin auch überzeugt davon, dass Gott es so wollte.

Viele Jahre später baten mich ihre leiblichen Söhne, beim Begräbnis ihrer Mutter eine Rede zu halten und bei ihrem Grab ein Trompetensolo zum Abschied zu spielen. Beides tat ich sehr gern.

Elisabeth war also meine Ersatzmutter und saß ganz vorne auf dem Platz, der für sie reserviert war. Ganz am Anfang, noch vor Beginn des Hochzeitsgottesdienstes stand ich oben neben der Orgel, zusammen mit meinen Musikerkumpeln, und wir spielten zum Auftakt „Canzona Personare Nr. 4“ von Gabrieli. Danach machte ich etwas, was selten vorkommt. Ich übergab meine Trompete dem 2.Trompeter. Und warum? Ich musste zu meiner Braut! Ich lief die Treppe hinunter und durch die Tür - und sah keinen Gottesdienstraum, sondern einen Hof. Die Tür knallte hinter mir zu. Sie ging auch nicht mehr auf. Ich war ausgesperrt! Ich klopfte vorsichtig an Fenstern und Türen; vielleicht zu vorsichtig, denn keiner kam mir zur Hilfe. Ich wollte irgendjemanden darauf aufmerksam machen, dass der Bräutigam im Hof eingesperrt war, aber es nützte alles nichts. Tom, der Organist, normalerweise ein guter Freund von mir, spielte einfach weiter und deckte mit seinem Können auf der Orgel mein Klopfen zu.

Mein Puls stieg bis in die Wolken, zum Teil weil ich gelaufen war, aber nicht nur deswegen. Ich musste einen Plan B überlegen. Ich blickte um mich und sah, dass der Hof zur Straße hin offen war. Das war die Lösung! Ich lief auf die Straße hinaus und beim Haupteingang der Kirche wieder hinein. Die Männer, die den Begrüßungsdienst machten, waren sehr überrascht, mich auf der Straße zu sehen. Sie wussten, dass die Hochzeit schon im Gange war. Ich weiß nicht mehr, was ich ihnen gesagt habe, aber sie ließen mich selbstverständlich wieder ein. Ich ging einfach nach vorne, nahm meinen Platz rechts vor dem Altar ein und wartete auf Madelon.

Sie war gerade in Probleme anderer Art verwickelt.
Ihr Chauffeur, der auch Vorgesetzter und Vaterersatz war, hatte sich im ersten Wiener Bezirk verfahren. Dadurch ergab sich eine Verspätung, die für Madelon der perfekte Albtraum war. Das Schlimmste, was ihr in diesem Leben passieren konnte, war genau das: Zu spät zur eigenen Hochzeit zu kommen. Ihr Vaterersatz tat sein Bestes, blieb notgedrungen am Ende der Einbahnstraße stehen, in der sich die Kirche befindet und schrie: „Steig aus und lauf!“ Genau das tat sie auch. Auf einer Strasse mit Pflastersteinen kann laufen tödlich sein und so musste sie wie mit Adleraugen aufpassen, als sie so schnell wie möglich, mit Tränen in den Augen, im Hochzeitskleid durch die Straße lief. Sie wusste natürlich nichts von meinem Hofaufenthalt.

Freundinnen empfingen sie bei der Tür und beruhigten sie. Als Rick Herrlin ihre Hand nahm und sie durch den Mittelgang der Kirche nach vorne zu mir brachte, war sie äußerlich wieder ruhig und wie immer wunderschön. Ich ahnte gar nichts von dem, was sie gerade durchgemacht hatte.

Die Hochzeit war für uns beide ein wunderschönes Erlebnis. Ernsthaftigkeit und Humor sind nach wie vor tragende Säulen unseres gemeinsamen Lebens.

### *Liedertext aus: „Because you're the one"* [19]

You're the one that I care about.
You're the one and there is no doubt.
Your smile can brighten up my skies.
Nothing's as sad as a teardrop in your eyes.
You're the one that's a dream to see
And I've been dreaming a lot.
You should know what you mean to me
And you mean the world
Because you're the one.

### *Genug gequält?*

Auf „Elisabeth" Tournee, 2007 in Osaka, Japan, sang die zweite oder dritte Besetzung die Hauptrolle. Kurz vor dem Sterben sang sie den Text: „Bin ich nicht genug gequält?" Dabei hatte sie extrem viel Vibrato, worauf ein Musiker im Orchestergraben laut dachte: „Wir auch!"

### *Tommy in der Pause*

Gerhard informierte mich in der gleichen Vorstellung in der Pause, dass die Rock- Oper „Tommy" im gleichen Gebäude auf einer anderen Bühne gespielt wird, und zwar gleichzeitig. Ich staunte, weil ich es nicht gewusst hatte und dann sang ich ihm die Hauptmelodie des Stückes vor, die ich seit 30 Jahre kannte und auch eine zweite Melodie, „Pinball Wizard", von der ich vermutete, dass sie auch aus der gleichen Rock- Oper sei. Dann ging ich Richtung Orchestergraben. Ich wollte mich vor dem 2. Akt ein bisschen einspielen. Allmählich hörte ich das andere Orchester relativ gut und staunte zugleich. Ich konnte meinen eigenen Ohren fast nicht trauen. Sie spielten gerade „Pinball Wizard"! Ich lief zurück und Gerhard und ich kontrollierten, ob es tatsächlich das Stück war, und es war wirklich das Stück. Unwahrscheinlich!

Also, dass ein Musiker einen guten Draht für den richtigen Zeitpunkt haben muss, das wissen wir alle. Dass das aber so weit gehen könnte, hätte ich mir nie gedacht. Ich beschloss, ab sofort sehr vorsichtig mit meinen Worten umzugehen, damit keine Katastrophen wegen meiner Aussagen passierten.

### *Die Schweigeminute*

Wolfgang Jelenik, Dirigent des klassischen Opernball-Orchesters, starb am Samstag, 29.03.04. Er war an Leukämie erkrankt. Sein Orchester war zu der Zeit in Japan auf Tournee, dirigiert in seiner Abwesenheit vom Herrn Uwe Theimer. Ich war auch dabei. Als wir über seinen Tod informiert wurden, standen wir außerhalb des Hotels Westin Tokio vor dem Haupteingang. Es war kurz vor Abfahrt des Autobusses, der uns gebracht hatte. Frau Jelenik, jetzt Witwe geworden, war dabei. Wir hielten gemeinsam eine Schweigeminute unterhalb des Dachvorsprunges über dem Eingang. Alle Köpfe waren nach unten geneigt. Der übergroße Autobus, hinter dem wir standen, startete seinen Motor und ließ ihn etwa eine halbe Minute laufen, bevor er langsam wegfuhr. Alle Musiker blieben stehen. Kein einziger ging weg. Die Autobusabgase füllten die Luft um uns herum. Der Fahrer wusste nichts von unserem Vorhaben. Einige Sekunden später war die Schweigeminute um und die Musiker waren wieder frei zum Weggehen. Die Gruppe ging schnell auseinander. Einige husteten und schnappten nach frischer Luft. „Komisch“, dachte ich mir, „doch so passend zum Anlass.“

## *Die Batterie war leer*

Nach einer Woche in den USA flog ich nach Wien zurück, um wieder zum normalen Alltag zurückzukehren. Aber diesmal schaute es anders aus. Ich musste zwei Kompositionen fertig schreiben und um 10h zum Flughafen fahren, wo wir um 11h Treffpunkt für den Flug nach Tokio hatten. Meine Kräfte waren aber verbraucht. Ich war trotz meiner Verpflichtungen viel zu müde zum Arbeiten, darum schlief ich von 4h bis 7h. Ich hatte einem Trompeterkollegen, Bumi Fian, die zwei Kompositionen versprochen. Also zwang ich mich selber auf die Beine. Ich musste aufstehen und arbeiten. Sonst wäre es unmöglich gewesen, mit den zwei Kompositionen rechtzeitig fertig zu werden. Auch so war es für mich beinahe unmöglich.

Trotz Halsweh, einem Überbleibsel des Fluges nach Wien, arbeitete ich an „La Vita Milanese“ und „Due Cappucini“, zwei Stücke, die mir in Mailand auf Tournee eingefallen waren. Auf dem Esszimmertisch konnte ich sehr effizient arbeiten und hatte, so dachte ich, die besten Chancen, rechtzeitig fertig zu werden.

Doch als ich kurz auf die Uhr schaute, überwältigte mich ein totaler Schock. Sie zeigte 12:10 Uhr. „Nein, das darf nicht wahr sein! O nein, bitte nicht!" Ich lief ins Büro, um die angegebene Zeit mit meiner Funkuhr zu vergleichen. Auf der Funkuhr stand 9:40 Uhr. Ich atmete erleichtert auf, war aber ganz verwirrt, immer noch zum Teil in einer anderen Zeitzone. Welche Uhr hatte Recht?

Es stellte sich, Gott sei Dank, heraus, dass die Uhr in meinem Büro Recht hatte. Die andere war nur stehen geblieben, weil die Batterie leer war. Durch den Schock war auch ich stehen geblieben. Meine Batterie war auch fast leer.

### *Papa Bileck, ein großer österreichischer Musiker*

Franz „Feri" Bileck – von vielen Papa Bileck genannt – ist und bleibt für mich ein Phänomen. Er weiß ganz genau, was er will, gibt aber sofort nach wenn ihm die gute Idee eines anderen passt. Der, der die Idee hatte, gilt sofort als Genie, und „ist genau deswegen in der Gruppe dabei."

Papa Bileck ist in der Lage, seine Musiker fast wie sein Eigentum zu behandeln und zugleich wie Könige und Königinnen. Es geht ihm immer um alles. Er muss der Beste sein und er weiß genau, was er darunter versteht und will es auch erleben. Er verlangt, dass seine Leute ihn entweder mit oder ohne Erklärungen perfekt verstehen und genau das Musizieren, was er spürt. Er ist Realist und Träumer und beides voll und ganz. Er übt beides ständig. Er probt und spielt immer mit einer solchen Intensität, dass er einem anderen innerlich den Krieg erklärt, wenn er den Eindruck hat, dass jener nur halbherzig dabei ist.

Damit steht derjenige als Verräter da und ist an allem schuld.

Er ist eine Mischung aus genau und übertrieben, die schon wieder zu Ungenauigkeiten führen kann. Er ist es gewohnt, in einem Land musikalischer Gastgeber zu sein, in dem er auf Tournee, also selber Gast ist.

Er ist Lernender und Kritiker, zerpflückt alte Pannen und sucht neue Chancen. Er redet gerne mit anderen, über sich und auch über sie. Er hat über fünfzig Jahre lang in Wien Musik gemacht und gilt in der ganzen Welt als hoch geehrter und geschätzter Musiker aus Wien.

Ich habe Papa Bileck durch Manfred Stoppacher, Trompeter und Bandleader, kennen gelernt. Einige Male spielten wir gemeinsam bei Feri. Später dann, spielte ich als einziger Trompeter weiter, nachdem Manfred mit seiner eigenen Big Band so erfolgreich war, dass er keine Zeit mehr hatte. Ich möchte dieses Kapitel in meinem Leben nicht vermissen; so viele Auftritte, interessante Reisen, Erfahrungen und Gespräche!

Ich lernte schnell, dass Papa Bileck eine Mischpersönlichkeit ist. Er kann seinen Willen schreien lassen – d.h. seine Leute buchstäblich anbrüllen. Das bedeutet aber, dass seine musikalischen Vorstellungen nicht umgesetzt wurden. Das hat aber zur Folge, dass sein Traumziel für den Abend nicht in Erfüllung gehen könnte, was er keinesfalls ertragen könnte.

Während er einen Wiener Walzer dirigiert, ist Papa Bileck in der Lage, sich auf der Bühne umzudrehen und sich innerhalb von Sekunden in jede Dame, die auf dem Ball ist, zu verlieben. Dies zeigt er durch seinen Gesichtsausdruck und seine Gestik. Das spielt er mit so viel Überzeugung, dass man es fast glaubt.

Auf jedem Ball wählt er das Stück oder die Folge von Musikstücken nach jenen Prinzipien aus, die er in den Jahrzehnten seines Musikerlebens gewonnen hat. Genauso aber ändert er spontan seine Pläne, wo er es für notwendig hält. Dann muss es aber auch schnell gehen. Die Telepathie der Musiker muss perfekt funktionieren und durch eine blitzschnelle Reaktionszeit ergänzt werden.

Ein Auftritt ist für die Musiker eine Mischung aus Kunst und Magie. Papa Bileck wirkt manchmal auf der Bühne, als wäre er in Trance und suche in diesem Zustand das Geheimrezept für den Abend, damit für alle Besucher der wunderschöne Traum zur Realität werden kann. Darauf ist er ausgerichtet. Er verlangt von seinen Musikern, dass sie ihn hundertprozentig unterstützen, damit er sein Ziel für den Abend erreicht. Es ist eine Sucht, es muss gelingen. Kein Mensch darf ihn bremsen; kein Musiker, kein Besucher, kein Veranstalter, kein Klubobmann, kein Präsident. Er ist wie eine Rakete, die ihr Ziel erreichen muss, um zufrieden zu sein. Wenn man seine Ausrichtung verstehen und auch akzeptieren kann, und alles was er tut und sagt als einzelne Schritte zum Ziel einstufen kann, hat man ihn, so meine ich, verstanden.

Als Feri erfuhr, dass ich ein Buch schreibe, sagte er zu mir: „Buch schreiben ist nichts! Man kommt immer schlecht weg- das habe ich sehr oft gesehen. Die Wahrheit ist anders.“ Ich antwortete: „Ich schreibe aber ein Buch.“

Ich verstehe seine Meinung aber auch. Wie sollte man einen Musiker wie ihn, einen so außergewöhnlichen Menschen mit einer solchen Berufung, offiziell und auch persönlich sich selber auferlegt, in Worten beschreiben?

Er geht für mich in die Geschichte ein, als einer, der den „Wien Ball“ in die ganze Welt hinausgetragen hat und überall damit Riesenerfolge feiert.

Er ist ein Getriebener und ein Geführter, ein Intelligenter und trotzdem, oder gerade deswegen, spontan Reagierender, ein Mensch voller Gegensätze und ein Mensch mit sich gegenseitig ergänzenden Komponenten. Er will das Ziel eines wunderschönen Erlebnisses für jeden Ballbesucher erreichen. Mir als Orchestermitglied hat er immer den Eindruck vermittelt, dass ihm dafür fast kein Preis zu hoch ist. Das müssen die Musiker wissen, weil sie die innere Spannung mitspüren und mittragen. Wer es nicht verstehen und akzeptieren kann, ist nicht lange dabei. Er muss nicht weggeschickt werden, er will einfach nicht mehr mitmachen. Die, die diese Spannungen ertragen können und auch wollen, sind Teil der Maschinerie geworden, die den Abend unvergesslich macht, wie wir immer wieder erlebten.

Nach jeder Tournee rief uns Papa Bileck zu sich, etwa zu einem Brunch im Untergeschoss seines Hauses. Dazu waren alle Orchestermitglieder, die bei der Tournee dabei gewesen waren, eingeladen.

Es wurde gegessen, getrunken, ausgetauscht, kritisiert, verteidigt und versöhnt. Wer diesen Teil des Projektes versäumte, dem entging etwas Wichtiges. Die totale

Entspannung, Begegnungen ohne Druck eines Auftrittes, die phantasievollen Erzählungen, Erinnerungen, die bis zum Tag Eins zurückreichten. Ich versuchte immer dabei zu sein, auch wenn ich wusste, dass ich nur kurz bleiben oder erst spät kommen konnte.

Jeder, der auf Grund anderer Termine später dazustieß, wurde im Augenblick seines Erscheinens wie ein Olympiasieger empfangen. Er war sofort in die Gesellschaft der siegreichen Helden eingegliedert und wurde mit Teller, Besteck und dem Getränk seiner Wahl versorgt.

Oft stellte Feri mit einem kurzen Wort des Lobes den Neuen biographisch vor, teils ernst, teils lustig, meistens beides, als ob ihn noch niemand so kennen würde wie Papa Bileck selber. Vielleicht hatte er damit auch Recht.

### *Milano*

Am Donnerstag, den 20.02.05, hatten wir von 9:30 Uhr bis 12:30 Uhr Orchesterprobe bei Feri Bileck. Wir hatten wenig Zeit und Feri war nervös.

Nach der Probe musste ich drei Stunden lang unterrichten und am Abend hatte ich Theaterdienst. Es war nach Mitternacht, als ich endlich ins Bett fiel. Um 4:15 Uhr musste ich aber wieder wach sein. Um 5:25 Uhr fuhr ich mit einer kleinen Verspätung von zu Hause Richtung Flughafen Schwechat weg. Ich fuhr nicht die ganze Strecke, sondern hatte vor, ein paar Stationen vor dem Flughafen das Auto gebührenfrei abzustellen und die paar Kilometer mit dem Zug zum Flughafen zu fahren.

Ich wusste nicht, dass in der letzten Zeit neue Abfahrten und Kreisverkehre in der Gegend gebaut worden waren. Alles schaute ganz anders als gewohnt aus, und ich fand nicht zum gewohnten Parkplatz neben dem Bahnsteig. Ich fand nicht einmal die Haltestelle. Völlig neue Hügel blockierten die Sicht und es war noch finster.

Die Zeit war ein bisschen knapp und ich wusste, dass ich wahrscheinlich verspätet zum Treffpunkt kommen würde, aber noch rechtzeitig für den Flug. Ich fuhr irgendwo ab und erkundigte mich bei der nächsten Tankstelle. Der Tankwart gab mir Auskunft und ich glaubte ihm. Das war ein Fehler. Ich erkundigte mich an der Verkehrsampel bei einem anderen Autofahrer. Er erklärte mir sehr genau und kompliziert und langatmig, wie man hinfindet. Ich verstand ihn nicht ganz. Der Dritte den ich fragte, war selber neu in der Ortschaft.

Plötzlich erschien ein Mann aus dem Nichts neben meinem Auto und fragte mich, ob ich den Bahnhof suche. Er erklärte mir dann auf sehr nette und klare Art und Weise, wie ich dorthin käme. Es funktionierte perfekt. Ich stellte das Auto ab und dachte laut: „Jetzt fehlt nur mehr das Taxi." Es war totenstill und ich hörte keinen anderen Automotor auf dem Parkplatz. Es war immer noch ziemlich finster.

Ich stieg aus dem Auto aus und blickte mich um. Ich konnte es fast nicht glauben. Zehn oder zwölf Meter von mir entfernt war ein Taxistandplatz, und dort stand ein Taxi! Der Fahrer schlief noch. Ich dachte erleichtert: „Wie bestellt!"

Ich stieg ein und wir fuhren los, Richtung Flughafen. Der Taxifahrer verlangte mehr als ich geschätzt hatte, aber ich war so froh, dass ich ihm noch ein schönes Trinkgeld bezahlte. Ich hatte noch genug Zeit, um frühstücken zu können, bevor wir in das Flugzeug hinein marschierten.

Der Flug war angenehm. Wir kamen in Milano gut an und fuhren zu unserem Hotel. Ich half Feri mit seinem schweren Gepäckstück. Am späteren Nachmittag waren wir in die Galleria beim Duomo bestellt, um ein kurzes Konzert mit Orchester und Ballett zu spielen. Es war als Vorgeschmack für den „Wien- Ball" am nächsten Tag gedacht. Später am Abend meinte er rückblickend: „Heute hat es voll hingehaut. Es hat was Besonderes gehabt, ein Volltreffer. Der Mailänder Bürgermeister war zum ersten Mal anwesend. Das Wetter hat gestimmt. Die Musik war herrlich- echt wienerisch."

Nach einem herrlichen Essen brachen einige auf, um das Nachtleben von Milano zu erleben. Ich zog mich in meine vier Wände zurück und arbeitete an meiner Predigt (In einer Woche würde ich im Gottesdienst predigen). Eine Liste fürs Finanzamt musste ich auch fertig schreiben. Danach war es Zeit schlafen zu gehen.

Ein Tourneebett ist oft eine Herausforderung; zu hart, zu weich, zu uneben, zu kurz ... Dieses war keine Ausnahme, aber die heiße Dusche half sehr. Ein paar Mal hatte ich Schlafschwierigkeiten und musste deshalb auch aufstehen. Danach konnte ich aber Gott sei Dank länger liegen, aber um 5:30 Uhr, war es mir klar, dass der Samstag beginnen sollte. Ich stand auf, hatte eine gute, stille Zeit, machte meine Turnübungen und duschte mich. Um 7:30 Uhr war es Zeit aufzubrechen. Ich ging zurück zum Cordo Vitorrio Emanuelle II, die Fußgängerzone in Milano, und spazierte Richtung Duomo, einem absolut herrlichen Bauwerk, das zeigt, was wahre Inspiration bewirken kann. Es gibt oben auf dem Dach Führungen. Man kann dort oben spazieren gehen und die Welt aus einer anderen Perspektive sehen. Das habe ich noch nicht geschafft, aber vielleicht gelingt es mir irgendwann.

Schon langsam kam das Hungergefühl, und so suchte ich meine inzwischen zum Stammlokal gewordene Frühstücksbar auf und bestellte einen Cappuccino und einmal Gebäck. Eine andere Art gefülltes Gebäck folgte, und Copa di Frutta Mista (gemischter Fruchtsalat) und ein zweiter Cappuccino.

Ich saß auf einem von zwei vorhandenen Barhockern und genoss den Milanesischen Alltagsbeginn. Viele Kunden kamen grüßend vorbei. Einige bestellten sich etwas zu essen oder trinken, andere plauderten nur. Einige blieben eine Weile, andere gingen sofort weiter.

Den zweiten Cappuccino trank ich langsam und mit Genuss. Dabei hielt ich Ausschau nach Orchesterkollegen, falls sie noch auf waren und vorbei marschierten. Ich sah aber keinen von ihnen, sie waren vielleicht schon schlafen gegangen. Der Ball war erst am Abend, also hatten sie den ganzen Tag Zeit, um sich auszuschlafen.

Es war höchste Zeit zum Zimmer zurückzukehren, aber vorher war ein kurzer Ankauf angesagt, und zwar in einem kleinen Markt, in dem ich das Jahr zuvor einen großen Fehler gemacht hatte. Der Markt war nämlich kein

Selbstbedienungs- laden und darauf waren die Mitarbeiter sehr stolz. Nur hatte ich nichts davon gewusst. Aber diesmal machte ich es ohne Fehler. Ich bestellte in meinem besten gebrochenen Italienisch Brot, Oliven, Käse und eine Flasche Wasser für tagsüber. Beim Ball war ein fürstliches Mahl für uns vorgesehen, aber bis dorthin wollte ich nicht verhungern.

Bezahlt wird in diesem traditionsreichen Geschäft nicht sofort, wie man es in Wien gewohnt ist, und man bekommt auch nicht die Waren ausgehändigt, sondern sie werden mit viel Liebe eingepackt. Vor dem Weggehen beglich ich die Rechnung bei der Kasse. Individuell verpackt und in einer Tasche, die mit einem roten Band zugeschnürt wurde, erhielt ich meinen Einkauf überreicht. Es wirkte es ein bisschen weihnachtlich, als ich bei mir im Zimmer das Päckchen aufmachte.

Beim Haupteingang traf ich zwei Kollegen, die inzwischen auch aufgestanden waren, Hunger hatten, und ein kleines Cafe gegenüber kennen lernen wollten. Ich hatte schon einen positiven Bericht über das Preis-Leistungsverhältnis dieses Cafes und so konnte ich sie nur dazu ermutigen. Der Tag hatte ordentlich begonnen.

Meine Reiseliste hilft mir immer wieder bei Reisen, ob sie Musiktourneen sind oder nicht. Die Liste ist nach Zimmern ausgelegt: Schlafzimmer, Büro, Küche, usw., und zusätzlich nach Tätigkeiten: Sport, Auftritt, Offizielles, usw. Einiges wird beim Wegfahren gleich getragen, damit es nicht eingepackt werden muss; anderes wird eingepackt, damit es nicht angezogen werden muss. Beim Aufstehen war ich heute sehr froh gewesen, dass ich an Thermal-

Unterwäsche und Wollsocken gedacht hatte. Mein Zimmer war nicht beheizt und in der Früh fast unangenehm kühl. Beim morgendlichen Spaziergang waren die Mütze (gegen Wind) und der Regenschirm (damit es nicht regnet) auch sehr nützlich.

Mein „Ledermann“ in kleinem Format inklusive Schere war auch genial. Was hätte ich bloß ohne ihn gemacht? Eine so feste Verpackung für Handseife wie in diesem Badezimmer hatte ich noch nirgendwo erlebt. „Offensichtlich hat die Spaceshuttle-Technologie wieder einen neuen Anwendungsbereich gefunden,“ dachte ich. Die Verpackung war wahrhaftig ohne Messer oder Schere mit bloßen Händen nicht aufzukriegen; zumindest nicht mit meinen - und so schwach bin ich auch nicht. Zuhause bin ich normalerweise derjenige, der solche Aufgaben zugeteilt bekommt, und ich hatte diese Prüfungen immer mit großem Erfolg bestanden. Aber diese Verpackung war mir eine Schuhnummer zu groß. Sie war offensichtlich für die Mondlandung konstruiert. Dafür war der Duft beim Aufschneiden ungefähr so stark wie der einer Inhalationstherapie.

Die Zahnstocher, die ich von zu Hause mitgenommen hatte, waren auch Gold wert. Ein paar davon trug ich in der Brusttasche, wo sie mir beim Sitzen nicht wehtun konnten. Es ist einfach eine dumme Sache, sich wegen einer solchen Kleinigkeit von anderen abhängig zu machen, überhaupt in einem Land, dessen Sprache man nicht beherrscht.
Schlussendlich muss man in ein Restaurante hinein und etwas kaufen, damit man zu den Gratiszahnstochern die an jedem Tisch stehen, Zugriff bekommt, und das womöglich kurz nach dem Essen. Das alles, weil man die Verpackung

für Zahnstocher im Lebensmittelgeschäft nicht erkennen konnte.

Der leichte Einwegrasierer ist auch eine gute Erfindung. Warum soll ich bei einer Wochenendtournee ein Elektrogerät mitnehmen? Mein Rasierer ist groß und sperrig und funktioniert nicht überall. Was mache ich, wenn der Strom ausfällt oder wenn der Stecker kaputt ist? Wozu ein großes Gerät sinnlos herumschleppen und dann beim Ball wie ein Straßenmusikant ausschauen, der die letzten zwei Tage im Freien geschlafen hat? Der Einwegrasierer ist bei mir sowieso Mehrwegrasierer. Er wird oft verwendet und bleibt lange in der Reisetasche drinnen.

Im Jänner 2005 wurde der „Wien Ball" in Mailand zu einem gelungenen Fest. Feri und ich verstanden uns die ganze Zeit gut. Ich spielte gut. Es wurde auch geschätzt. Alles passte.

Die Eleganz des Balls war eine Sensation. Die Kellner-Brigade war extrem diszipliniert und auch schnell in der Bedienung. Sie arbeiteten wie die Feuerwehr im Ernstfall, bewegten sich schnell und effizient und nahmen die Sache sehr genau, auch wenn sie im Moment nicht eingesetzt waren. So etwas hatte ich bei Tischbedienung noch nicht gesehen. Vielleicht waren sie tatsächlich beim Militär, denn die Männer, die zusammen mit ihren Damen in wunderschönen Ballkleidern den Ball eröffneten, waren alle uniformiert.

Die witzige und humorvolle Seite des Events kam auch nicht zu kurz, denn Musiker, die solche Events spielen, können sich miteinander köstlich unterhalten. Die Garderobe teilten wir wieder mit dem Fotografen, der das Jahr davor ständig mit dem Schlüssel irgendwo unterwegs und unauffindbar war. Das war dieses Jahr besser.

Um 1:00 Uhr früh war das letzte Musikstück des Balls vorbei. Wir verabschiedeten uns musikalisch, verließen die Bühne, packten unsere Instrumente ein und gingen zu Fuß die zwanzig Minuten nach Hause. Die Fußgängerzone war jetzt fast leer, das Wetter mild. Die letzten Witze wurden erzählt. Jeder freute sich auf das nächste Stück - das Frühstück. Aber zuerst ab in die Federn!

Der Chef erhob Einspruch. Er lud uns auf ein Glas Rotwein zu ihm ins Zimmer ein. Ich brachte Parmigiano mit. Dort fanden die letzten Zusammenfassungen, die allerletzten Witze, einige ernste Bemerkungen und ein paar Erzählungen aus der Vergangenheit zum Abrunden des Ballabends Platz. Dann: auf ins Bett!

Um 6:00 Uhr war ich wieder wach und bis 7:00 Uhr war alles eingepackt. Ich hatte Hunger. Frühstück gab es aber erst ab 8:00 Uhr. Also hatte ich Zeit. Ich ging im großen Hof unserer Pension spazieren. Arcivescovado, ein Viereck mit Seiten von ca. 62 m Länge hatte einen wunderschönen mit Steinen ausgelegten Hof, Steine, auf denen man genussvoll einen Fuß vor den anderen setzen konnte, und Steine, auf denen man nicht gut gehen konnte ... faszinierend.
Ich ging und dachte über das Leben im Allgemeinen und über mein Leben im Besonderen nach. „Man kann weit gehen, und keine Probleme haben. Man kann aber auch nur eine kurze Strecke gehen und auf Grund einer schlechten Entscheidung fast nur Schwierigkeiten haben.

Man kann im Leben weit gehen, ohne die Hauptsache, das Wichtige, zu erkennen.“ Der zentrale Punkt des Hofes war ein großer Kreis aus Steinen, den man nicht sofort erkennen konnte. Viele Menschen sahen ihn gar nicht, weil sie am Rand des Hofes den leichteren Weg zum Zimmer wählten und gar nicht nahe genug kamen, um den Kreis, der etwa 10 m im Durchmesser hatte, als Kreis erkennen zu können.

Ich hatte herrliche Gedanken und ging weiter. Die Schritte wirkten wie Sätze und ein Richtungswechsel brachte neue Themen oder Einsichten. Der Spaziergang verschaffte mir Orientierung und Überblick. Ich betete und dachte nach und versuchte mein Herz für Gottes Reden zu öffnen. Ich dachte: „Wenn man mich fragt was ich hier mache, wie soll ich antworten? Es ist so viel, und gleichzeitig für so viele Menschen, die nichts damit anfangen können, wertlos.“ Eine Antwort ist mir dann eingefallen: „Ich gehe meinen Weg.“

## *Zwei verschiedene Schuhe in Loutraki*

Der österreichische Botschafter, der zusammen mit seiner Gattin in einem wunderschönen Haus in Athen wohnt, saß in der ersten Reihe. Zum Mozart-Jahr gab es zwei Konzerte aus Österreich vor dem größten Kasino Europas in Loutraki, Griechenland. Man schrieb den 25. August 2006. Auf der Bühne im Freien saß das „Amadeus Brass Quintett“. Das Meer lärmte sehr, der Wind wehte. Überall, wohin man schaute: Wasser, Wasser, Wasser; Schwimmbecken, Kanal, Brunnen, wunderschön beleuchtet.

Die Idee, im Freien zu spielen, kam vom Veranstalter. Mikrofone gab es für die Musiker keine, nur für den Redner. Ich war stundenlang gesessen und hatte Karls gesprochene Texte gekürzt und ins Englische übersetzt. Viele vornehme Gäste waren anwesend. Die meisten davon hätten Deutsch besser verstanden als Englisch. Das wusste ich vor dem Konzert aber nicht. Die meisten Sitzplätze waren zu weit weg. Die Sitzordnung war nicht optimal, vielleicht praktisch für eine Rockband, für uns aber sehr schlecht. Viele Zuhörer konnten uns nicht einmal gut sehen, weil es schon finster war und die Bühne schlecht beleuchtet. Nur wenige konnten uns gut hören.

Ich landete etwa zwei Stunden vor Konzertbeginn in Athen und der Taxifahrer des österreichischen Botschafters brachte mich nach Loutraki, wo das Konzert stattfinden sollte. Die Gründe für diese Knappheit waren der Abenddienst im Theater am Vorabend und die Abflugzeit von Wien nach Athen. Trotz mehrerer Versuche war es nicht möglich gewesen, den Theaterdienst an einen anderen abzugeben, also spielte ich ihn selbst. Die Fahrt vom Flughafen in Athen nach Loutraki dauerte zwei Stunden. So kurz vor dem Konzert anzukommen ist nicht angenehm, aber ich wusste, dass es funktionieren sollte, wenn alles andere in Ordnung war. Das Problem war, dass fast nichts stimmte.

Um 21:00 Uhr begann das Konzert. Die kurzen Reden zwischen den Stücken und meine humorvollen Geschichten waren immer noch zu lange und für die meisten Besucher nicht verständlich. Das erfuhr ich aber zu spät. Ich musste weitermachen und hoffen, dass es besser würde. Das ist aber leider nicht passiert.

Die Krone der Katastrophen aber war, dass meine Schuhe nicht in Ordnung waren. Nur Minuten vor Konzertbeginn bemerkte ich, als ich meine Lackschuhe anziehen wollte, dass der rechte Lackschuh kaputt war. Die Sohle hatte ich vor Jahren repariert und jetzt war es wieder so weit: Sie hatte sich vom Lacklederoberteil fast komplett abgelöst. Den Schuh zu tragen war unmöglich, nur, was mache ich dann? Die Zeit war zu kurz. Ich rief die Dame bei der Rezeption an und fragte, ob sie einen Superkleber für mich hätte. Sie antwortete, dass sie nachschauen würde. Sie meldete sich aber nicht mehr und so überlegte ich einen Plan B.

Nun, mein Problem betraf aber mehr als nur den rechten Schuh. Ich hatte meinen linken Knöchel sechs Wochen vorher schwer verletzt und der Heilungsprozess war noch nicht ganz abgeschlossen. Ich hatte die Schiene mit, die ich seit fünf Wochen trug, wollte sie aber wenn möglich auf der Bühne nicht tragen. Mit der Schiene am Fuß war der Fuß für normale Schuhe zu groß. Deswegen trug ich seit Wochen Sandalen, die genug Platz für den linken Fuß und für die Schiene ließen. Für den Auftritt wollte ich aber die Schiene zur Seite legen und so wie alle anderen Lackschuhe tragen. Ich wusste noch nichts von der kaputten Sohle. Ich hatte aber Gott sei Dank die Sandalen auch mit, damit ich sie wenn nötig tragen könnte.
Nun, jetzt war es so, dass mein rechter Schuh kaputt war und mein linker Fuß verletzt. So schaute die Lage aus - wie viele andere Dinge an dem Tag, nicht gerade ideal.

Mir kam eine Idee, und ich hatte keine andere Wahl als sie zu probieren. Ich zog den guten Lackschuh auf dem verletzten linken Fuß an und die rechte Sandale auf dem rechten gesunden Fuß. Beim Konzert hinkte ich von meinem Sitzplatz im Halbkreis zum Rednerpult hin und zurück, um die Texte vorzutragen. Die Leute, die nahe genug saßen, erkannten, dass ich zwei verschiedene Schuhe trug, aber das Hinken war auch gleich die Erklärung dazu. Das Konzert zählte nicht zu unseren besten. Der Applaus war höflich, aber zurückhaltend.

Nach dem Konzert fragte mich der österreichische Botschafter, ob ich meinen Fuß verletzt hätte. Meine Antwort: „Ja, aber es wird schon langsam." Mehr ist nicht darüber gesprochen worden.

Um 4:00 Uhr in der Früh bekam ich endlich eine kleine Tube Superkleber von der Rezeption und reparierte meinen rechten Lackschuh. Das war natürlich viel zu spät für das erste Konzert am Samstag, nicht aber für das Konzert am nächsten Tag. Das Konzert am Sonntag verlief ganz anders. Der österreichische Botschafter war durch seinen Minister vertreten. Ich trug beide Lackschuhe. Die englischen Texte waren kürzer, die Sitzplätze näher, die akustischen Probleme im Freien uns bekannter, das Echo aus dem Publikum herzlicher. Unsere Griechenland-Tournee war am Ende doch ein Erfolg.

### *Dubai, 2005*

Schon etwa im Frühling 2004, war es für uns Trompeter klar, dass es bei der kommenden Premiere von „Romeo und Julia" einige Terminkollisionen geben würde. Deswegen sprachen wir rechtzeitig mit dem Musikalischen Direktor Caspar Richter und trafen alle Vorkehrungen, damit im Theater alles klappen würde und wir auch außerhalb des Theaters so viele Spielereien wie möglich wahrnehmen könnten. Geschäfte außerhalb des Theaters sind sehr wichtig. Die Erfahrung kommt dem Theater auch zu Gute, und das Honorar dem Musiker.

Das Musical „Romeo und Julia“ war mit einem Trompeter besetzt. Er musste zusätzlich zu Trompete und Flügelhorn auch ein für uns neues Instrument spielen, das Althorn in Es. Das war für uns auf Grund der Transposition, der Lage und des großen Mundstückes nicht ungefährlich.

Eigentlich freute ich mich darauf. Ich hatte verschiedenste Instrumente gelernt und auf verschiedenen modernen und auch nachgebauten antiken Instrumenten Konzerte gespielt und fühlte mich meistens sehr wohl dabei. Unter anderen hatte ich sogar auf Ranket gespielt, dem Großvater des modernen Fagotts.

Ich unterrichte alle Blechblasinstrumente und so wusste ich, dass ich mich auf dem Althorn auf jeden Fall zurechtfinden würde, wusste aber auch, dass es eine Umstellung sein würde.

Wie gesagt, alle größeren Pläne für das Frühjahr wurden besprochen und grünes Licht gegeben. Dem entsprechend hatte ich meinen Pass und Fotos fürs Visum an der Wiener Volksoper abgegeben, damit Axel Rot alle offizielle Erledigungen vornehmen konnte.

Es war ausgemacht, dass wir uns zur Akustikprobe für den Opernball in der Kantine der Wiener Staatsoper um 8:30 Uhr treffen, um die Einlasskarte für den Opernball zu bekommen. Zum Opernball kommen Politiker und Geschäftsleute aus aller Welt und für ihre Sicherheit beim Ball aller Bälle wird natürlich gesorgt. Die Kontrolle ist sehr streng. Ein Teil der Innenstadt wird abgeriegelt und nur mit einem gültigen Ausweis wird man eingelassen. Die Polizei ist am dem Abend überall im Zentrum zu sehen.

Es war bei dieser Gelegenheit, dass mich Axel darüber informierte, dass wir „übrigens" um einen Tag früher abfliegen und um einen Tag länger in Dubai bleiben würden. „Geht das in Ordnung?" hieß es. Er musste es sofort wissen, weil er die Flugkarten kaufen musste.

Ich kontaktierte meinen Kollegen Willi Poisinger, erklärte ihm die Neuigkeiten und fragte ihn, ob er für mich die nötigen Dienste übernehmen könnte. Er musste kurz nachschauen und sagte dann sofort zu. Er hatte Zeit, was nicht selbstverständlich war, und war bereit, mir zu helfen, was typisch war. Mir fiel ein Stein vom Herzen.

Eine Woche vorher hatte ich noch Rücksprache mit dem Musikalischen Chef gehalten, um hundertprozentig sicher zu sein, dass vor meinem Wegfliegen alles in Ordnung war. Es war bei diesem Gespräch, dass mir versichert wurde, dass Herr Poisinger die Stimme hervorragend spielt und dass mit dem Wegfliegen alles in Ordnung ginge.

Das war mir wichtig, weil Diensttausch während der Vorbereitungen vor der Premiere eines neuen Stückes nur ausdrücklich mit dem Segen des Musikalischen Direktors möglich war. Jetzt, wo die Pläne für Dubai umgeändert und von fünf auf sieben Tage ausgebaut wurden, war es doppelt wichtig, dass der Diensttausch gestattet wurde.

Alles schien in bester Ordnung zu sein, bis ich am nächsten Tag ein E-Mail vom Orchestersekretär bekam, in dem zu lesen war, dass es der ausdrückliche Wunsch des Musikalischen Direktors war, dass die Premierenbesetzung – damit war auch ich gemeint - alle Dienste der siebten Woche, 2005 wahrnimmt. Zwei Ausnahmefälle waren auch dabei, ich aber nicht.

Nun, während der Vorbereitungen auf eine Premiere gibt es viel „hin und her". Es wird mehr oder weniger rund um die Uhr gearbeitet. Dinge werden ergänzt, ausgetauscht, neu geschrieben, verschoben, verworfen, wieder eingesetzt, usw. Alles ist möglich.

Weil ich das wusste, wusste ich auch, dass es durchaus denkbar war, mitten im Trubel dieser Vorbereitungen ein Detail zu übersehen- eine Vereinbarung, die für mich aber wichtig war. Ich nahm auch an, dass genau das der Fall war, und setzte mich per E-Mail mit dem Orchestersekretär in Verbindung, um die Sache zu klären. Ich erwähnte meine Abmachung mit dem Chef, Caspar Richter, und betonte, dass es sich hoffentlich um einen Irrtum handle. Die Flugkarte war ja schon gekauft und ein Visum schon besorgt.

Ich bekam auch per E-Mail die Stellungnahme retour. „Nein, es handelt sich nicht um einen Irrtum. Es ist so." Wenn ich damit Probleme hätte, müsste ich die Sache mit dem Musikalischen Direktor persönlich besprechen.

Nun, am nächsten Tag waren zwei Proben geplant, bei denen ich den Chef sehen würde und er mich. Er dirigierte die Proben, und ich spielte bei den Proben Trompete.

Ich versuchte aufmerksam zu sein und den richtigen Augenblick zu finden. Es gab länger keine geeignete Möglichkeit. Je später es wurde, desto müder wirkte er. Ich lud ihn ein paar Mal auf einen Kaffee ein.

Der Augenblick war gekommen. Ich fragte ihn, ob er eine Minute Zeit für mich hätte. Er horchte zu. Ich sagte ihm, dass ich hoffte, dass er mich beim letzten E-Mail seines Sekretärs nicht übersehen hätte. Wir hätten schon eine Abmachung. Er antwortete: „Jeden Tag gibt es etwas Neues."

Ich sagte: „Aber, Flugkarte, Visum, alles ist schon bezahlt und bereit. Sie erwarten mich! Ich bin schockiert!"

Er drehte sich um und fragte: „Wo geht die Tournee hin?"

„Nach Dubai", antwortete ich.

„Gut", sagte er und kehrte mir den Rücken zu.

Am nächsten Tag schickte ich wieder ein E-Mail an den Orchestersekretär Hnatek, um ihn am Laufenden zu halten. Die korrigierte Diensteinteilung wurde dann am nächsten Tag ausgehängt. Er hatte die zwei zusätzlichen Tage – den Tag davor und den Tag danach- unberücksichtigt gelassen. Ich dachte mir: „Fertig sind wir doch noch nicht." Was nützt es, wenn fünf von sieben Tagen einer Reise bewilligt sind und die anderen zwei nicht. Der Grund, warum der Orchestersekretär noch nicht alle Daten im Detail bekommen hatte, war nicht, dass ich sie ihm nicht geschrieben hatte, sondern dass er den Urlaubsschein noch nicht gesehen hatte, weil es Ferien gab- die „Energiewoche“.

Mein Turnusführer, Willi Poisinger, war wegen der Ferien mit seiner Familie unterwegs und würde erst wieder am Sonntag erreichbar sein. Er musste den Urlaubschein, also mein Ansuchen, als erster unterschreiben, bevor es an den Orchestersekretär weitergeleitet werden konnte. Ich musste mich also ein bisschen gedulden.

„Wie gehe ich diese Sache an?“, fragte ich mich. Premierenspannung war in der Luft. Bei den Proben machte sie sich manchmal auf eine belastende Art und Weise spürbar.

Das Theater hat einen Weltruf, und jedes Musical muss das vorige übertreffen. Das klingt ein bisschen übertrieben und ist es auch, weil jedes Musical von Ausmaß und Aufwand her ganz individuell zu gewichten ist.

Ich schrieb ein E-Mail an den Orchestersekretär mit den genauen Details und fügte ein Angebot hinzu. Ich hatte mehr Erfahrung auf anderen Instrumenten als meine Kollegen, und so bot ich meine Hilfe an, wenn ein Kollege mit der Umstellung aufs neue Instrument Probleme hatte und meine Hilfe in Anspruch nehmen wollte.

Ich hoffte sehr, dass dieses Problem schnell gelöst werden konnte. Wir hatten vor, im kommenden Sommer mit dem Musical „Elisabeth“ nach Triest zu fahren, und die Stimmung für solche Tourneen zu verderben ist nie eine gute Idee. Eine fünf-Mann Rhythmusgruppe unseres Theaters und ich auf der 1.Trompete würden, zusammen mit dem Orchester des Triester Teatro Verdi und unseren Leuten auf der Bühne, das Musical in einer konzertanten Aufführung von „Elisabeth“ im Schlosspark Miramare aufführen.

Obwohl Caspar Richter Direktor war und ich nur Trompeter, hatten wir uns über die Jahre eine funktionierende Zusammenarbeit aufgebaut. Es dauerte lange und war sehr kompliziert, aber es gelang. Die Zusammenarbeit zwischen 1. Trompete und Dirigent ist keine Kleinigkeit. Wenn es bei wichtigen Auftritten nicht klappt, aus musikalischen, technischen oder auch zwischenmenschlichen Gründen, kann es ein ganzes Projekt gefährden. Das kann den Ruf des Dirigenten und die Arbeitsstelle des Trompeters (eher in umgekehrter Reihenfolge) in Frage stellen. Also, unwichtig ist die Chemie zwischen den zweien nicht.

Uns Musiker wird immer wieder vor Augen gehalten, dass die Produktion des Theaters Vorrang hat und haben muss; in unserem Denken und in unseren Kalenderbüchern. Nur so kann die beste Qualität gewährleistet werden. Wir stehen unter Vertrag und das heißt etwas in Zeiten wie diesen!
Selbstverständlich ist es nicht. „Wir werden sehen, welche Antwort zurückkommt“, dachte ich.

Zwei Tage später hatte ich noch nichts gehört. Es war die letzte Probe vor meiner Abreise. Nach der Probe erwischte ich den Musikalischen Direktor Caspar Richter gerade noch und wünschte ihm alles Gute für die kommende Woche. Er fragte: „Ist es schon so weit?“ Meine Antwort: „Ja, schon.“ Das war es. Ich fuhr nach Hause. Ich spürte es.

Die Probleme waren soweit gelöst. „Nein, nein“ kann auch manchmal „Ja“ heißen.

### *Doppeldienst mit einem ausgeborgten Mundstück*

Am nächsten Morgen schaute ich, um absolut sicher zu sein, meine E-Mails an, ob irgendeine böse Überraschung auf mich wartete, fand aber nichts. Also traf ich die allerletzten Vorkehrungen und ging danach zum Auto hinaus. Ich fuhr los, mit mehr als genug Zeit, um rechtzeitig am Flughafen anzukommen. Fünf Minuten später schaute die Lage anders aus. Bei der Autobahnauffahrt Hochstrass fuhr ich in die Kurve, ohne zu wissen, dass dort Glatteis war. Ich fuhr nicht besonders schnell, aber das Auto ließ sich überhaupt nicht lenken, sondern rutschte in einen Schneehaufen hinein, der neben der Strasse war. Es gab überhaupt keinen Schaden, aber auf Grund einer Rinne neben der Strasse hingen zwei Reifen in der Luft und das Auto saß auf. Ich konnte nichts machen. Ein Autofahrer bremste und erkundigte sich, hatte aber kein Seil; ich aber auch keines. Danach fuhr einer vorbei, ohne zu bremsen. Ich betete und wartete ein bisschen. Mir fiel ein, dass ich am Tag davor Winterreifen auf das Auto meiner Frau montiert hatte; ich rief sie an. Zehn Minuten später war sie bei mir. Ihr schweres Auto, mit mir am Steuer, holte mein leichtes Auto, mit Madelon am Steuer, ohne Probleme wieder aus dem Haufen von Schwierigkeiten uns Schnee und wieder auf die Strasse heraus.

Ich fuhr los. In der Stadt Schwechat stellte ich das Auto auf dem Parkplatz neben den Bahngleisen ab, ungefähr eine

Minute bevor der Zug zum Flughafen einfuhr. Es war perfekt!

Der Flug mit Emerites Airlines war ein Genuss. In Dubai brachte uns ein Autobus ins Dubai Concorde Hotel, wo ich in meinem Zimmer Nr. 504 die ganze Nacht aufblieb und fern schaute, um einige Eindrücke von dieser mir neuen Umgebung zu bekommen. Danach schlief ich bis zum Mittagessen. Ich ging hinunter zum Speisesaal und hatte ein sehr interessantes Gespräch mit einem Kellner, der mir ein wenig von der politischen Ausrichtung des toleranten Sheik Mamohoud erklärte, der im Westen studiert hatte.

Das Klima in Dubai fand ich sehr angenehm warm, aber für die Einwohner war es sehr kühl. Weil es viel wärmer war als das Wetter in Wien, machte ich leider den Fehler, im freundlichen Gespräch mit einem Unbekannten anzumerken, dass es „heute ganz schön warm" sei. Er fasste den Satz als Witz auf und lachte nur. Es hatte ca. 28 Grad Celsius. In Dubai kann es aber 50 Grad haben. Die Leute dort empfinden 28 Grad als ganz schön kühl, nicht ganz schön warm.

Dienstag und Mittwoch verbrachte ich mit spazieren gehen, einkaufen, Trompete Üben, Turnen und Sport treiben, essen, etc. Mit Englisch kam ich sehr gut durch. Dienstag und Mittwoch waren viel zu schnell vorbei, und der große Tag des Balls war da.
Wir fuhren relativ früh mit dem Autobus weg, denn der ganze Tag war mit Proben und diversen Terminen im Madinat Jumeirah verplant. Mit so vielen neue Eindrücke beschäftigt, und wegen der frühen Abfahrt, war mir klar, dass kein Fehler passieren durfte. Deswegen hatte ich eine

neue Reiseliste nur für diesen Balltag aufgeschrieben und als Checkliste verwendet. Während ich die Liste durchmachte, wurde ich kurz vom Telefon unterbrochen und machte nachher weiter.

Im Autobus hatte ich plötzlich Angst, dass ich mein Mundstück vergessen hatte. „Das wäre unmöglich", dachte ich. Deswegen hatte ich die Liste gemacht, damit so etwas nicht passieren konnte. Um mich doppelt abzusichern, schaute ich trotzdem nach. „Warum nicht?" dachte ich. „Es kann nicht schaden." Es gab einem guten Grund, warum ich nachschaute. Das Mundstück war nicht auffindbar. Ich wusste, dass das unmöglich war, und so schaute ich, ein bisschen in Panikstimmung, alle Taschen und alle Koffer durch. Nichts. Ich konnte es einfach nicht glauben. Ich konnte mich noch genau daran erinnern, dass ich diesen Punkt „Mundstück" auf die Liste geschrieben, bei der Kontrolle wieder laut mir selber vorgelesen und auf der Liste durchgestrichen hatte. Aber das alles nützte nichts. Mein Mundstück war nicht bei mir. Vielleicht war es der Telefonanruf, durch den der Teufel seine Hand im Spiel hatte.

Ich stand auf jeden Fall ein bisschen unter Schock. Ich war fest davon überzeugt gewesen, dass alles, was ich für den Tag brauchen würde, entweder im Trompetenkoffer, in der Handtasche oder im Koffer mit der Uniform drinnen war. Das war auch fast wahr, aber nur fast. Ich wollte sofort den Autobus aufhalten, dann wollte ich es doch nicht. Ich war hin und her gerissen. Vielleicht hatte der andere Trompeter ein zweites Mundstück, das er mir borgen könnte. „Didi Gindlhumer hat immer mehrere Mundstücke mit", dachte ich mir.

Ich wusste nicht, dass Didi an seiner Stelle einen Substituten geschickt hatte, Mattias Maradoner. Weil Bigband und Streichorchester nicht gemeinsam geflogen waren, hatte ich nicht gesehen, dass Didi gar nicht dabei war.

Endlich traf ich den Substituten und erklärte ihm meine Notlage. Nun, Trompetenmundstücke gelten in manchen Ländern dieser Welt als Mangelware. Wenn Mattias mir nicht hätte helfen können, wäre ich wahrscheinlich mit dem Taxi zurückgefahren. Das wäre aber auch ein bisschen riskant gewesen. Bei solchen besonderen Veranstaltungen ist es gar nicht selbstverständlich, dass mir als Fremder der Zutritt zur Veranstaltung wieder gestattet wird. Das alles musste ich Gottseidank nicht erleben. Mattias hatte in seinem Trompetenkoffer ein zweites Mundstück. Dadurch war für mich der Tag gerettet.

Ich spielte auf seinem Mundstück von 20:00 Uhr bis 1:00 Uhr Früh durch; zuerst im Streicherorchester, dann bei der Combo, dann wieder im großen Orchester, dann wieder Combo, usw. ohne Pause fünf Stunden lang, auf einem Mundstück, das für mich persönlich nicht optimal für das eine oder das andere war, aber es ging.

Ich hatte damit gerechnet, dass Didi beim Streichorchester erste Trompete spielt, damit ich mich ein bisschen schonen könnte. Didi hatte Mattias aber versichert, dass er keine Angst haben müsste. Ich könnte Erste Trompete spielen und Mattias Zweite. Also, ich spielte Erste dort und auch Erste drüben. Es war zermürbend. Um 1h nahm ich mir vor: „In Abu Dhabi werde ich schauen, dass ich hundertprozentig auf MEINEN Mundstücken spiele!“ Die

Kollegen gratulierten mir. Sie hatten alle gut gegessen und die Combo dabei angehört. „Schön gespielt, Gerald." Ich hatte überhaupt keine Gelegenheit auch nur ein bisschen zu essen. Gelungen ist dieser Doppelauftritt aber. Es war ein toller Erfolg. Ich hatte am nächsten Morgen einen Bärenhunger. Das Frühstück war ein Geschenk des Himmels.

## *Tokio Tour*

Heute, 23.03.2004 kam ich um 10:30 Uhr in Tokio an. Wir wurden sehr höflich empfangen. Auffallend war der hohe Prozentsatz an jungen Leuten, die man sah. Die Menschen waren allgemein sehr höflich und zurückhaltend. Es war ruhig, eine angenehme Atmosphäre, in der man denken, kreativ sein und komponieren konnte. Unser Luxushotel war wunderschön, die Zimmer kosteten 23.000 Yen pro Nacht. Es gab Sumo- Ringen im Fernsehen und auch extrem viel Baseball. Mein Schlaf war unregelmäßig, aber ich schrieb Noten, wenn ich nicht schlafen konnte. Das Hotel hatte ein modernes Fitness- Studio. Jedes Zimmer war mit einem eigenen digitalen Tresor, den man selber programmieren konnte, ausgestattet.

Die Toiletten hatten eingebaute Spüler, die per Knopfdruck betätigt wurden. Die Schubladen in der Kommode hatten innen rundherum Leisten. So etwas hatte ich noch nie gesehen.

### *Unerwartetes zu Silvester*

Von 1992 bis 1995 gab ich in Altlengbach, Neulengbach und Hütteldorf Musikunterricht. Ich unterrichtete Blechbläser, Holzbläser und Klavier im Einzelunterricht und Gruppenunterricht und dirigierte noch dazu den Musikverein Altlengbach.

Durch das Zusammenspiel entwickelte sich bei den jungen Musikanten ein klares Konzept des Musizierens und der Klang wurde Tag für Tag angenehmer. Mit der Zeit kamen Anfragen, ob die „Jungbläser- Altlengbach“ nicht bei diesem oder jenem Anlass spielen könnten.

Eine Dame, die für den Kulturverein Klausen-Leopoldsdorf zuständig war, erkundigte sich, ob wir am 31.12. von 11:00 Uhr bis 2:00 Uhr, also drei Stunden, im Freien musizieren könnten. Die Anfrage war an Herrn Karl Schoissengeier gegangen, dessen Sohn Roman bei mir Bassflügelhorn lernte. Karl rief mich wegen Arrangements für ein Quartett an. Daraufhin bereitete ich ihm ca. 25 Quartett-Arrangements vor. Für die Kinder war das nicht wenig.

Am Tag vor Silvester meldete sich die Dame nochmals, um zu fragen, ob alles immer noch aufrecht wäre. Sie fügte hinzu, dass sie es wegen der Beleuchtung und zum Schutz gegen Feuerwerkskörper so organisiert hätte, dass wir vor dem Haupteingang der Kirche stehen dürften.

Erst als ein Feuerwerk erwähnt wurde, war es Karl klar, dass es sich um 23 Uhr bis 2 Uhr früh handelte. Er war schockiert. Die jungen Leute durften normalerweise gar nicht so spät auf sein. Die jungen Bläser hingegen jubelten.

Karl und ich besprachen die ganze Sache nochmals. Wir vereinbarten, dass ich zwischendurch auf der Trompete solieren sollte. Dadurch konnten wir sicher sein, dass wir genug Notenmaterial hatten, und zusätzlich war das eine Schonung für die Lippen der jungen Musiker.

Am Ende ging es einem jungen Musikanten so, dass seine Lippen nach den ersten drei Musikstücken so müde waren, dass er fast nicht weiter spielen konnte, keineswegs als einziger seiner Stimme. Ich spielte also als Verstärkung in der Gruppe mit, und auch dazwischen als Solist. Es war viel, aber eine gute Lösung, und sehr schön.

Am 31. Dezember hatte ich im Theater Dienst. Anschließend fuhr ich sofort zum Silvester Einsatz in Klausen-Leopoldsdorf. Karl und die Buben waren schon dort.

Ich eröffnete mit einem Solostück, danach spielte die Gruppe. Es war ganz lieb und alle waren beeindruckt. Alles lief wie am Schnürchen, bis auf einmal die dritte Stimme sehr leise wurde. Eigentlich hörte man sie überhaupt nicht mehr. Am Ende des Stückes meldete sich unser Ventilposaunist Michi: „Ein Ventil ist bei mir hängen geblieben."

Eingefroren war es. Fast drei Stunden hatten wir gespielt, und zum Schluss musste uns das passieren! Na ja, als Musiklehrer hat man schon einiges gesehen. Man hat schon Dellen repariert, Mundstücke abgezogen, geölt und geschmiert, alles was nur klemmen kann, befreit, usw. Ich bat ihn, zu mir zu kommen und nahm seine Posaune mit großer Zuversicht in meine fähigen Hände. Ich drückte vorsichtig auf die Problemstelle und -plumps- hatte ich das Blatt seines Drehventils in meiner rechten Hand - abgebrochen!

Jetzt war nichts mehr zu machen. Ich entschuldigte mich bei Michi. Wir waren Gott sei Dank fast am Ende unseres Konzertes. Wir spielten ohne Michi fertig und besprachen die Reparatur, selbstverständlich auf meine Rechnung. Michi hatte mir verziehen. Er wusste, dass ich ihm nur helfen wollte. Wir waren alle komplett durchgefroren, aber auch durch und durch glücklich, dass wir gespielt hatten. Es war ein großer Tag für uns alle, besonders für die Kinder. Innerhalb ungefähr einer Woche wusste mindestens die Hälfte der Kinder Altlengbachs, wie spät meine Musikantenkinder am Silvestertag aufbleiben durften.

### *Piccolotrompetensolo auf der Bühne*

Drei Minuten bevor ich auf die Bühne gehen musste, um ein sehr schwieriges Solo auf der Piccolotrompete zu spielen, sagte mir mein Chef im Vorbeigehen, „Wissen sie, Herr Pfister, sie können auch einen blauen Brief bekommen, wenn sie das Solo nicht richtig spielen.“ Danach ging er zum Dirigentenpult weiter. Der 2. Akt begann.

Das war zur Zeit einer Nichtverlängerungswelle im Theater. Man kann sich gut vorstellen, welchen Druck diese Aussage erzeugte. Die Zeiten waren unsicher. Das Solo war sehr schwierig. Es war für mich ein Albtraum. Ich hatte das Gefühl, dass ich um mein Leben spielte.

Wer Interesse hat, kann sich die DVD vom Musical „Elisabeth“ kaufen und sich vergewissern, dass es kein leichtes Solo war.

### *Liedertext aus: „Jesus spricht,“Sei still.“* [20]

Jesus spricht: „Sei still, sei still,
Ich kenne deine Grenzen.
Allein schaffst du es nicht.
Nimm doch meine Hand
Und wir fangen an,
diesmal gemeinsam.“

### *Schockierendes in Wilhelmsburg*

Ich hatte einen Auftritt in Wien gehabt und fuhr in meinem Auto Richtung Westen. „Amadeus Brass Quintett“ hatte einen Auftritt in Wilhelmsburg. Wir waren für die musikalische Umrahmung einer politischen Kandidatur zuständig, die im Antikhaus Rieder stattfinden sollte- das alles auf dem Lande und umgeben von Kukuruzfeldern und schöner Landschaft. Ich stellte mein Auto hinter einer Scheune ab, damit ich mich schnell und „hinter den Kulissen“ umziehen konnte. In Wien hatte ich einen Dixieland- Auftritt gehabt und wir hatten uns dafür recht locker gekleidet. Jetzt ging es um eine vornehme Angelegenheit. Die passenden Kleider hatte ich im Auto.

Ich stieg aus dem Auto aus und ging um das Auto herum. Auf der anderen Seite machte ich die Tür auf und stellte mich zwischen Tür und Auto. Ich zog die nicht passenden

Klamotten aus und warf sie auf den Nebensitz. Vom Rücksitz nahm ich den schwarzen Anzug und das weiße Hemd und brachte sie nach vorne. Nachdem ich das falsche Hemd ausgezogen und bevor ich das weiße Hemd angezogen hatte, bückte ich mich nach vorne, um die „falschen“ Schuhe auszuziehen. Dabei berührte mein nackter Rücken die Innenseite der Autotür.

Beschäftigt wie ich war, merkte ich nicht, dass ein Kollege hinter mir stand. Als ich mich bückte, nützte er die Gelegenheit und schlug zu, und zwar mit einem Brett auf meinen nackten Rücken. Das Timing war perfekt. Es war ihm gelungen. Es überraschte mich und tat auch ein bisschen weh, aber mehr als das alles, war ich beeindruckt, dass es ihm so perfekt gelungen war! Ich stand unter Zeitdruck und hatte gar nichts gemerkt. Ich drehte mich um, um mit ihm zu schimpfen und ihm auch zu gratulieren. Es stand aber niemand dort. Ich glaubte die Welt nicht mehr zu verstehen. Ich stand verblüfft neben meinem Auto, halb ausgezogen.

Es dauerte mehrere Sekunden, bis mir endlich klar wurde, was tatsächlich passiert war. Die offene Autotür hatte den Zaun berührt, der unter Strom stand. Als ich mich gebückt hatte und mein nackter Rücken die Tür berührte, kam ich in den Stromkreis. Der plötzliche, starke Schlag hatte mich so überrascht, dass ich keine Ahnung hatte, woher der kam und die logische Annahme war, dass irgendein Kumpel mich überlistet hatte. Als ich die Geschichte an die Kollegen weiterleitete, lachten sie laut und lange. Es wäre ein guter Streich gewesen.

Der Auftritt war bei weitem nicht so schockierend wie der Kleiderwechsel. Den Rest des Abends hatte das Gefühl, mehr Energie zu haben als sonst.

## *Winterkonzerte in der Votivkirche*

Einige „ungesunde" Spielsituationen habe ich auch schon erlebt: Das Turmblasen an einem eisigen Silvesterabend vom Turm der Karlskirche in Wien. Leo Kremser, der Tenorposaune spielte, war anschließend eine ganze Woche im Krankenstand. Es gab auch das Begräbnis im Schneeregen, bei dem die Wartezeit im Regen besonders lang war und ich ausnahmsweise keinen Hut mitgenommen hatte. Dann gab es auch die Votivkirche im Winter.

Als Elfriede Kandler in der Votivkirche Organistin war, musizierten wir immer wieder gemeinsam auf Trompete und Orgel. Manchmal spielten wir auch Konzerte für Orgel und Blechbläser unter der Leitung vom Professor Werner Hackl.

Ich erinnere mich an ein Konzert, bei dem ich auf vier verschiedenen Trompeten spielte. Die Trompeten waren vor mir in der winterlichen Votivkirche aufgestellt und vor Ihnen stand ein Wärmestrahler. Es war notwendig, den Wärmestrahler auf die höchste Stufe einzustellen, damit die Ventile zwischen den Stücken nicht einfroren.
Bei einem Stück fror mir mitten im Stück das dritte Ventil des Kornetts ein. Ich musste auf der Trompete weiterspielen. Obwohl der Wärmestrahler nur 60 cm von mir entfernt war, spürte ich kein bisschen Wärme.

Draußen gab es Plusgrade, aber in der Kirche gab es Minusgrade. Ich war es gewohnt, bei Winterkonzerten in der Votivkirche mehrere Kleiderschichten anzuziehen. Auch die Organistin hatte sich für gewöhnlich bei solchen Auftritten nach der berühmten „Zwiebelmethode" angezogen. Trotz aller Vorkehrungen waren solche Konzerte einem Überlebenskampf ähnlich. Das anschließende Auftauen bei Kaffee und Kuchen oder beim Pizzaessen war immer ein doppelter Genuss.

### *Die letzte Elisabeth-Vorstellung am 4.12. 2005*

Es gibt Tage, wo alles wunderbar abläuft.
So einen Tag wünschte ich mir am Tag der letzten Elisabeth- Vorstellung. Damit so viele Musiker wie möglich an diesem historischen Ereignis teilnehmen konnten, war es der Wunsch von Casper Richter, dass ich, obwohl ursprünglich nicht eingeteilt, für das kurze Solo auf der Piccolotrompete am Anfang des 2. Aktes nach Wien fahren und das Solo spielen sollte. Ich willigte ein.

Das erste, was man braucht, wenn man nach Wien fährt, ist ein Auto. Das zweite, was man braucht, ist ein Parkplatz. Als ich auf der Suche war, fuhr ich wie gewohnt einmal um das Theater an der Wien herum. Gegenüber dem Haupteingang stand eine Person mitten auf der Fahrbahn, aber ich wusste erst nicht, warum. Ich bremste. Das Auto, in dem die Person gemeinsam mit dem Fahrer unterwegs war, konnte dann ausparken. Jetzt stieg sie ein und das Auto fuhr weg. Es hinterließ mir den besten Parkplatz, den ich je gehabt hatte, speziell für diesen besonderen Abend.

Ich ging durch den Haupteingang und der Portier, der nichts von unserer Sonderregelung wusste, begrüßte mich: „Was machst du? Sie spielen schon.“ Ich konnte ihn beruhigen und erklärte ihm, dass die heutige besondere Vorstellung ein bisschen anders sein würde und dass alles in Ordnung war. Danach ging ich hinauf in die Garderobe und spielte mich auf der Piccolotrompete ein.

Oben in der Garderobe spülte ich das Instrument zur Sicherheit durch und staunte, wie viel Unpassendes drinnen war. Ich hatte vorige Woche auch diese Putzarbeit verrichten wollen, war aber nicht dazu gekommen. Wer weiß, was an dem Abend hätte passieren können, wenn ich auch jetzt nicht dazugekommen wäre!

Als ich mich weiter einspielte, dachte ich an die Freude am Herrn. „Die Freude am Herrn ist unsere Kraft.“ Ich wusste, dass diese Wahrheit wichtiger war als alles, was heute passieren würde, obwohl im ganzen Haus eine ungewöhnliche Spannung zu spüren war. Um meinen Gedanken und Gefühlen eine Form zu geben, beschloss ich aus Freude an Gott um mein Leben zu spielen.

Ich spielte mich weiter ein. Das Gefühl der Lippen war sehr gut. Ich ging rechtzeitig hinunter und begrüßte die Kollegen, die noch in der Pause vor dem 2. Akt waren. Wir machten ein paar freundliche Witze und ich ging an meinen Platz hinter der Bühne und bereitete mich weiter innerlich und äußerlich auf den großen Auftritt vor.

Das Orchester spielte schon den 2. Akt. Ich horchte genau auf die Musik. Als die Stelle kam, an der ich die Wendeltreppe hinaufzusteigen hatte, bewegte ich mich, meiner Verantwortung bewusst, Richtung Wendeltreppe.

Als ich die Treppe hoch ging, sah ich ein Meer von Menschen vor mir, hunderte Menschen, die meinen Weg auf die Bühne blockierten! Die alle gehörten nicht auf die Bühne. Es waren Schauspieler, wichtige Persönlichkeiten aus Politik, Sport und Gesellschaft, usw. Ich musste auf die Bühne, egal wer sie waren. Ich drückte mich durch die Menschenmenge, die sich nicht bewegen wollte. Gerade rechtzeitig kam ich auf der anderen Seite heraus. Ich musste sofort auf die Bühne, um meine Stelle nicht zu verpassen. Es kam ein Zeichen vom Musikalischen Direktor und Dirigenten dieser Vorstellung, Caspar Richter. Die Zuschauer applaudierten schon vor dem ersten Ton.

Die Spannung war spürbar; man hatte das Gefühl, dass das Theater zu jeder Zeit wie ein UFO abheben könnte. Es war unglaublich. Ich war in Bestform und trotzdem war das Spielen viel mehr Arbeit als normal. Ich spielte um mein Leben. Das erste $f^3$ war da, kostete aber viel. Der nächste Teil war nicht so schwierig und auch in Ordnung. Ich holte Kraft und spielte die zweite Hälfte mit Volldampf.
Es war virtuos, perfekt; der letzte Ton war hoch, laut, lang und wunderschön. Ich feierte ihn wie einen Lieblingsfeiertag.

Wegen dieser zwölf Sekunden war ich nach Wien gefahren und die Rechnung ging wunderbar auf. Ich rief Madelon an und gab Entwarnung. Sie hatte zusammen mit beiden Kindern dafür gebetet. Es war super. Ich fühlte mich wie ein Olympiasieger mit der Goldmedaille um meinen Hals. Zu Hause freuten sich alle. Ich dankte Gott und dachte darüber nach. Ich ging wieder hinauf in die Garderobe, um allein zu sein, dankbar zu sein, diese herrliche Entlastung solang wie möglich zu spüren.

Dort hörte ich den Rest des Musicals über den Hauslautsprecher an. Zum Schluss ging ich wieder hinunter, um bei der Verbeugung dabei zu sein. Es waren hunderte auf der Bühne. Im Orchestergraben hatte ich nicht gespielt und so ging auch ich auf die Bühne. Bei Elisabeth hatte ich mich noch nie nach der Vorstellung auf der Bühne verbeugt. Das war das erste und letzte Mal.

Doppelplatin für die Elisabeth-DVD wurde überreicht. Auf der DVD bin ich als einziger aus dem Orchester groß im Bilde.

Der Komponist Silvester Levay gab mir seine Hand und gratulierte mir: „Super gespielt."

Ich: „Danke."

Caspar Richter sprach mich auch an: „Du hast es perfekt gespielt, jeder Ton wie gestochen!"
Ich hatte ein nettes Gespräch mit den Orchesterkollegen Konrad Krattenthaler und Dietmar Florin und fuhr anschließend nach Hause.

Es war ein ganz besonderer Sieg meines beruflichen Lebens. Es war auch eine Erfahrung mit Gott, eine himmlische Erfahrung, die nicht allein durch Gefühle und Ergebnisse zu erklären war. Ich hatte den Eindruck, dass ich genauso gut nach Hause hätte fliegen können, ohne Anstrengung und ohne Mühe. Am nächsten Tag würde ich aber mein Auto brauchen, also ließ ich es nicht stehen. Ich stieg ein und fuhr nach Hause.

***Liedertext aus: „It's to you, that I sing this song"*** [21]

How many times have I been caught
In a web made up of my own thoughts?
How many times have I been freed
By your hands untying carefully the knots?

Its to you, that I sing this song, oh Lord,
For you are worthy of all praise, all praise.
Its to you, that I sing this song, oh Lord,
for you are worthy of all praise.

***Die Galapremiere von „Elisabeth" am 2. Oktober 2003***

Wir probten wie verrückt, um uns bestens auf die Premiere vorbereiten zu können. Normal probten wir 6 Stunden pro Tag.

Gleichzeitig probte man auf der Bühne mit der zweiten Besetzung, damit sie beinah auf gleichem Stand war wie die Erstbesetzung.

Am Tag der Premiere hatte ich eine Quintett- Probe. Die lief sehr gut ab. Für den Nachmittag hatte ich den Musikschulunterricht abgesagt, um meine Kräfte für die Abendpremiere zu sammeln.

Die Trompetenstimme war für mich sehr schön, aber gleichzeitig sehr schwierig. Das Schwierigste für mich waren die hohen Töne. In meiner Karriere sind die Stimmen stets höher und schwieriger geworden. Ich wurde durch meine Arbeitsstelle gezwungen, immer höher zu spielen.

Obwohl es mir klar war, dass ich kein „high note“ Trompeter bin, musste ich ständig an der Höhe arbeiten. Anders wäre es gar nicht gegangen. Das hohe Spielen hat mich eigentlich nicht so gereizt. Laut und hoch spielen ist beeindruckend aber nicht jedermanns Sache. Schreien ist bei einem Notfall sehr von Nutzen, aber im normalen Alltag sollte man sparsam damit umgehen.

Am Nachmittag des Premierentages nahm ich mir also frei, um gewisse musikalische Übungen gezielt machen zu können. Im Laufe einer Kariere lernt man, was man braucht, um bestimmte Leistungen zu erbringen.

Ich nahm mir viel Zeit für das Solo auf der Piccolotrompete, das am Anfang des zweiten Teils gespielt wird: Rechtzeitig losmarschieren, nicht zwischen den Kulissen eingeklemmt werden, die richtige Haltung, damit die Verbindung „Ansatz: Mundstück“ solid und belastungsfähig bleibt, die Notenfolge, die sowieso ins Bewusstsein und Unterbewusstsein eingebrannt ist, schon seit fünf Jahren.

In den letzten Tagen war das Solo auf der Bühne ein bisschen problematisch abgelaufen. Ein größeres Mundstück, das eine Zeitlang ein Segen war, zeigte sich jetzt von einer anderen Seite. Wenn ich darauf spielte, hatte ich das Gefühl, auf einem Moped zu sitzen, aber einen LKW zu fahren. Es war ein ungutes, unkontrollierbares Gefühl.

Bei der Wiederaufnahme sollte alles optimal ablaufen. Ich versuchte deswegen, die Übungsstunden nicht zu extrem zu machen, aber ausreichend, um ein gutes Fundament für den Abend vorzubereiten. Ich gönnte mir ein warmes Bad und nachher ein kurzes Nickerchen, bevor ich losfuhr. Madelon saß auf dem Beifahrersitz neben mir. Sie hatte eine Karte für die Premiere und wir rechneten damit, dass wir anschließend gemeinsam zur Premierenfeier bleiben würden.

Dreißig Minuten vor Vorstellungsbeginn wollte ich mich unter der Bühne einspielen. Einige Bühnenarbeiter fingen an, darüber laut zu jammern. Einer sagte:" Gestern hat er auch so einen Lärm gemacht." Ich dachte: "Sie haben wirklich keine Ahnung," wollte aber keine Schwierigkeiten. Also suchte ich die Garderobe auf, in der die Blechbläser sich manchmal einspielen. Sie war zugesperrt. Also ging ich in den Orchestergraben und spielte mich mit Dämpfer ein. Es war zu diesem Zeitpunkt, dass ich erfuhr, wie schlecht der Ansatz war.

Die Lippen waren steif wie Bretter und ich fing sofort an, sie mit gezielten Übungen zu behandeln. Sehr viel Zeit hatte ich nicht mehr. Die KollegInnen strömten in den Orchestergraben. Bei jedem musste ich den Notenständer verstellen, damit er vorbeigehen konnte. Plötzlich stand der Chefdirigent neben mir und machte sich über die „komischen Geräusche" lustig, die aus meinem Trompetentrichter herauskamen, nicht ahnend, dass sie Zeichen eines ernsthaften Ansatzproblems waren.

Um uns aufzuheitern, spielte er mit meinem Notenständer Beleuchtung und tratschte mit den Kollegen. Er merkte sicherlich, dass ich bei dem Spaß nicht mitmachte. Ich hatte Todesangst, vor Vorstellungsbeginn nicht mit den notwendigen Lockerungsübungen fertig zu werden.

Als der Chef mich fragte, wie es mir ginge, antwortete ich, „Ich denke, OK.“ ( In der Hoffnung, dass alles OK wird!). Er korrigierte meine schlechte Laune. Es heißt nicht: „Ich denke, vielleicht, hoffentlich...“ sondern „Es geht mir gut!“ So müsste man denken. Er wusste nicht, welches Horrorszenario mir vorschwebte. Im Orchestergraben und auch auf der Bühne hatte ich einige schwierige Aufgaben. Ich wusste nicht, wie ich sie bewerkstelligen sollte. Gleich auf der ersten Seite gab es schon die ersten hohen Töne, die ich mit Sicherheit nicht spielen konnte.

Die Techniker drehten das Hauslicht ab, und ich betete um Gottes Hilfe, Gnade, Kraft und viel Können. Ich wusste, dass nur ein Wirken Gottes mich retten könnte. Wir fingen an.

Der ersten Einsatz, eine tiefe, gedämpfte Stelle, ging glatt. Als nächstes kam der Aufbau mit ganzen Noten und am Ende die hohen Töne. Ich betete mit jedem Ton, mit jedem Crescendo.

Der erste hohe Ton war jetzt dran...ein f $^{3}$...erwischt! Ich war begeistert und ermutigt. Der nächste war jetzt daran...auch erwischt! Aber jetzt kam ein fis$^{3}$ an die Reihe. Die Spannung war wie Eisen...voll erwischt! Ich konnte es kaum glauben, aber es war wahr. Die erste Seite war vorbei und ich hatte alles erwischt. Das war immer eine schwierige Aufgabe, aber heute war es wie ein Wunder.

Aber das war nur der Anfang. Weitere Schwierigkeiten warteten auf mich. Ich konzentrierte mich und betete ständig und dankte Gott für jedes gelungene Stück, mir meiner Schwäche voll bewusst.

Sechs Stücke später spielte ich einen hohen Ton um eine Oktave tiefer als notiert. Dadurch gewann ich ein bisschen Gnadenzeit. Bei einer Ballade betete ich, dass der Ton nicht mitten in der Melodie abreißt und alles ruiniert. Es war alles die doppelte oder dreifache Arbeit, ging aber so weit gut. Bis zur Pause hielt die ununterbrochene Spannung an.

In der Pause stieg ich aus dem Orchestergraben und staunte über Gottes Liebe zu mir und Gnade mir gegenüber. Nach der Pause hatte ich das Piccolotrompetensolo auf der Bühne zu spielen. Ich nahm die Piccolotrompete, ging in die Garderobe, um mich darauf einzuspielen und klebte einen Zettel an die Tür: „Bitte nicht stören!" Ich sperrte die Tür von innen zu und fing an zu üben. Es war problematisch. Ich probierte, betete, überlegte, probierte wieder...

Die Uhr blieb nicht stehen. Die Pause war schnell vorbei. Ich musste zurück auf meinen Platz im Orchestergraben. Der zweite Akt begann. Die erste Nummer ging gut. Das gab mir Kraft. Jetzt musste ich auf die Bühne! Ich spielte ein paar Töne unter der Bühne. Das Gefühl auf den Lippen war nicht besonders gut. Es war zu spät. Ich ging die Treppe hoch und wartete auf meinen Einsatz. Das grelle Licht strahlte noch greller als sonst. Ich ging in Stellung und zählte mit. Vier Takte und los! Auf die Bühne! Abwarten, Zählen, richtige Haltung, Ansatz, Atmung, Beginn!

Sofort merkte ich, dass die Lippen nicht richtig reagierten. Mein Herz verließ den Körper durch meine Füße und verschwand in der Bühne unter mir. Ich hatte aber keine Wahl. Ich spielte trotzdem weiter. Es kostete mich die dreifache Kraft. Mir klangen die Töne, als ob sie aus Pappkarton wären.

Ich spielte die erste Phrase hinauf und der höchste Ton sprach nur kurz an, dann verschwand er. Mein Herz war kaputt. Ich spielte weiter - was sollte ich sonst tun?! Das Solo kam mir vor wie ein Stepptanz in Gummistiefeln. Ich hoffte nur, dass ich durch Gottes Gnade den letzten Ton - ein $f^3$ auf der Piccolo Trompete in B- erwischen würde. Mein Herz war ein einziges Gebet.

Ich erwischte den letzten Ton und hielt ihn aus, wie geprobt. Ich schwitzte am ganzen Körper. Ich schaffte es, von der Bühne abzutreten. Auf der Nebenbühne standen mir Menschen im Wege. Ich konnte sie nicht erkennen. Ich konnte nicht reden. Ich drückte mich durch die Menschenmenge, bis die Treppe vor mir war. Ich war fertig. Es war schlimm. „So ein wichtiger Auftritt und so ein schlechter Zustand!“, dachte ich.

Trotzdem musste ich wieder in den Orchestergraben zurück und weiter spielen. Ich wollte nicht. „Es hätte aber schlimmer kommen können“, dachte ich, „wenigstens habe ich den letzten Ton erwischt.“ Ich hatte das Gefühl in den letzten fünf Minuten um zwei Jahre älter geworden zu sein.

Ich ging zurück. Die Kollegen waren super. Alle gratulierten mir mit Handzeichen und Augenkontakt. Ich nickte zurück. Die Vorstellung ging weiter. Im zweiten Akt, merkte ich, dass die Oberlippe wie gespalten reagierte. Der Klang war nicht mehr schön rund, sondern kantig. Ich versuchte die Schärfe beim Spielen zu verstecken. Bei einer Nummer waren ein paar Töne ganz schön daneben, aber das Orchester deckte sie zu. Ich dachte an „Boote in der Nacht“ und hoffte, dass die Schärfe meines Klanges die Melodie und damit das Stück nicht völlig ruinieren würde. Aus der Treffsicherheit wurde eine Treffunsicherheit.

Ein Stück nach dem anderen ging vorbei. Die Spannung war fast unmenschlich. Ich betete und spielte und blätterte um. Jedes Mal dachte ich: „Noch ein Stück abgehakt.“
Aber dann...war die Vorstellung aus. Die Verbeugung. Beim Vorbeigehen sagte mir der Chef: „Es war nicht so schlecht.“ Ich erwiderte: „Ich hänge mich auf.“ Es gab tosenden Applaus. Wir spielten die letzte Nummer noch einmal. Sogar das ging gut. Ich war fertig. Alle gratulierten einander – ich auch.

Ich packte ein und schleppte mich durch die Seitentür und um das Theater, Richtung Auto, zum ausgemachten Treffpunkt. Madelon war schon dort. Ich wollte nicht zur Feier gehen. Mein Kehlkopf schmerzte. Ich war fertig. Madelon war bereit, sich anzupassen. Sie ist meine beste Kritikerin. Sie sprach von einem einzigen Ton. Sonst hätte alles gepasst. Ich schaute sie nur an und staunte. Ich konnte es kaum glauben. „Macht sie Witze oder was?“, waren meine Gedanken. Am Ende blieb mir nichts anders übrig als nur daran zu glauben, dass die andere etwas völlig anderes erlebt hatten als ich, mit meinem Haufen technischer Schwierigkeiten. Ich fühlte mich eher als Feuerwehrmann und nicht so sehr als Musiker.

Wir setzten uns ins Auto. Langsam ließ ich Dampf ab und kühlte ab. Ich machte die Augen zu und erholte mich ein bisschen. Nach einer halben Stunde schauten wir einander an und beschlossen, doch noch zur Feier ins Ronacher zu gehen. Wir hatten doch mehr Grund als sonst zu feiern!

Diese Aufführung war für mich höllisch schwer und zugleich ein Geschenk des Himmels. Gott hatte mir schon wieder geholfen. Schon wieder hatte er mir seine Liebe und sein Interesse an meinem Leben klar gemacht. Diesmal war es nicht irgendwo in einer versteckten Ecke, sondern auf der großen Bühne des Theaters an der Wien, bei der Galapremiere von „Elisabeth“. Ich erlebte eine tiefe Zusage Gottes und eine ebenso tiefe Dankbarkeit ihm gegenüber. Zusätzlich dachte ich auch an die Tatsache, dass seine Liebe jedem gilt. Die gleiche Liebe ist für jeden Menschen da, mitten in der Hölle des Alltags, eine himmlische Erfahrung; lebensrettend und lebensnotwendig.

***Liedertext: „Warum brauch' ich dich?“*** [22]

Warum brauch ich dich?
denke ich einmal nach ...
Menschen, die dich brauchen
Sind sie nicht nur schwach?

Doch, einer allein, einsam, isoliert...
Das ist ganz genau das, was mich zu dir führt.

Denn du machst mir Mut den Schritt zu gehen
Auch wenn andere es ganz anders sehen.

Hebst du meinen Geist bis in den Himmel hinein
Und schenkst eine andere Sicht.
Ja, darum, darum brauche ich dich.

# PROBLEME UND PANNEN

## *Man bemüht sich aber es hilft nichts*

Eines Tages hatte ich wieder einen Auftritt mit Professor Werner Hackl. Er war einer der ersten Menschen in Wien und Umgebung, der sich für mich als Musiker interessierte und mir Arbeit gab. An diesem Tag nahm ich nicht ein, nicht zwei, sonder 3 silberne Krawatten zu einem Auftritt mit, damit ich auf jeden Fall die passende Krawatte dabei hätte. Es kann natürlich auch sein, dass einer seine Krawatte nicht mit hatte. „In dem Fall könnte ich mit eine zweiten Krawatte aushelfen", dachte ich mir. Es kommt alles vor. An dem Tag spielten wir ausnahmsweise mit schwarzem Mascherl.

## *Schmerzenstanz*

Im Theater spielt die große Pause, meistens zwischen den ersten und zweiten Akten, eine wesentliche Rolle. Viel Wichtiges passiert in der Pause. Man ruft zu Hause an und ändert die Meinung zum letzten angesprochenen Thema, als man mit einer kleinen Verspätung zum Auto hinauslief. Man ruft einen Kollegen an, um zu bestätigen, dass man einen Termin wahrnehmen kann, weil der andere Kollege doch für den Theaterdienst Zeit hat. Man dämpft das Hungergemurmel im Bauch durch einen Kurzbesuch in der

Kantine, eine Art Silent Brass Therapie. Eine Hauptbeschäftigung bei vielen ist es, einen Kaffee zu trinken und mit den KollegInnen zu reden. Dieses Reden kann in verschiedene Richtungen gehen; ernsthaft, lustig, laut, leise, Gewichtiges, Small Talk.

Eines Tages hatte ich aus irgendeinem Grund einen Hut mit, und trank einen Kaffee und hatte ein lustiges Gespräch mit der Konzertmeisterin, Andrea Buchs Hahn. Sie sah den Hut und fragte danach. Ich antwortete mit einem kleinen Tanz, meine beste Fred Astaire Imitation. Sie schlug vor, dass ich nach der Pause beim Piccolotrompeten Solo auf der Bühne eine kleine Tanzeinlage bringen könnte. Wir beide wussten, dass das nicht in Frage käme, aber es machte Spaß, so zu tun, als ob das eine ernsthafte Möglichkeit wäre. Ich bot ihr verschiedene Tanzstilrichtungen an, eine schlechter als die andere, und sie wählte eine aus. Es war also abgemacht, so zu sagen, mindestens in unserer Fantasie.

Nach der Pause stiegen wir alle wieder ein und spielten das eine Stück vor dem Bühnenauftritt. Nachher stand ich auf, wie immer, und ging mit der Piccolotrompete zur Tür. Kurz vor der Tür war ich abgelenkt und drehte mich, um eine kurze Bemerkung zu machen. Dann drehte ich mich wieder und wollte den Orchestergraben verlassen. Ich streckte die Hand nach vorne, um die Türschnalle zu erreichen, war aber nicht mehr ganz perfekt orientiert. Wahrscheinlich durch das Umdrehen hatte sich meine Orientierung um einige Zentimeter verschoben. Die Tür und Türzarge sind beide schwarz und matt gemalt, damit sie kein Licht reflektieren. Beim Umdrehen hatte ich natürlich direkt ins Licht der Notenpultbeleuchtung hineingeschaut. Die Augenpupillen reagieren darauf. Als ich mich wieder zu Tür drehte, und bevor meine Augen sich nachjustieren konnten, schlug ich mit dem rechten Knie mit voller Wucht gegen die schwarze eiserne Türzarge. Ich eilte durch die Tür, damit ich die Schmerzen draußen lebensgroß spüren würde.

Durch die Tür, konnte ich keinen Schritt weiter. Die pulsierenden Schmerzen im rechten Knie brachten mich zum Stillstand. Ich wartete und hoffte, dass sie abklingen würden. Die Zeit war viel zu kurz. Ich musste sofort auf die Bühne. Ich schaute die Wendeltreppe an, als ob sie ein Berg gewesen wäre. Ich wusste wirklich nicht, ob ich es schaffen würde. Ich konnte das rechte Bein kaum belasten. „Wenn meine Stelle kommt," dachte ich, „muss ich oben sein." Ich ging los, hüpfte so gut Ich konnte die Treppe hoch. Mein Gesicht war schweißgebadet. Ich spürte bei jedem Schritt unglaublich starke Schmerzen.

Oben auf der Bühne angekommen, passierte etwas, was es noch nie gab. Der Souffleur hatte gerade eine Packung Manner-Schnitten aufgemacht und bot mir ein Stück an, ein allwissendes Lächeln am Gesicht. Es war ein guter Witz. Es wäre mein Tod gewesen, kurz vor dem Piccolotrompetensolo ein Stück Manner-Schnitten in den Mund zu stecken. Er wusste es auch. Der Witz war gelungen. Er wusste nichts von meinen Schmerzen.

Ich versuchte zurück zu lächeln und schleppte mich auf die Bühne. Dabei versuchte ich meine Verletzung natürlich geheim zu halten. That's Show Business! Das Spielen verlief tadellos. Für mich war das ein kleines Wunder. Als ich aber von der Bühne abgehen wollte, drehte ich mich wie immer – die Macht der Gewohnheit – und spürte sofort Messerstiche im rechten Knie. Der ganze Körper reagierte darauf, die Schmerzen zogen mich zusammen. Ich schaute, dass ich so schnell wie möglich von der Bühne wegkam.

Draußen bei der Treppe war die Frage aktuell: „Wie schaffe ich es, die Treppe hinunter zu gehen?" Die Schmerzen waren groß. Ich wartete ein bisschen ab. Ich musste im Sitzen die Treppe hinunter gehen. Das hatte ich noch nie probiert. Es ging aber. Die Schmerzen waren am Ende der Treppe noch voll da. Ich wartete ein bisschen. Ich musste aber wieder auf meinen Platz im Orchestergraben, damit ich beim nächsten Einsatz dabei wäre. Ich bewegte mich durch die Tür und bis zu meinem Sitzplatz. Die Schmerzen waren immer noch sehr groß und ich musste zuerst ein paar Mal ordentlich durchatmen. Als ich zu meinen Noten blickte, sah ich oberhalb der Noten, dass die Konzertmeisterin mir mit dem Daumen nach oben ein Zeichen gab und nickte dabei mit dem Kopf. Ich war zu sehr in meine Schmerzenswelt verwickelt, um verstehen zu können, dass sie geglaubt hatte, dass mein kleines Tänzchen auf der Bühne für sie war. Als ich etwa zwei Minuten später verstand, was sie meinte, musste ich, trotz Schmerzen, lachen. „Gottes Humor," dachte ich und freute mich auf die Gelegenheit, ihr die Geschichte aus meinem Blickwinkel zu schildern.

### *Blind werden*

1976-77, war ich 14 Monate auf Tournee mit einer Christlichen Pop Musik Gruppe TRUTH in den USA. Drei Sängerinnen, drei Sänger, fünf Rhythmiker, fünf

Blechbläser. Wir waren bei einem wichtigen Konzert in Nashville, Tennesee, wo wir alle auf der Bühne stehen und spielten ein Konzert auswendig in einem vollen Haus. Plötzlich ging mir das Licht aus. Ich konnte nichts mehr sehen. Ich sagte dem 1. Trompeter, Larry, dass ich nichts sehen konnte. Ich musste mich wiederholen, damit er es verstand. Er fragte, ob ich das Stück fertig spielen konnte. Nach dem Stück wurde das Konzert kurz unterbrochen. Larry nahm meine Hand und führte mich von der Bühne weg. Er hatte wenig Erfahrung als Blindenführer, aber schaffte es ziemlich gut. Nur beim seitlichen Vorgehen lief ich voll ins Netz des Vorhanges hinein und kannte mich natürlich nicht aus. Ich kam mir wie ein abgekuppelter Anhänger vor, bis mein Autofahrer zurück- kam, um mich zu holen.

Medizinisches Personal aus dem Zuschauerraum war sofort bei uns. Man betreute mich und brachte mich zu einer Familie in der Nähe und dort legte man mich ins Bett. Zwei Stunden später ist meine Sicht wieder zurückgekommen. Zur Ursache, meinten die Ärzte: Erschöpfung, Hitzestau auf der Bühne, eine anstrengende Tournee. Am nächsten Tag ging alles mit voller Sicht weiter, so wie immer.

### *Jede gute Tat wird bestraft*

Der Große Tag war gekommen. Am 28.09.2003 gab es in Wilhelmsburg in Niederösterreich eine Festmesse. Der Altpriester wurde 85 Jahre alt. Er ist sehr beliebt und steht fast im Mittelpunkt an diesem Sonntag. Es wurde ihm gratuliert von verschiedenen Seiten und Richtungen, weil er vielseitig tätig war und vielen Menschen nach wie vor viel bedeutet. Zum feierlichen Abschluss wird eine Festfanfare von H. Biber für 7 Trompeten einstudiert und als vorletzter Programmpunkt aufgeführt.

Der Altpriester ist bei jedem, der ihm gratulieren oder danken wollte, aufgestanden und im Stehen hörte er zu. Er blieb dann kurz stehen und bedankte sich. Weil er in seinen fünfundachtzig Jahren so viel Gutes getan hatte und weil kein wesentlicher Punkt ausgelassen werden darf, dauerten die Dankesreden ziemlich lang. Der Priester verlegte sein Gewicht von einem Bein aufs andere und wartete geduldig. Manchmal merkte man, dass er zu wackeln begann und ich hoffte, dass ihm nichts passieren würde. Aber die Dankesreden waren noch nicht aus, und einer nach dem anderen „dankbarer" Menschen prüfte die Geduld, die Ausdauer, und das Gleichgewicht des Altpriesters. Gegen Ende der Dankesreden, musste er sich mit beiden Händen am Altar stützen, damit er nicht umfällt.

Seine Müdigkeit war auch bei seinen Antworten auf die Dankesreden zu merken. Am Anfang hielt er das Mikrofon ganz knapp am Mund, mit der Zeit aber fiel das Mikro immer tiefer, so dass es unmöglich war, irgendein Wort zu hören. Ganz zum Schluss ist er mit dem Mikro so umgegangen wie mit dem heiligen Wasser. Gewisse Worte betonte er optisch mit einem Schlag vom Mikrofon. Ob er seinen Sätzen mehr Ausdruck verleihen wollte, oder es einfach die Macht der Gewohnheit war, weiß ich nicht. Das Eine glaube ich aber schon: „Selten wird ein Mensch für so viele gute Taten so bestraft."

Wir haben trotzdem den feierlichen musikalischen Abschluss gespielt und nach der Messe wurden alle zum Kaffee und Kuchen eingeladen. Da durfte der Altpriester endlich wieder sitzen.

Man kann aus allem etwas lernen. Ich habe mich fest entschlossen, nicht zu viel Gutes zu tun.

### *Handy und Alkoholflasche*

Bevor es Aktidos von Magister Doskar gab, verwendete ich für meine Mundstücke Alkohol zur Desinfizierung. Mariano Abadias, ein Trompeterkollege, hatte es mir gezeigt, und es half sehr. Wer kleine Flaschen hat, oder anderes Werkzeug, das er immer wieder verwendet, hat natürlich auch einen bestimmten Platz dafür, damit er immer weiß wo sein Werkzeug zu finden ist. Das war bei mir auch der Fall. Nur fand ich eines Tages meine kleine Alkohol Sprühflasche nicht. Ich ging alle Möglichkeiten, die mir einfielen durch, aber die Flasche tauchte nicht auf. Ich wusste nicht wo sie war, glaubte aber, dass sie bald auftauchen würde. Zehn Tage lang konnte ich die Flasche nicht finden.

Wir waren zum Abendessen bei Freunden eingeladen. Nachher hatte ich Theaterdienst. Nach dem Theaterdienst merkte ich, dass mein Handy auch weg war. Ich war baff. So oft verliere ich Sachen nicht. Aber ich hatte keine Ahnung wo mein Handy sein könnte. Ich fuhr nach Hause und überlegte die verschiedenen wahrscheinlichen und unwahrscheinlichen Möglichkeiten. Ungefähr zwei Minuten bevor ich zu Hause ankam, hörte ich mein Handy läuten. Es war irgendwo im Auto. Ich blieb kurz stehen und suchte es. Es war unter dem Autositz. Als ich es herausholte, sah ich, dass auch meine Alkoholflasche dabei war. Wer suchet, der findet.

***Freue dich nicht zu früh!***

Konzerte spielen ist ganz interessant. Jeder Auftritt kann zum Abenteuer werden. Es passiert nicht selten, dass aus einem Nebenpunkt ein Hauptpunkt wird.

Ein kleines Abenteuer durfte ich beim zweiten Besuch in einem Konzertsaal im zweiundzwanzigsten Wiener Bezirk erleben.

Unser Programm bestand, wie fast immer, aus zwei Teilen. Alles lief im ersten Teil ganz gut. Danach kam die angenehme Pause. Alle Musiker verließen die Bühne.

Wissen sie warum der zweite Teil oft zu spät beginnt? Es hat oft mit einem kleinen Raum zu tun, der für die meisten Menschen als Symbol für Ruhe und Entlastung gilt.
Es ist nicht unbedingt so, dass der Bassposaunist immer noch auf der Toilette sitzt, sondern es könnte auch sein, dass der Tenorsaxofonist die Toilette noch nicht gefunden hat.

Ja, das ewige Spiel mit der Toilette...Der Besitzer des Lokals muss schauen, dass die Toilette dorthin gebaut wird, wo die Besucher sie nie finden werden können. Das spart Wasser und das Suchen ist gut für die grauen Zellen.

An diesem Tag ging ich hinter dem Chef, weil er das gleiche suchte wie ich, auch kannte er sich im Lokal besser aus. Bevor er hineinging, drehte er sich zu mir und sagte:"Achtung, Stufe!"

Ich machte die Tür auf. Das Licht blendete. Ich wusste aber Bescheid. Vorsichtig nahm ich den nächsten Schritt. „Gut gelandet" dachte ich mir. Ich freute mich, dass ich nicht zu schnell unterwegs gewesen war. Danach kam die Überraschung. Es gab nicht nur eine Stufe, sondern zwei. Durch die grelle Beleuchtung hatte ich die zweite Stufe nicht gesehen, aber gespürt hatte ich sie. So lang wir an dem Abend spielten, so lang spürte ich die zweite Stufe im Kreuz.

Das Grinsen der Selbstzufriedenheit macht die Augen kleiner. Manchmal sind sie so klein, dass sie das Wesentliche nicht mehr wahrnehmen können.

### *Autos sind super!*

Am 29.12.1998 war es soweit. Mein Auto war bei der Reparaturwerkstatt und fertig. Ich durfte kommen und das Auto abholen. Ich freute mich, denn wer will schließlich ohne Auto sein, überhaupt draußen bei uns. Ein Auto ist absolut notwendig, wenn man oft in Wien zu tun hat.

Ich überlegte, bevor ich von zu Hause mit dem Taxi wegfuhr, ob ich die Trompete schon mitnehmen sollte. Ich hatte Abenddienst im Theater. „Es kann nicht schaden", dachte ich mir, und nahm die Trompetenkoffer in die rechten Hand und meine Aktentasche in die linke Hand.

Draußen war Glatteis. Ich ging die Stufen hinunter bis zum Treppenpodest und rutschte aus. Ich verlor das Gleichgewicht und fiel nach vorne. Ich traf eine Betonkante unserer Betontreppe mit meiner rechten Schulter. Meine zwei Hände waren beim Sturz mit Schwung nach hinten geflogen und nach dem Sturz gab ich mir selber einen ordentlichen Klapps auf den Po mit Aktentasche und Trompetenkoffer.

Der Taxifahrer wusste wie ich immer fahre, nämlich nach Wien und fuhr, ohne zu fragen, zum Gehsteig, wo der Zug Richtung Wien fährt. Er liebt Musik und wollte unbedingt meine Meinung zu einer Musikkassette hören. Nach dem Stehenbleiben legte er die Kassette ein. Ich hatte es auch nicht gemerkt, dass wir auf der falschen Seite waren, weil er so eifrig mit mir reden wollte. An diesem Tag musste ich ausnahmsweise in der verkehrten Richtung fahren und mein Auto in Neulengbach abholen, also etwa zehn Kilometer von mir entfernt, Richtung St. Pölten.

Der Zug fuhr ein. Ich bedankte mich, stieg aus und lief zum Zug. An das Bezahlen der Fahrkarte hatte ich noch nicht gedacht. Der Schaffner gestattet nicht, dass ich einsteige. Ich hatte keine Fahrkarte. Ich versuchte zu erklären. Er hatte keine Zeit und ging einfach weiter. Ich stieg ein und dachte, dass er sicherlich zurückkommt und mir eine Karte verkauft. Der Zug fuhr ab. Erst als ich „Untertullnerbach“ hörte, merkte ich, dass ich in die falsche Richtung fuhr. Bei der nächsten Station stieg ich um. Ich lief auf die andere Seite und erwischte gerade noch den Zug. Er fuhr aber nur die halbe Strecke, bis nach Rekawinkel. Dort musste ich mich fünfundzwanzig Minuten in Geduld üben, bis zum nächsten Zug.

Ich hatte eine Schreibarbeit und ich rief die Werkstätte an. Die Sekretärin sagte, dass die Firma um 17:15 Uhr zusperrt. Ich konnte aber erst um 17:15 Uhr dort sein. Die Sekretärin erwähnte die Tankstelle, die Teil der Firma ist und noch offen haben wird.

Ich fragte, ob es möglich wäre, das Auto dort abzuholen und an der Tankstelle zu bezahlen. Sie musste nachfragen und ging dazu zum Telefon weg. Während sie weg war, fuhr der Zug ein. Ich lief zum Zug. Während ich lief meldete sich wieder die Sekretärin am Telefon. Ich verstand nicht alles aber hörte noch „Ist gut!“ Ich stieg in den Zug ein.

In Neulengbach Markt stieg ich aus und lief zur Tankstelle. Dort sagte ich meinen Namen und erklärte, wer ich bin und welche telefonische Vereinbarung ausgemacht wurde. Sie wusste nichts davon, hatte keine Rechnung für mich und keinen Schlüssel für mein Auto. In der Werkstätte gab es noch Licht zu sehen. Die Frau Tankwart ging hinüber und kam zurück mit einem Schlüssel. Er war aber nicht mein Schlüssel. Als ich ihr erklärte, dass er nicht mein Schlüssel war, sagte sie mir, dass sie einen anderen Schlüssel nicht gesehen hatte. Ich erklärte, dass alles am Telefon ausgemacht wurde. Der Schlüssel musste sicherlich drinnen sein. Sie glaubte nicht, dass es etwas bringen würde, ging aber, mir zu liebe, wieder zurück und suchte nochmals meinen Schlüssel.

Sie fand ihn auch. Sie kehrte zurück mit meinem Schlüssel und sagte mir, ich sollte das Auto im Hof suchen. Ich suchte fünfzehn Minuten lang, fand mein Auto aber nicht. Ich wollte sie nicht nochmals belästigen, also ging ich auf der anderen Seite der Gebäude und schaute dort. Siehe da, mein Auto war dort und hatte geduldig auf mich gewartet. Es war kein neues Auto, und hatte hin und wieder kleine Probleme, aber ich hatte es gern.

Ich hatte zugesagt für das Abendessen zu Hause, aber ich musste meine Frau Madelon anrufen und absagen. Die Zeit war einfach zu knapp. Ich musste sofort ins Theater. Sie verstand.

Zwei Tage später, musste ich nach dem Theaterdienst zu einer Spielerei. Unterwegs blockierte das Getriebe. Dieses Problem hatte das Auto noch nie gehabt. Es hilft alles nichts. Es musste schon wieder in die Werkstätte!

***Improvisieren? Ja, aber...***

Wo? Neulengbach

Wann? Oktober, 2000

Was? Ich, Kapellmeister des Musikvereins Altlengbach, sollte auch Stabführer spielen, weil kein anderes Mitglied des Musikvereins Altlengbach eine Ahnung davon hatte.

Der Anlass? Neulengbach wird zur Stadt.

Andere Teilnehmer? Vier andere Kapellen aus der Umgebung.

Warum Nicht? Soll ein anderer, der sich nicht dabei wohl fühlt, versuchen das zu machen, wovon er keine Ahnung hatte? Also, sagte ich zu.

Karl Hemmelmayer, mein Amadeus Brass Trompetenkollege und Leiter der Musikschule Tulln, erklärte mir, dass die fünf Kapellen an fünf verschiedenen Stellen Aufstellung nehmen und in einer bestimmten Reihenfolge, auf Zeichen, einen bestimmten Marsch spielen sollen und dabei bis zu einer abgemachten Stelle am Hauptplatz marschieren sollen.

Der Stabführer sollte sie dann vorstellen. Wir waren die fünfte Kapelle. Das gab mir die Chance, zu sehen, wie die anderen Stabführer ihre Arbeit verrichteten.

Was ich nicht wusste, war, dass das Präsentieren und die Begrüßung der Kapelle eine Zeremonie war, die mehr oder weniger ein Gespräch zwischen Karl, in dem Fall der Gastgeber und oberster Koordinator, und dem jeweiligen Stabführer- das waren wir. Von dieser Zeremonie hatte ich keine Ahnung. Es dauerte aber nicht lang, bis ich davon eine Ahnung hatte, und was ich sah, war nicht gerade beruhigend.

Jeder von den Stabführern, nachdem der Marsch mit seiner Kapelle zu Ende war und die Kapelle ruhte, schritt nach vorne und stand vor Karl. Er setzte fort mit einer komplizierten Stabgymnastik, die an ein Feuerwerk erinnerte. Er begrüßte Karl, mit der entsprechenden Stabgymnastik, und es entstand ein Präsentiergespräch zwischen Karl als Gastgeber und dem Stabführer, der antwortete immer mit den entsprechenden Stabbewegungen, von denen ich keine Ahnung hatte.

Was der Stabführer machte, war geübt, stilisiert, schwierig, schnell, und beeindruckend. Noch dazu war es eigentlich eine Folge von mehreren solchen Stabübungen, die jeder durchmachte. Obwohl es viermal vor mir gemacht wurde, wusste ich, dass ich keine Chance hatte, mir das alles zu merken. Physisch war es machbar, so wie jede Fremdsprache, aber ich kannte die Sprache noch nicht.

Eins war mir klar. Ich war die Nummer fünf. Ich musste also auch nach vorne, die Kapelle Altlengbach irgendwie verbal vorstellen und irgendwas mit dem Stab machen. Dorthin marschieren und nichts machen, kam für mich nicht in Frage.

Also, als der Zeitpunkt gekommen war, marschierten wir los, bis zum ausgemachten Punkt. Ich drehte mich und ging nach vorne, wie es die anderen gemacht hatten. Ich versuchte irgendwas zu machen, damit ich durch die Zeremonie durchkommen könnte. Karl musste sich sehr beherrschen, denn das, was ich machte, hatte noch keiner gemacht. So etwas hatte sicherlich auch keiner gesehen. Es war zu hundert Prozent improvisiert, mit einer kleinen Anlehnung an das was die anderen vor mir gemacht hatten.

Karl sah, dass ich keine Ahnung davon hatte, musste aber einige Punkte durchmachen, denn so ist eben diese Zeremonie. Ich bemühte mich bei jedem Punkt eine entsprechende Bewegungsreihe zu machen, und dabei todernst zu bleiben, weil das Ganze nicht in einen Witz ausarten sollte.

Die anderen vier Kapellmeister waren auch vorne und betrachteten alles aus nächster Nähe. Ich habe keine Ahnung, was sie dachten, aber eine starke Vermutung, dass sie mich für wahnsinnig hielten. Ein bisschen verrückt hat es sicher gewirkt.

Karl war sehr froh, als die Zeremonie zu Ende war und er zum lockeren Teil fortschreiten konnte. So hat er mir alle Stabführer mit Namen und Ortschaftsnamen vorgestellt. Ich war mitten im Schockzustand und habe mir überhaupt keinen Namen merken können. Ich war einfach froh, dass es vorbei war.

### *Der Sprung in die Freiheit*

Eines Mittwochs hatte ich sehr viel zu tun. „Das echte Wunder wird sein, wenn ich das alles ohne Zwischenfälle schaffe", dachte ich mir. Ich hatte den Vormittag schon geschafft und fuhr mit dem Auto nach Wien. Weil ich Hunger hatte, aber wenig Zeit, fuhr ich durch das Drive thru bei McDonalds und holte mir irgendein Menü. Mein nächster Termin war in sieben Minuten und ich musste noch einen Parkplatz suchen. Ich fuhr die zwei Minuten zur Ordination von Dr. Fritz Horak, mein Posaunenschüler, und siehe da: Genau gegenüber von seinem Hauseingang war ein perfekter Parkplatz. Ich konnte es kaum glauben. So etwas kam nicht jeden Tag vor. Ich freute mich, dass ich nicht zu spät kommen würde, holte meine Koffer und Taschen und Noten und noch etwas, und ging über die Strasse, beladen wie ein Packesel.

Vertieft in den Gedanken über den restlichen Tagesablauf, schaffte ich es irgendwie, trotz keiner freien Finger, auf den richtigen Knopf zu drücken und Sekunden später ging

die Automatiktür in meine Richtung auf. Nichts war dabei neu, jede Woche machte ich genau das Gleiche.
Dieses Mal aber, steckte ich so tief in Gedanken, dass die Tür mich beim Aufgehen überraschte. Ich trug an diesem Tag schwarze Lederschuhe mit Schuhbändern. Mein Nervensystem reagiert bei manchen Überraschungen ein bisschen übertrieben. Bei dieser Überraschung sprang ich ein paar Zentimeter in die Höhe und verlor dabei den linken Schuh.

So etwas hätte ich nicht für möglich gehalten. Der Schuh war nach wie vor fest gebunden. Wie sich der Fuß befreite ist mir bis heute noch immer ein Rätsel. Offensichtlich darf man den Wunsch nach Freiheit nicht unterschätzen, und Überraschungen auch nicht.

### *Tiger Balsam*

Aneel Soomary und Andreas Mittermayer gingen zur Apotheke, um für mich ein Produkt zu kaufen, damit es mir wieder gut ginge. Wir waren in Japan auf Tournee. Ich hatte Probleme mit meinen Bronchien und blieb im Zimmer. Die zwei waren der Meinung, dass ein japanisches Produkt, ihnen bekannt als Tiger Balsam, das richtige wäre. Sie kamen zurück mit dem Namen auf einem Zettel, auf japanisch aufgeschrieben, damit jeder Apotheker sich auskennen würde.

Sie überreichten mir den Zettel, und ich staunte. Um Tiger Balsam auf Japanisch zu schreiben, benötigte man elf Zeilen.

### *Verletzte Lippen*

Am 18.9.2004 spielten wir wieder von 10:00 Uhr bis 17:00 Uhr Dixieland in der Obkirchergasse beim Flohmarkt. Überall auf dem Flohmarkt gibt es Standeln wo man sich stärken und erfrischen kann, und jede Menge Möglichkeiten, ein Bier oder ein Glas Wein zu trinken, überhaupt als Musiker. Die Musiker werden oft auf ein Getränk eingeladen, beziehungsweise spielt die Musik Happy Birthday oder Hoch soll er Leben und wird mit einem Getränk belohnt.

Ich trinke nicht so viel, für Österreichische Verhältnisse überhaupt nichts und so passe ich bei diesen Gelegenheiten auf, aber ich versuche auch nicht unfreundlich zu wirken. Wir spielten also, wie immer, den ganzen Tag und marschierten dabei kreuz und quer durch den Flohmarkt. Es war ungefähr 16h geworden. Normalerweise hätten wir noch eine Stunde zu spielen.

Wir kamen an einem Stehbeisl vorbei, wo Tonnen aufgestellt waren. Das war eine super Gelegenheit für unseren Chef, den Trommler, ein lustiges Solo auf den Tonnen zu spielen. Um ihm Platz zu machen, ging ich zwei Schritte zurück und spielte weiter. Es waren zwei Tonnen vor mir, aber er verstand mein Zurückschreiten als Einladung, die Tonne zu erwischen, die rechts von mir war, die dritte Tonne also. Als er es aber versuchte, erwischte er meinen Trichter mit seinem rechten Arm.

Wer das kennt, weiß wie schmerzhaft und gefährlich es ist für Trompeter, wenn jemand während des Spiels den Trichter berührt. Er hatte es nicht absichtlich gemacht, aber die Lippen bluteten beide trotzdem und wurden sofort geschwollen. Ich lief weg und suchte schnell Eiswürfel. Von denen gab es in der Gegend jede Menge. Ich konnte keinen Ton weiter spielen, aber es war nicht so schlimm. Es war schon 16:00 Uhr. Die Gruppe spielte weiter bis 16:15 Uhr oder so und gab es dann auf.

Das Dumme war, dass ich um 21:00 Uhr noch einen Auftritt hatte, das heißt fünf Stunden später, mit der Blaskapelle Royal. Es war ein wichtiger Auftritt bei einem Musikantenfest des Bezirks Gänserndorf in Jedenspeigen, fast an der Tschechischen Grenze. Ich hatte noch ein bisschen Zeit, also kaufte ich mir Eis und trank Kaltes. Die Schwellung war aber nicht zu stoppen.

Ich rief Hans Peter Hahn an, und erklärte ihm mein Problem. Ich spielte so gut ich konnte, aber alle hohen Passagen musste ich eine Oktave tiefer spielen und die schönen Solostücke, die zu den Höhepunkten unseres Programms zählten, konnten wir überhaupt nicht spielen. Es war also wenig erfreulich.

Ich spielte trotzdem und versuchte, den oft hässlichen Klang im Trompetensatz zu verstecken. Das Konzert hatte doppelt so viel Kraft gekostet wie ein Auftritt mit allen Solonummern dabei. Das Gefühl auf den Lippen war als ob ein Posaunist irrtümlicherweise ein Trompetenmundstück erwischt hätte. Wenn die Lippen kaputt sind, ist die Trompete kaputt. Am Ende des Tages war ich mit meinen Kräften am Ende. Die Fahrt nach Hause war doppelt so lang wie die Kilometerzahl und in Moll statt in Dur.

## *Schief gelaufen*

An manchen Tagen hat man den Eindruck, dass es besser gewesen wäre, wenn man im Bett geblieben wäre. An einem bestimmten Tag war das bei mir der Fall, nur ich hatte keine Wahl. Ich war also ein bisschen erkältet und musste trotzdem zur Probe, die von 11:00 Uhr bis 14:00 Uhr dauerte. Um 15:00 Uhr hatte ich eine „kurze" Aufnahme zugesagt, so ging ich ins Studio. Bei der Aufnahme lernte ich, dass das Wort „kurz" auch ein langes Wort sein kann.

Nachher wollte ich mich duschen, aber dazu blieb mir keine Zeit. Ich war für die Abendvorstellung eingeteilt. Ich hatte aber kein schwarzes Hemd mit. Ein Kollege war mir behilflich. Ich ging relativ spät, übermüdet und noch nicht eingespielt in den Orchestergraben hinunter. Mein rechtes Auge war ein bisschen entzündet, so dass ich rechts nur unscharf sah. Um die Müdigkeit zu bekämpfen, nahm ich vor einem Solo eine Guarana Kapsel. Ich hatte aber kein Wasser zum Runterspülen.

Die Kapsel blieb mir im Hals stecken. Ich hatte Panik. Das Solo war mit Dämpfer. Ich versuchte zu schlucken und gleichzeitig den Dämpfer einzustecken. Mitten im Solo fiel der Dämpfer vom Trichter, so dass ein Du-Wah Klang resultierte. Weil das eine unpassende Stelle war für so einen Effekt, wirkte es wie der größte Witz.

Die Kollegen hauten sich ab. Einer sagte mir: „Das war lustig", und schlug freundschaftlich auf mein Knie. Das erschreckte mich in meinem halbwachen Zustand. Als

Wiedergutmachung lud er mich in der Pause auf einen Kaffee ein.

Ein anderer Kollege hob ständig das Instrument zum falschen Zeitpunkt, um mich zu verunsichern. Ich war viel zu schwach, um es zu hinterfragen. So gelang es ihm immer wieder, mich irrezuführen. Beim Umblättern fiel mir einmal eine Menge von Noten zu Boden.

Nach der Vorstellung ging ich in die Garderobe und duschte mich. Danach legte ich mich auf einen Tisch und schlief zwei Stunden, bevor ich in der Lage war, nach Hause zu fahren.

Am nächsten Tag war die Welt wieder in Ordnung.

### *Liedertext: „Dieser neue Tag"* [23]

Gestern war bei mir das Chaos los-
Nichts hat funktioniert.
Das Handtuch werfen wollte ich nicht,
doch, ich war frustriert.
So was darf mir nur einmal passieren,
So ein Tag, so dumm.
Freude hatte ich erst um Mitternacht.
Endlich war er um.

Dieser neue Tag birgt so viele Möglichkeiten in sich.
Dieser neue Tag bringt uns so viel Kraft und Sonnenlicht!
Dieser neue Tag ist doch wie kein anderer, den es schon gab. Er ist ein Neubeginn, voller Sinn.
Die Chance meines Lebens ist da- ein neuer Tag.

# DIE VERANTWORTUNG

## *Ein Fehler im Theater*

Im Jahr 1981, am Beginn meiner Tätigkeit im Raimund-Theater, musste ich erst herausfinden, wie und wo man an alle notwendigen Informationen herankommt. Das dauerte sehr lang und in der Zwischenzeit machte ich viele Fehler, weil ich so vieles noch nicht wusste. Mein Deutsch war noch nicht gut genug, um auch wirklich alles zu verstehen was gesagt wurde, und so musste ich bei allen Themen nachfragen, um ja nichts Wichtiges zu versäumen. Weil ich zu wenig verstanden hatte, wusste ich oft nicht, wann ich nachfragen sollte oder bei wem.

Und wenn ich nachfragte, bekam ich oft Antworten, die für mich verwirrend waren oder die ich falsch auslegte. Das merkte ich aber nicht sofort, sondern das stellte sich erst mit der Zeit heraus, und oft genug erst dann, wenn es zu spät und der Fehler schon passiert war. Wenn ich jetzt so darüber nachdenke, kann ich nur den Kopf schütteln. Dass ich noch im Theater angestellt bin, ist ein kleines Wunder! Ich habe so viele Fehler gemacht. Machen andere auch so viele Fehler? Das kann ich mir nicht vorstellen. Aber vielleicht ist das wieder ein Fehler von mir.

### *Den richtigen Ton*

Beim Musical „Tanz der Vampire" musste ich einsteigen und die Abendvorstellung spielen, ohne viel proben zu können. Ich hatte eine sehr anspruchsvolle Stimme zu spielen: Übergänge, Tempowechsel, Sprünge. Alles was nur vorkommen kann, war dabei. An einer Stelle musste ich sogar nach Buchstaben spielen, denn die Noten selber waren durchgestrichen. Es gab viele Eintragungen die noch provisorisch waren, teilweise unleserlich und unklar. Die Lage war also ununterbrochen gespannt. Meine Konzentration musste immer auf hundertprozentig sein. Es war total ermüdend und das hat sich auf eine sehr dumme Art gezeigt.

Einmal hatte ich einundzwanzig Takte Pausen. Danach hatte ich eine Ganze Note zu spielen, ein zweigestrichenes es - also keinen hohen, aber dafür einen recht langen Ton. Im Laufe dieser einundzwanzig Takte stieg die Spannung, aber meine Konzentration ließ nach. Am Ende der Auszeit dachte ich nicht mehr an die 3 b-Vorzeichen. Ich spielte mit vollem Klang und seelenruhig kein Es, sondern ein E. Es klang schauderhaft!

In so einem Fall könnte der Dirigent theoretisch den Betroffenen fragen: „Wie viele Pausentakte braucht ein Trompeter, um zu überlegen wie man auf der B-Trompete ein zweigestrichenes Es greift?" Inzwischen war ich ziemlich blass im Gesicht, passend zum Stück.

### *Die Fingermüdigkeit*

Manchmal kommt alles zusammen, so wie im Fasching 1998. Am Faschingssamstag ging es schon heftig los: Um 16:00 Uhr bereiteten wir die Bühne für den Faschingsball vor. Wir spielten dann von 20:00 Uhr bis 3:45 Uhr am Sonntag früh. Danach war Abbau der Bühne. Ich fuhr nach Hause und fiel um fünf Uhr hundemüde ins Bett. Um acht Uhr musste ich schon wieder auf sein, um meine Frau und die Kinder zum Zug zu bringen. Um 9:45 Uhr traf sich die Blasmusik zum Faschingsumzug in St. Christophen. Tausende Leute waren anwesend. Das hätte ich nie im Leben erwartet - in St. Christophen, bitte sehr! Nach dem langen Marsch gab es einen kleinen Imbiss. Keine Ahnung, was ich gegessen habe. Ich dachte nur mehr: „Ab ins Bett!"

Ich hatte schon vorgesorgt, dass ein Kollege statt mir im Theater spielte und das war gut so! Ich freute mich auf einen langen, ruhigen Nachmittag und einen Abend ohne Verpflichtungen. Irgendwann im Laufe des Nachmittags läutete das Telefon. Es war der Kollege, der zugesagt hatte, am Abend statt mir zu spielen. Nun, er war dabei, Möbel von Wien nach Niederösterreich zu übersiedeln und fragte, ob ich nicht doch den Abenddienst spielen könnte. Er wusste nichts von meinen Aktivitäten. Noch halb im Schlaf sagte ich ihm zu. Schließlich hatte ich ihm in der letzten Zeit ein paar Mal helfen wollen aber nie können, und ich wusste, dass es schon irgendwie gehen würde. Meine Lippen waren noch ziemlich geschwollen, aber nach noch drei Stunden Schlaf würde sich die Lage schon verbessern.

Die drei Stunden haben sicher nicht geschadet, aber viel geholfen haben sie auch nicht. Ich war so müde, dass ich beim Abenddienst einen Fehler machte, den ich noch nie in meinem Leben gemacht hatte:

Ich war so müde, dass ich mit den richtigen Fingern die falschen Ventile erwischte. Ich wollte das 1. und 2. Ventil spielen. Stattdessen erwischte ich das 2. und 3. Ventil, aber mit den Fingern, die ich für die 1. und 2. Ventile benütze. Meine Hand war also zu weit weg vom Gesicht und ich merkte es nicht, bis es zu spät war.

Der Dirigent hörte es sofort und korrigierte es auch. Das war mir in den letzten dreißig Jahren ganz sicher nicht passiert, das mit dem Greifen, meine ich.

### *Pünktlich ins Raimund-Theater*

1988 bis 1992 mieteten wir ein Haus in Klosterneuburg-Kierling von Freunden. Eines Abends hatte ich Theaterdienst. Den ganzen Tag war ich mit verschiedenen kleinen Projekten beschäftigt und als ich auf die Uhr schaute, kriegte ich einen Schock. Ich war schon sehr spät daran.

Von zu Hause musste ich fünf Minuten zu Fuß zum Autobus. Mit dem Autobus musste ich zehn Minuten bis zum Zug fahren. Mit dem Zug musste ich nach Heiligenstadt fahren und mit der U-Bahn von Heiligenstadt bis zur Gumpendorfer Straße. Danach wieder fünf Minuten zu Fuß und ich war beim Portier im Wiener Raimund-Theater.

Beim Theaterdienst ist es so: Wir haben eine Regelung, wonach jedes der Orchestermitglieder dreißig Minuten vor Dienstbeginn im Haus sein muss. Um das bestätigen zu können, gibt es beim Bühneneingang eine Torliste. Bei der Ankunft im Theater trägt jeder seinen Namen neben seinem Instrument ein, und dreißig Minuten vor Vorstellungsbeginn, wird die Liste kontrolliert. Fehlt jemand, wird ein Substitut verständigt. Hat ein Musiker ernsthafte Schwierigkeiten, meldet er sich von selber, damit das Theater so viel Zeit wie möglich hat, ihn zu ersetzen.

Es ist nicht immer leicht zu wissen, ob ein Substitut notwendig sein wird. Steckt einer im Stau? Wo ist er gerade jetzt? Ist er mit Handy erreichbar? Bis wann kann er da sein? Ist heute Sonntagsstau? Um wie viel Uhr ist er von zu Hause weggefahren? Ich bin froh, dass ich den Job nicht habe.

Also, Dienstbeginn an Wochentagen ist normalerweise um 19:30 Uhr. Das heißt für mich, dass ich bis spätestens 19:00 Uhr die Torliste unterschreiben muss.

Nun zum konkreten Fall zurück...so knapp war ich selten unterwegs. Auf der anderen Seite, so perfekt hatten die Umstiege noch nie geklappt. Es war filmreif. Nach dem dritten Anschluss, begann ich daran zu glauben, dass ich vielleicht doch rechtzeitig im Theater ankäme. Ich wusste aber, dass es nur dann ging, wenn ich von der Stadtbahn weg- jetzt U-6 genannt- laufen würde. Die Stadtbahn ist in der Station Gumpendorfer Straße angekommen. Ich sprang vom Waggon und lief ins Theater. Ich kam dort um genau zehn Sekunden vor 19:00 Uhr schwitzend an. Ich konnte es kaum glauben. So etwas hatte ich noch nie erlebt. Das Wunder war geschehen. Aber ein zweites folgte sogleich.

Als ich beim Bühneneingang hineinging, begrüßte mich der Portier: „Schön, dass sie kommen konnten, Hr. Pfister. Warten sie ein bisschen. In fünf Minuten ist die Pause."

Ich bin wie picken geblieben und habe ihn angestarrt. Sprach ich mit ihm? Das glaube ich nicht; ich konnte nicht sprechen. Er erklärte mir, dass die Vorstellung im Laufe der Woche auf 18:00 Uhr vorverlegt wurde, oder fand ich das im Laufe des Abends heraus? Das kann ich nicht mehr sagen. Im Schockzustand merkt man nicht alles.

Was ich aber merkte, war, dass meine Kollegen einer nach dem anderen, bei mir vorbei gingen, mich begrüßten, mir die Hand gaben und mir sagten, dass es schön war mich zu sehen. Dann gingen sie an die frische Luft. Ich aber war derjenige, der am aller dringendsten frische Luft brauchte. Ich blieb wie versteinert gegenüber dem Portier stehen, wie ein Roboter mit Handschlag Funktion.

Ich konnte mich nicht von der Stelle bewegen. Die KollegInnen sahen darin die zu ergreifende große Chance, gegenüber vom Portier ein eigenes Theater auf die Beine zu stellen. Ich wünsche mir, ich hätte die Vorstellung aufgenommen, nur mit einem anderen Schauspieler in meiner Rolle. „Servus Gerald, bisserl überpünktlich heute, was? Was machst DU hier? Schön, dass du gekommen bist! Wo warst du, dann? Das kostet dich eine Runde, weißt eh?"

Sie waren eher lieb. Ich glaube, dass jeder sehen konnte, wie es mir ging. Franz, der 2. Trompeter, sagte nichts. Man hatte ihn überredet, in meiner Abwesenheit 1. Trompete vom Blatt zu spielen. Das war ihm nicht leicht gewesen und witzig schon gar nicht.

Mein Vater hatte meine Neigung, zwanzig Jahre früher, schon erkannt. Er sagte immer: „Gerald, es ist unmöglich, von zu Hause zum Zeitpunkt weg zu gehen, an dem du eigentlich schon dort sein müsstest und trotzdem rechtzeitig anzukommen."

Ja, Pünktlichkeit ist mir theoretisch sehr, sehr wichtig. In der Praxis war es mir aber immer eine Herausforderung. Ich wollte nicht schlampig oder unverantwortlich sein. Das war es nicht. Ich war aber für so viele Sachen zu begeistern, dass die Pünktlichkeit darunter litt.

Pünktlich anzukommen und pünktlich Abschied nehmen sind mir zwei große Herausforderungen gewesen. Es gibt einfach so viel Interessantes! Beleidigen will man auch niemandem. Aber genau das macht man, wenn man diese wichtige Lektion nicht vorher lernt.

### *Kindermusical und Urlaub mit Überraschungspaket*

August, 1994 gab es eine Freizeit der Baptistenkinder Österreichs. Ich wurde gebeten, dafür Musik vorzubereiten und tat es in Form eines Kindermusicals. Die Kinder waren, mit wenigen Ausnahmen neun bis dreizehn Jahre alt. Die Freizeit fand im Schloss Klaus in Oberösterreich statt.

Wir probten am Anfang zwei Stunden pro Tag und zum Schluss zwei mal zwei Stunden am Tag. Die Kinder waren meistens sehr brav. Das Stück wurde für die Eltern und Familien der Kinder aufgeführt; zum Schluss der Freizeit, kurz vor der Abreise. Die Zuschauer antworteten mit tosendem Applaus.

Professor Werner Hackl leitete die Blechbläser und unterstützte mich kräftigst mit Rat und Tat. Gemeinsam mit den Blechbläsern spielte Jerry Jones wunderbar Klavier und Friederike Steffani super Schlagzeug. Joachim Orth malte wunderschön die Szenen für die Bühne und zeigte damit seine Vielseitigkeit und Fantasie. Nach einem Plan von Walter Drews, baute ich das Bühnenbild in Form eines großen Buches.

Walter und Klara waren sehr hilfreich beim Text kontrollieren. Ohne die Ratschläge von Walter zum Libretto, wäre kein Buch, kein Musical möglich geworden.

Nach den letzten stress- und arbeitserfüllten Tagen der Freizeit, nach der Aufführung, nach der Verbeugung und nach dem Applaus, musste ich fast ganz allein alles abbauen und schnell nach Hause fahren. Wir mussten es am gleichen Tag noch rechtzeitig zum Zug schaffen und nach Nord Deutschland, auf Urlaub.

Es war fast alles schon berücksichtigt worden, nur der Abbau dauerte viel länger als vorgesehen, weil alle schon abreisten.

Einige Mitarbeiter des Schlosses haben ein bisschen mitgeholfen, aber die ganze Bühnenkulissen abbauen und zum Auto - Anhänger hintragen - ein langer Weg - kostete viel Zeit, Energie und Nerven. Ich wusste nicht, ob wir in Wien unseren Zug erwischen würden.

Endlich war es soweit. Wir reisten ab. Im Auto erarbeiteten wir einen Plan, wonach jeder wusste, was er in den zehn Minuten zu Hause machen musste, damit es überhaupt funktioniert. Nun, aus den zehn Minuten wurden fünfzehn, aber wir hatten alles Unnötige abgeladen, das richtige Gepäck wieder ins Auto hinein geschmissen und mit der Zugkarte in der Hand waren wir unterwegs nach Wien zur Bahn. Dort schafften wir gerade noch auch den Zug und waren schon unterwegs Richtung Lüneburg. Eine herrliche Woche mit ganz lieben Leuten wartete auf uns. In ihrem Gartenhaus durften wir wohnen. Wir musizierten, kochten und aßen und blieben spät auf um diskutieren zu können. Es war so außergewöhnlich schön und entspannend, nach dem Stress auf der Freizeit, dass wir um einen Tag verlängerten. Wir waren nämlich bei der Familie der Schlagzeugerin, Friederike. Ich erinnerte mich daran gehört zu haben, dass ich am dem Tag keinen Dienst hatte, also dachte ich, dass nichts dagegen sprach.

Der nächste Tag war Reisetag. Als wir spät am Nachmittag zu Hause ankamen, erfrischt und dankbar, und irgendwie wieder müde, schaute ich in den Briefkasten hinein. Ich fand dort einen Zettel, auf dem mit der Hand geschrieben stand: Lieber Gerald, Du weißt hoffentlich schon, dass du heute im Raimund-Theater spielst. Dein Willi.

Willi war für die Diensteinteilung im Trompetensatz zuständig. „Na, gut." Dachte ich. „Das ist alles ein bisschen plötzlich, aber es wird schon gehen", dachte ich mir. Erst

dann, las ich das Datum. Es war von Gestern! „Nein! Das kann nicht stimmen. Was ist heute? O nein, bitte nicht!“ Ich lief zum Telefon und rief Willi an.
Willi sagte mir, dass sich alle um uns Sorgen gemacht hatten. Die Polizei war bei uns und hatten das Schlimmste nicht ausschließen können. Was war passiert?

Weil wir es beim Wegfahren von zu Hause so eilig hatten, hatten wir nicht genau kontrolliert, ob die Tür des Haupteinganges tatsächlich zu war oder nicht. Unsere Tür konnte manchmal so wirken als ob sie zu wäre, ohne es zu sein. Der Letzte durch die Tür hatte nicht nochmals kontrolliert, und ein starker Wind hatte ein paar Tage vor unserer Rückkehr die Tür aufgemacht. Unser Haus liegt unterhalb der Strasse, aber am Tag vor unserer Rückkehr hatte eine Nachbarin gesehen, dass die Tür offen war und sich bei uns erkundigt.

Als sie sah, dass niemand da war, rief sie die Polizei an. Als die Polizei bei uns war und die Sache genauer anschaute, klingelte das Telefon. Es war der Orchestersekretär vom Theater. Ein Polizist ging ans Telefon. Der Orchestersekretär erklärte, dass er nicht wusste, warum ich nicht beim Dienst war. Die Polizei war beim Untersuchen, ob bei uns eingebrochen wurde oder nicht. Weil die Polizei bei uns ans Telefon ging, vermutete der Orchestersekretär was Schlimmes. Weil der Orchestersekretär erklärte, dass ich zum Dienst eingeteilt war, aber nicht zum Dienst kam, und der Polizist sah, dass die Tür offen, und keiner zu Hause war, konnte er die Möglichkeit noch nicht ausschließen, das etwas Schlimmes passiert wäre. Einiges sprach allerdings dagegen. Bei der Tür gab es keinen Hinweis Richtung gewaltsamer Einbruch und im Haus drinnen war alles in bester Ordnung (oder Unordnung- es war noch eine Baustelle).

Nichts ahnend, waren wir plötzlich aus dem Genuss unseres Erholungsurlaubs herausgerissen und in das Spannungsfeld eines Krimis hineingestellt. Natürlich musste eine ernste Mahnung in schriftlicher Form folgen. Ein kurzer Spitalsaufenthalt mit Komplettuntersuchung hätte mir auch gut getan. Aber dazu gab es keine Zeit. Mehrere Orchesterkollegen hatten freundlicherweise in meiner Abwesenheit meine Stimme aufgeteilt. Es ging also fast nichts verloren. „Das war die Ausnahme und darf natürlich nicht zur Regel werden" ließen sie es mich wissen. Der Alltag war wieder voll da!

### *Auto-Entgleister*

Weil ich ein Bastler bin, habe ich oft kleinere oder größere Projekte vor. Eines Tages wusste ich, dass ich am Auto einige Reparaturen durchführen musste. Am Abend hatte ich zugesagt, ein Dixieland Konzert in Wien zu spielen, in der Brunnerstrasse. Ich musste also früh genug mit dem Auto fertig werden, damit ich mit dem reparierten Auto zum Konzert fahren konnte. Ich hatte schon das und jenes am Auto selber repariert und hielt dies für realistisch. Also um 7:00 Uhr fing ich mit dieser Arbeit an.

Das Auto ließ sich aber nicht so leicht reparieren. Beim Befestigen von den Schrauben ist mir eine Schraube abgerissen. Auch ein Bolzen ist mir abgerissen. Das hatte zu bedeuten, dass ich gleich zwei bis drei Stunden mehr brauchte. Zusätzlich zur Arbeit unter der Haube, hatte ich am Auspuff gearbeitet. Ein paar Mal nacheinander war ich abgerutscht und hatte in meine Hand hinein geschnitten.

Das war ärgerlich, ein bisschen schmerzhaft, und sehr dumm. Als Krone dieser Tätigkeit, rutschte mein Unterlegbrett, während ich unter der Haube mit dem Oberkörper über den Motor gebeugt war. Ich flog auf einen Hammerstiel und verletzte meine Rippen- nur wusste ich es nicht sofort.

Ich war fix und fertig und das Auto war nicht repariert. Ich versuchte, den Bandleader telefonisch zu erreichen. Das gelang mir nicht. Ich versuchte, einen anderen in der Band zu erreichen. Das gelang mir auch nicht. Beide waren schon unterwegs zum Konzert. Die Auskunft konnte mir die Telefonnummer des Gasthauses aus irgendeinem Grund nicht geben. Ich konnte also niemanden erreichen, konnte auch nicht fahren, und fühlte mich mies. Ich musste warten, bis die Freundin des Chefs mich erreichte, etwa eine Stunde nach Beginn des Konzerts. Die ganze Band war bös auf mich, besonders der Chef. Ich erklärte alles, aber ich glaube nicht, dass man es mir glaubte. Vielleicht klang es ein bisschen zu weit hergeholt.

Ich spielte noch drei Tage im Theater in der Hoffnung, dass die Schmerzen am Brustkorb verschwinden würden. Das taten sie aber nicht. Ich ging zum praktischen Arzt und zum Röntgenologen. Ich hatte keinen Bruch, aber schwere Rippenprellungen. Das hieß vier Wochen Krankenstand. Ich hatte Schmerzen beim Atmen, Schlafen, Bewegen - konstante Schmerzen.

Freunde von uns aus der Baptistengemeinde, Angelika und Christian Schenk, schenkten uns um ein Trinkgeld ein Auto. Das war ein wunderbares Geschenk und sehr wichtig für mein Berufsleben und unser Leben überhaupt.

Eine ganze Woche nach dem Unfalltag konnte ich nicht einmal klar denken, ich war so kaputt. Ich versäumte es, einige wichtige Telefonate rechtzeitig zu erledigen. Die Kommunikation mit der Außenwelt war fast abgeschnitten. Ich verlor meine Stelle als Trompeter bei der Dixieland Band und erfuhr noch Monate danach, dass es Musiker gab, die sehr bös auf mich waren und mir verschiedenes vorwarfen, was meinem Ruf als Berufsmusiker schadete.

Seither sind Jahre vergangen. Ich sehe die meisten von den Musikern in anderen Besetzungen, in anderen Bands, und ich glaube, dass die Hemmungen, mit mir zu sprechen, die einige hatten, schön langsam abgebaut wurden. In einem Fall, wo es  üble Nachrede gibt, befindet man sich als Betroffener in einer sehr schwierigen Situation. Spricht man darüber, glaubt es keiner. Viele Menschen lügen, wenn es darum geht, die eigene Haut zu retten, also wird die Wahrheit auch nicht geglaubt. Spricht man nicht darüber, muss das einen Grund haben, also glaubt man die üble Nachrede. Und so befindet man sich in der Sackgasse. Man ist erledigt und kann gar nichts dagegen machen. Ich muss schon zugeben; in so einer Situation, haben die anderen es auch nicht  leicht, die Wahrheit zu verstehen.

Jahre später fragte ich nach, um zu erfahren welcher Trompeter statt mir in der Gruppe spielt. Walter Fend, ein guter Kollege und guter Trompeter hat mich ersetzt. Er ruft mich hin und wieder an, wegen Schulkonzerten mit seinem Blechbläser Quintett, Pentabrass. Wir haben uns immer gut verstanden. Ich glaube aber, dass er entweder mit der Straßenbahn fährt oder sein eigenes Auto nie repariert.

### *Statt mir spielen*

Wir haben das große Vorrecht, einen einstudierten Ersatz zu bestellen, der statt uns den Theaterdienst übernimmt. Das ist meistens ein Kollege, der im Theater angestellt ist. Manchmal aber ist es ein Trompeterkollege von außerhalb des Theaters. Das ist sehr hilfreich, wenn einem ein attraktiver Auftritt außerhalb des Theaters zuwinkt. Meistens funktioniert es ganz gut. Ende 2006, hatte ich einen solchen Fall und ich rief Aneel Soomary an und bat ihn mir zur helfen. Er sagte nicht sofort zu, weil er einiges noch kontrollieren wollte. Infolgedessen verschob er seine eigenen Termine, damit er mir helfen konnte. Ich war sprachlos. Bald danach, wurde der wichtige Auftritt, den ich hätte spielen sollen, abgesagt. Weil ich nicht seine Meinung kannte, rief ich Aneel sofort wieder an und erklärte ihm die Lage, aus meiner Sicht.

Es tat mir so Leid, aber das Wenigste, was ich tun konnte, war ihm anzubieten, meinen ursprünglichen Dienst zurückzunehmen, wenn es ihm lieber wäre. Er hatte die Wahl und war am Ende damit einverstanden, dass ich den Theaterdienst wieder übernehmen sollte, was ich auch tat.

Also hatte ich an dem Abend statt dem Kollegen Substitut gespielt, der für mich substituiert hätte, hätte ich am Ende einen Substituten gebraucht, was nicht der Fall war. Kurz gefasst, an dem Abend, spielte ich statt mir.

# FINANZEN

## *Das liebe Geld*

Geld ist immer ein wichtiges Thema. Ich habe oft musiziert und nicht gewusst, wie viel ich dabei verdienen würde. Ich habe oft gespielt und ganz genau gewusst, wie viel ich dabei verdienen würde. Ich habe manchmal geglaubt, es genau zu wissen, weil es mir gesagt wurde und trotzdem nicht gewusst.

Ich habe oft sofort nach dem Auftritt das Honorar ausbezahlt bekommen. Oft habe ich aber auch sehr lange warten müssen, bis ich das Honorar auf meinem Konto hatte. Selten habe ich das Geld im Voraus ausbezahlt bekommen. Selten bekam ich mehr als die ausgemachte Summe, aber auch das kommt vor.

Trotz alledem muss ich immer meine Rechnungen vorzeitig oder mindestens rechtzeitig bezahlen, sonst gibt es Probleme. Ja, Geld ist immer ein wichtiges Thema.

## *Einladung zum Kaffee*

Heute Abend, 01.12. 98, ist mir etwas Eigenartiges passiert, das mir zu denken gab. Als ich auf den Zug wartete, dessen zehn Minuten Verspätung schon angekündigt waren, fuhren zwei Züge vorbei in die andere- für mich die falsche- Richtung.

Um meine musikalischen Ohren ein bisschen zu schützen, spazierte ich ein Stück von den Gleisen weg. Dabei schlenderte ich durch einen Bereich, in dem die Taxis manchmal in Warteposition stehen, bis die nächsten Kunden mit dem Zug ankommen.

Hier war nicht nur der Schall gedämmt, sondern auch das Licht war sehr gedämpft. Man sah den Boden noch, doch die kleinen Steine und Sandstreu waren schwer auszumachen. Auf dem Boden lag aber etwas, das ein bisschen mehr Licht reflektierte. War das nicht die Oberseite eines leicht in den weichen Boden gedrückten 1-Schilling-Stückes?

Ich hob die Münze hoch, um meine Vermutung zu bestätigen und suchte gleich weiter. Wo eine Münze auf dem Boden liegt, kann auch eine zweite liegen, oder? Keine dreißig Sekunden später fand ich auch die zweite Münze, diesmal ein 5-Schilling-Stück.

„Also, wenn das so weiter geht…“ dachte ich mir. Ich suchte und suchte…drehte den Kopf hin und her, beugte mich tief hinunter und schaute die verdächtigen vier Quadratmeter von allen möglichen Seiten an. Ich fand nur mehr einen Stein, der das Licht stärker reflektierte, weil er auf einer Seite so flach war. Münzen lagen keine mehr herum. Irgendein Taxilenker oder Kunde hatte vielleicht an einem eisigen Wintertag beim Bezahlen oder Wechseln die Münzen fallen lassen und sie so im Schnee verloren. Oder

waren die sechs Schilling vielleicht unter das Auto gerollt, wo man sie nicht wieder finden konnte?
Ein paar Tage vorher hatte ich eine Theaterkollegin auf einen Kaffee eingeladen. Der Automatenkaffee kostete bei uns genau sechs Schilling.

Beide Münzen waren schmutzig, aber noch als gültige Münzen zu erkennen. Gültige Münzen haben nach wie vor ihren Wert, egal wie schmutzig oder alt sie sind.

Der Zug wird jetzt jederzeit einfahren, dachte ich mir. Während ich mich den Gleisen näherte, starrte ich immer noch auf den Boden, fand aber keine Münzen mehr. Ein paar Mal sah ich etwas auf dem Boden glänzen: einen Bierdeckel, Zuckerlpapiere. Sie glänzten viel mehr als die Münzen im Schatten. Aber sie waren wertlos. Äußerlich glänzend, aber innerlich hohl. Dann dachte ich, dass auch unser „Inneres" mehrschichtig sei, so dass wir auch von unserem inneren Leben sagen könnten: äußerlich Glanz, aber innerlich hohl. Ich dachte mir: Das ist ein gutes Bild für Hoffnung und Enttäuschung. Wenn dieser Glanz die Hoffnung unseres Lebens ist, dann ist dieses Hohlsein die Lebensenttäuschung. Ich dachte wieder an die zwei Münzen, schmutzig aber wertvoll, und entschloss mich, einen Kollegen auf einen Kaffee einzuladen.

### *Die Gagenerhöhung*

Instrumentalist: Ja, guten Morgen, Herr Chef! Ich würde gerne ganz kurz mit ihnen über meine Gagenerhöhung reden.

Orchestersekretär: Ja, natürlich! Ich muss nur kurz im nächsten Raum eine Nichtverlängerung unterschreiben. In dreißig Sekunden bin ich wieder da.

### *Finanzielle Lösung*

Im Musik-Geschäft in Wien und Umgebung gibt es Meister der Klarheit und Meister des Mysteriums. Das betrifft nicht nur das Dirigieren, sondern auch den Treffpunkt, die Bekleidungsrichtlinien, das Honorar: wann, wie und wie viel. Manchmal gibt es den legitimen Grund, dass auch mein Arbeitgeber einen Arbeitgeber hat, der sich unklar ausdrückt. In so einem Fall kann es mir kaum anders gehen, oder? Aber das ist nicht immer der Grund, warum man in Unklarheit bleibt. Probleme mit Alkohol, Unruhe zu Hause, Unreife, Gaunerei, Mangel an Geschäftssinn. Alle diese Gründe, auch mehrere gleichzeitig, können eine Rolle spielen.

Ich war auf Tournee im Persischen Golf und hatte ein ungutes Gefühl. Im Flugzeug redete ich mit einem Musikerkollegen, dem die Finanzen für diese Reise völlig klar waren, weil sie ihm detailliert erklärt worden waren. Ich hatte aber nur einiges erklärt bekommen.

Er ermutigte mich, mit dem Chef ein Gespräch zu dem Thema zu führen. Beim Frühstück am nächsten Tag saß ich bei einer Kollegin, die mir versicherte, dass sie von diesem Chef nie unfair behandelt worden war. Sie ermutigte mich auch, den Chef um ein Gespräch zu bitten.

Ich wusste, dass der Chef sehr feinfühlig war und ich wusste auch, dass er manchmal sehr lautstark seine Unzufriedenheit mit dem Benehmen oder den Einstellungen seinen Mitarbeitern kundgetan hatte. Ich wollte deswegen vorsichtig vorgehen. Ich schrieb einen kleinen Zettel an den Chef, in dem folgendes stand:

Lieber ------------!

Ich bitte um ein Vieraugengespräch mit dir, um unsere finanzielle Abmachung kurz zu besprechen. Mir ist es sehr wichtig, dass zwischen uns Klarheit herrscht. Bitte, melde dich. Danke, Gerald Pf. Zimmer Nr. 209.

Nun, ich hatte seit Jahren für diesen Chef bei verschiedenen Auftritten gearbeitet und fühlte mich geschätzt und meistens gerecht behandelt. Es gab ein paar Mal, wo ich unsicher gewesen war, oder wo ich vermutete, dass ich vielleicht doch den Kürzeren gezogen hatte. Das könnte aber durchaus daran gelegen sein, dass ich mich nicht artikuliert hatte und er den Eindruck bekam, dass es mir sowieso egal sei. Auf der anderen Seite konnte und wollte ich ihm nichts vorwerfen oder unserer zwischenmenschlichen oder geschäftlichen Beziehung zueinander schaden oder sie verunsichern. Also war die Frage: Wie gehe ich diese Sache an?

Meine Gedanken und Gefühle waren ganz unterschiedlich und gemischt. Ich nahm ein Blatt Papier zur Hand und schrieb sie auf. Ich war froh, mitarbeiten zu dürfen und wollte nicht undankbar oder bestimmend wirken. Noch dazu hatte dieser Chef mit Trompetern schon Schwierigkeiten gehabt. Ich wollte nicht, dass er vielleicht dachte: „Ja, ja, schon wieder ein Trompeter, der mir Schwierigkeiten macht!“

Auf der anderen Seite, wenn er mich wirklich schätzte, warum blieben dann die Finanzen so verschleiert? Glaubte er vielleicht, dass ich das Geld nicht brauchte, dass er bei mir einiges einsparen könnte? Dabei ging es mir nicht nur um das Geld. Ich mochte nicht für jemanden arbeiten, der mich ungerecht behandelte. Wenn er darauf bestehen sollte, hätte ich die Wahl: entweder bleiben oder nicht mehr für ihn arbeiten. Ich wollte aber nicht, dass unser Gespräch im Sinne eines Ultimatums stattfindet. Das wäre auch fehl am Platz gewesen. Also, wie sollte ich diese Sache angehen?

Bei diesem Engagement ging es um eine Tournee, bei der ich sowohl in einer Combo als auch in einem Orchester Trompete spielen sollte. Ich wusste, wie viel ich für den Auftritt in der Combo verdienen würde, weil der Chef es mir gesagt hatte. Dass ich im Orchester mitspielen soll, wusste ich auch. Vom Honorar fürs Spielen im Orchester war mir nichts bekannt.

Also nahm ich einen Zettel zur Hand und schrieb meinen Namen und das Datum darauf. Darunter schrieb ich das Wort „Combo“ und das genaue Honorar, das wir abgemacht hatten. In die nächste Zeile schrieb ich das Wort „Orchester“ und daneben, wo das Honorar stehen sollte, schrieb ich nichts. Darunter schrieb ich „Summe“ und nichts daneben. Als wir uns trafen, bedankte ich mich bei meinem Chef für sein Kommen und bat ihn, so lieb zu sein und den Zettel zu vervollständigen, damit völlige Klarheit zwischen uns herrsche.

Das tat er sofort und bestätigte es noch mit den Worten: „Na klar bekommst du die doppelte Gage. Du spielst schließlich zweimal die erste Trompete.“ Dann wechselte er das Thema und besprach mit mir Datum und Adresse zukünftiger Auftritte.

Vielleicht hatten andere Kollegen im Gespräch mit ihm meine Verunsicherung erwähnt. Jedenfalls wirkte er auf die Frage vorbereitet. Oder doch nicht?

Ich bedankte mich und lud ihn freundschaftlich auf ein Getränk ein. Es war alles optimal verlaufen. Ich kannte mich aus. Er kannte sich bei mir aus. Jetzt konnte ich meine Kräfte alle bei den Auftritten einsetzen, nach dem Motto: „Die Hauptsache ist, dass die Hauptsache die Hauptsache ist.“

Gut war, dass die Verunsicherung ein Ende gehabt hatte und zwar rechtzeitig. Aus einer Belastung wurde eine Bestätigung, aus einer Qual eine Quelle. Das Engagement war nicht leicht und ich habe alle meine Kräfte gebraucht.

### *Aus den Fehlern lernen*

Ich spielte in einem Wiener Studio für einen Kollegen eine Aufnahme. Das Honorar war mit 1000,- Schilling fixiert. Ich brauchte das Geld und so sagte ich zu. Ich musste eine zweistimmige Melodie im Mexikanischen Stil komponieren und aufnehmen. Der Kollege hatte auch von weiteren Terminen gesprochen.

Irgendwann im Laufe der Aufnahme wurde mir klar, dass das Honorar eigentlich verhältnismäßig gering war. Ich hatte aber schon zugesagt.

Weil ich zugesagt hatte, wollte ich auch dabei bleiben und zu meinem Wort stehen. Weil es aber verhältnismäßig wenig war, wollte ich ihm diese Tatsache klar machen, damit das nicht wieder passierte.

Diese Situation habe ich so gelöst: Ich spielte alles zur Zufriedenheit meines Chefs fertig und bekam das Honorar ausbezahlt. Dann kündigte ich meinem Chef an, dass ich ihm einen Brief schicken wollte, in dem ich ihm etwas erklären würde. Ich versicherte ihm aber, dass mit dieser Aufnahme alles in Ordnung war, bedankte mich und fuhr nach Hause.

Zu Hause schrieb ich einen Brief, in dem ich die Studio-Arbeit detailliert aufschrieb und die Kosten, die meiner Meinung nach jedem Punkt entsprochen hätten, anführte. Ich erklärte ihm, dass es mir klar war, dass es verschiedene Trompeter gibt, die auch zu verschiedenen Preisen verschiedene Arbeiten verrichten. Aber ich wollte ihn von meinen Preisvorstellungen in Kenntnis setzen, damit es in Zukunft keine Unklarheiten gab. Ich bedankte mich noch für den Auftrag und das war es schon.

Einige Zeit später fragte mich eine Kollegin, deren Mann an einem Herzinfarkt gestorben war, ob ich Interesse hätte, gemeinsam mit anderen Arrangeuren und Komponisten an einem Projekt zu arbeiten, bei dem einige musikalische Themen ihres Mannes fertig komponiert und auf einer

Doppel- CD aufgenommen werden sollten. Er war Gitarrist, Komponist und Fotograf gewesen.
Ich bekam Musikkassetten mit seinen Themen und auch einige ausgedruckte Noten in die Hand. Ich hörte seine Arbeit mehrmals an. Dabei überlegte ich, welche Themen mit einem Blechbläserquintett zu verwirklichen wären. Ich sprach Blechbläserkollegen im Theater an und organisierte die Musiker für die Aufnahme.

Damit der gleiche Fehler mit dem unangemessenen Honorar nicht noch ein Mal passierte, erkundigte ich mich bei Kollegen, die Studios hatten, um über die gängigen Preise Bescheid zu wissen. Ich wählte ein Mittelmaß, mit dem ich leben konnte und dem entsprechend schrieb ich alle Arbeitsgänge auf, alle Kosten und Ausgaben, um erklären zu können, wie das Projekt finanziell ausschauen könnte. Es stellte sich heraus, dass diese Checkliste für uns beide, die Witwe und mich, sehr wichtig war.

Ich nahm mir viel Zeit, um jeden Punkt organisatorisch und gefühlsmäßig mehrmals zu überdenken. Als ich zufrieden war, teilte ich meine Überlegungen meiner Frau mit. Ihre Meinung war mir auch sehr wichtig.

Als wir zwei fertig waren, rief ich meine Kollegin an, um einen Termin zu vereinbaren, damit wir meinen Vorschlag genauer anschauen könnten. Unser Treffen lief sehr harmonisch ab. Sie hatte sich die Sache ähnlich vorgestellt. Das Projekt war von Anfang an erfreulich. Die Qualität der Aufnahme war sehr hoch, die Stilrichtungen waren sehr verschieden, die Instrumente, die aufgenommen worden waren, auch bunt gemischt. Jeder meiner Musiker war zufrieden mit der finanziellen Abmachung, was mir persönlich sehr wichtig war. Das ganze Projekt hatte sechs Monate meines Lebens in Anspruch genommen. Am Ende hatten wir eine Komposition namens „Living out West" („Das Leben im Westen") mit sieben Sätzen für Blechbläserquintett. Meine Kollegin hatte als Andenken eine wunderschöne Doppel-CD mit der Musik ihres Mannes, arrangiert von ihren und seinen Kollegen. Ein Jahr nach seinem Tod führten wir die Sätze in seiner Heimatstadt auf. Viele seiner Freunde waren anwesend. Alle waren tief gerührt.

### *Es läuft nicht immer so ab wie geplant*

Die Vorgeschichte: Ich habe eine Jahreskarte. Warum? Ich mag nicht immer mit dem Kauf von Karten beschäftigt sein. Das ist kein Leben. Man kennt die Strecke. Man weiß, es bleibt so und wird nicht anders. Warum nicht das Thema „Karte kaufen" ein für alle Mal abhaken und sich dadurch für höhere Gedanken frei machen?! Noch dazu bin ich eher ein „knapper Typ". Wenn ich ein bisschen spät dran bin und auch noch keine Karte gekauft habe, bin ich im Nachteil. Was ist, wenn zu der Zeit ein anderer dort steht und seine Karte kauft? Unter Umständen könnte ich sogar den Zug versäumen. Lieber lasse ich es gar nicht darauf ankommen.

Ich hatte also eine Jahreskarte für Wien und bis zu unserer Haltestelle Eichgraben-Altlengbach. Aufgrund meines umfangreichen Unterrichtsplans schaffte ich es aber immer seltener zum Zug. Stattdessen fuhr ich nach der letzten Unterrichtsstunde mit dem Auto nach Wien ins

Theater. Also verwendete ich immer weniger den Zug nach Wien oder retour.
Einmal entschied ich mich zu Jahresanfang dafür, die Jahreskarte für Wien zu behalten und die Außenzone zu kündigen. Meine Frau und ich hatten diese Möglichkeit oft angesprochen. Jetzt war es Zeit zu handeln.

Eines Tages hatte ich in einem Restaurant am Wiener Westbahnhof ein Treffen mit unserem Finanzberater vereinbart. Ich wollte eine Ausnahme machen und mit dem Zug nach Wien hineinfahren. Rechtzeitig stieg ich ins Auto, um die fünf Minuten bis zur Haltestelle zu fahren. Aus Gewohnheit aber fuhr ich an der Haltestelle vorbei. Ich hatte gerade an etwas anderes gedacht und mein Auto fuhr ohne viel Zutun von mir die bekannte Strecke - am Bahnhof vorbei.

Ungefähr ein Kilometer später wurde mir mein Fehler bewusst. Ich suchte die nächste Gelegenheit umzudrehen und fuhr zurück zur Haltestelle. Ich war immer noch rechtzeitig für den Zug um 8:22 Uhr da, aber der Zug fuhr nicht ein. Andere Menschen warteten nicht- ich war der einzige. Als ich das merkte, schaute ich den Fahrplan nochmals an. Ich kam darauf, dass ich den Plan falsch gelesen hatte. Der nächste Zug fuhr erst um 8:59 Uhr. Ich musste also noch vierzig Minuten warten.

Auf der anderen Seite der Bahngleise hatte ein Beisl aufgemacht. Ich war noch nicht drinnen gewesen und sah diese Gelegenheit als Möglichkeit an, es kennen zu lernen. Ich ging hinüber zum Beisl, bestellte zwei Gebäck und einen Kaffee und rief Franz, meinen Berater, an, um ihn über meine Verspätung zu informieren.

Während der neue Wirt Kaffee kochte, plauderte ich eine Weile mit ihm. Das Frühstück kostete €11,-. Das war nicht geplant, aber ich hatte das Geld in meiner Tasche. Nach dem Frühstück ging ich wieder auf meine Seite der Gleise und kaufte mir eine Fahrkarte um €3,-.

Ich fuhr nach Wien und erledigte unterwegs einiges an Büroarbeit, die ich in meiner Tasche mitgenommen hatte. Das Treffen mit Franz war sehr gut, sehr hilfreich. Ich lud ihn auf ein Getränk und einen Apfelstrudel ein und bestellte das Gleiche für mich.

Ich schaute auf die Uhr und sah, dass ich schnell nach Hause musste. Der Installateur war unterwegs zu uns und ich musste rechtzeitig zu Hause sein, um ihn einlassen zu können. Meine Frau war nicht zu Hause.

Ich lief zum Zug und schaffte es gerade noch hinein zu hüpfen, bevor der Zug abfuhr. Es ging um weniger als zwei Sekunden. „Das war knapp“, dachte ich mir. Das Problem war, dass der Zug nur die halbe Strecke fuhr, bis Tullnerbach-Pressbaum. Zu dumm! Der nächste Zug, der hier und in Altlengbach stehen bleiben würde, kam erst in etwa einer Stunde.

„Na, gut, dann fahre ich mit dem Taxi.“ Aber beim Taxistand war kein Taxi. Ich musste ein Taxi anrufen. Die Telefonnummer stand auf dem Schild beim Standplatz, also rief ich an. Der Taxifahrer machte sich sofort auf den Weg zu mir.

Ich wusste, dass es mehr kosten würde als ich geplant hatte, aber wenigstens wäre ich rechtzeitig für den

Installateur zu Hause. Während ich auf das Taxi wartete, läutete mein Handy. Es war der Installateur. Es war ein Notfall. Er musste leider absagen. Er musste dringend zum Zahnarzt. „Passend zum Tag", dachte ich mir.

Wir machten einen Ersatztermin aus und ich wartete auf den Taxifahrer. Das Taxi kostete €14,-. Es war nicht geplant, aber ich hatte das Geld in meiner Tasche.

Nachdem der Installateur nicht kommen konnte, und Madelon nicht zu Hause war, beschloss ich, ins Gasthaus zu gehen und die Hausplatte zu bestellen. „Hausplatten sind normalerweise gut, und mindestens das sollte funktionieren", dachte ich mir. Die Hausplatte war teuer und schmeckte mir überhaupt nicht. Mit dem Getränk zusammen kam es auf €13,-.

Dass so viel schief laufen kann- ein Punkt nach dem anderen- und dass ein Tag so teuer kommen kann, gerade zu einer Zeit, in der man Geld sparen möchte, hätte ich nicht gedacht.

Statt etwa sechs Euro, die ich bezahlt hätte, wenn ich mit dem Auto gefahren wäre, kostete mich der Tag knapp unter €50,-, inklusive Trinkgelder.

Seither gelten bei mir „Abkürzungen" nicht unbedingt als Sparmaßnahmen.

### *Posaunenvertrag*

Posaunist: Finden Sie, dass mein Gehalt gerechtfertigt ist?

Orchestersekretär: Ja. Die Welt ist ungerecht.

Posaunist: Schön und gut, aber man muss nicht deswegen alle Rekorde schlagen!

### *Die passende Gage*

Ich hatte in Altlengbach, die Ortschaft in der ich wohne, zugesagt, dass ich am 20.11.2003 beim Kindergartenfest vorbeischauen und ein paar Trompetenstücke für die Kinder und ihre Eltern spielen würde. Es klang harmlos und ich wollte entgegenkommend sein, also sagte ich zu. Ich hatte an diesem Tag, nach vielen Einzelunterrichtstunden an der Musikschule, Kopfweh. Ich wollte eine Toilette aufsuchen, hatte aber Angst, dass ich meinen Einsatz verpassen würde, also blieb ich unverrichteter Dinge vor dem Kindergarten stehen.

Man sagte mir, ich solle auf ein Turngerät hinaufklettern und den Einsatz abwarten. Der Wind war eisig kalt.

Es war ein gemischtes Programm: offizielle Begrüßung, Kindertänze, Gedichte, Volkslieder, Kinderlieder, Rednerinnen, Überraschungen, usw.

Ich wartete frierend auf dem Turngerät, mit Kopfweh und einer vollen Blase, die mir Druck machte. Ich konnte nicht weg, weil ich keine Ahnung vom Ablauf des Programms hatte. Ich wusste nicht, wann ich das Zeichen bekäme. Verschiedene Leute hatten mir unterschiedliche Auskünfte gegeben. Eine Lehrerin hatte „in circa zehn Minuten" gesagt. Die meisten waren unbestimmte Zeitangaben: „eine Weile", „bald", „nach den Gedichten und Tänzen", usw.

Im Laufe des Programms wurde es finster. Die Beleuchtung war schlecht und ich fragte mich, ob ich das Zeichen, wenn es so weit käme, überhaupt sehen würde. Ich war ja etwa dreißig Meter von den anderen entfernt. Es war alles genau ausgedacht. Plötzlich begannen einige Kinder das Gestell zu schütteln, so dass ich fast hinunterstürzte. Ich glaube nicht, dass sie wussten, dass ich oben auf dem Turngerät stand. Diese Auskunft bekamen sie aber von mir sofort.

Bei einem bestimmten Programmpunkt wurden alle elektrischen Lichter ausgeschaltet. Jetzt war ich nicht nur außer Hörweite, sondern es war auch noch stockdunkel. Nun wusste ich überhaupt nicht mehr, was los war. Ich wusste nur, dass ich überhaupt nichts mehr sehen konnte, nichts hören konnte, aufs Klo gehen musste, Kopfweh hatte und fast komplett durchgefroren war. Langsam wurden Kerzen angezündet. Mehr und mehr Kerzen zündete man an. Die Stimmung war herrlich.

Langsam konnte ich auch wieder die Silhouetten von Menschen ausmachen. Eine Silhouette gab ein Handzeichen, ziemlich wild, und so nahm ich an, dass ich gemeint war. Ich spielte. Es war sehr wirkungsvoll, sehr beeindruckend. Alle freuten sich.

Danach blies man die Kerzen aus. Ich sah überhaupt nichts mehr, aber es war egal. Das Programm war zu Ende. Das Licht wurde wieder eingeschaltet. Eine Lehrerin lud mich auf einen Glühwein ein. Ich sagte „Nein, danke", lief zum Auto, stieg ein und fuhr die paar Minuten nach Hause. Dort bemühte ich mich um meinen Zustand mit dem Ziel: die Normalisierung. Ich war froh noch am Leben zu sein; froh, dass es vorbei war; und froh wieder zu Hause zu sein.

Eigentlich hatte alles sehr harmonisch zusammengepasst, auch das Honorar. Ich hatte für die Kinder kostenlos gespielt.

# BEGRÄBNISSE

### *Trompete erwünscht*

Ein Begräbnis ist ein offizieller Akt, aber auch eine sehr persönliches Ereignis. Für viele gehört die Musik einfach dazu. Das Ende eines irdischen Lebens feierlich zu gestalten ist das Wenigste, was man tun kann. Ob Orgel, Gesang, Blasmusik, Streicher, Solo- oder Gruppenbeiträge, ein Begräbnis bleibt länger und schöner in Erinnerung, wenn es musikalisch umrahmt wurde. Die richtige Wahl der Musik unterstreicht die Persönlichkeit des Verstorbenen und die persönlichen Überzeugungen, die mit in den Tod hineingetragen wurden.

Die Stadt Wien hat Einrichtungen, die für die Organisation der Begräbnismusik zuständig sind. Ich stehe bei ihnen auch auf der Telefonliste, und hin und wieder werde ich angerufen, um beim Begräbnis eines mir unbekannten Menschen bei einem Wiener Friedhof einen Solo- oder Gruppenbeitrag zu leisten. Manchmal sind die musikalischen Wünsche religiöser Natur, manchmal weltlicher.

Ich werde auch manchmal gebeten, bei Begräbnissen zu spielen, wo ich den Betroffenen oder die betroffene Familie persönlich kenne. Wenn es irgendwie möglich ist, versuche ich in so einem Fall, Bekannte und Freunde zu unterstützen.

Die Trauer der Situation, die Würde des Lebens, die Verletzbarkeit der Betroffenen und ein ordnungsgemäßer Ablauf der Zeremonie stehen im Mittelpunkt. Gerade deswegen fallen humorvolle Entwicklungen auf, weil sie dagegen wirken. Manchmal sind sie eine ernste (unernste?) Drohung für die offensichtlich ernste Angelegenheit.

Also sind Begräbnisse ein Teil meines Berufslebens. Die Trompete ist ein vielseitiges, insbesondere ein festliches Instrument. Trompete kann man drinnen oder draußen spielen, und ganz egal wo sie gespielt wird, sie wird gehört. Also ist Trompete ein begehrtes Instrument, wenn es darum geht, eine passende Musik für ein Begräbnis zu liefern.

## *Der Kapellmeister hat nicht immer Recht*

Eines Tages, nach einer wöchentlichen Probe, als wir beim Gastwirt „hockten", erinnerte mich ein treues Mitglied des Musikvereins Altlengbach an eine Gelegenheit, die bei mir Bauchweh und Kopfschütteln hervorrief, und mich gleichzeitig zum Lachen brachte.

Bauchweh und Kopfschütteln bekomme ich immer, wenn es sich um etwas handelt, das „immer so gemacht wird." Praktisch jeder kennt sich aus; einen Fehler zu vertuschen ist absolut unmöglich. Das Verhindern des Fehlers ist aber auch nicht möglich, weil sich mehrerer Signale in der Luft kreuzen und daher Verwirrung stiften.

Mit Sprachen passiert es sehr oft, dass ein bisschen Wissen zu Missverständnissen führt. Hätte man gar nichts verstanden, hätte man keinen Grund gehabt, etwas zu machen und daher nichts Falsches gemacht. Weil man aber etwas davon verstanden hatte, glaubte man auf eine gewisse Art und Weise handeln zu müssen, die aber falsch war, weil man zu wenig verstanden hatte. Hätte man mehr verstanden, hätte man gewusst, was daran falsch war.

In diesem Fall geht es nicht um die Sprache oder nicht nur um Sprache, sondern um einen musikalischen Ablauf, den fast jeder auf dem Lande kennt, der ein paar Mal bei Begräbnissen dabei gewesen ist. Es handelt sich um das Lied, „Ich hatte einen Kameraden." Dieses Lied wird beim Totengedenken gespielt. Die Kameraden stehen dabei „Hab Acht" und ehren die Verstorbenen der vergangenen Jahre und die im Krieg Gefallenen.

Nun, am Anfang meiner inzwischen zwölfjährigen Tätigkeit als Kapellmeister des Musikvereins Altlengbach war mir Einiges ganz neu. Die Musik war für mich nicht das Problem. Das Proben und Dirigieren auch nicht. Was man kann, das kann man.

Das große Problem war eher, Erwartungen zu verstehen, die unsichtbar aber mächtig sind, die von Einzelpersonen, aber genauso von der Kultur allgemein ausgehen. Oft genug gehen sie von beiden aus. Diese Erwartungen richtig zu verstehen und richtig zu gewichten, ist nicht leicht.

Es kommt noch eine Komponente dazu, die die Aufgabe nicht erleichtert. Das ist die Tatsache, dass es zur

Verantwortung des Kapellmeisters dazugehört, dass er Fehler behebt, Unklarheiten beseitigt und Falsches korrigiert. Nun, wenn er selber mitten im Lernprozess ist, kann es vorkommen, dass er etwas als Fehler erkennt und ausbessern möchte, und dabei stößt er gegen einen mächtigen Widerstand, weil gerade dieser Punkt den Menschen heilig ist, auf eine Art und Weise, die der Kapellmeister gar nicht versteht.

Dazu kommt auch die Tatsache, dass dieser für den Kapellmeister unerwartete und heftige Widerstand sehr leicht als persönliche Ablehnung ihm gegenüber ausgelegt werden kann, was aber auch am Ziel vorbei geht.

Also, es war so: Beim Totengedenken habe ich nicht „Ich hatte einen Kameraden“ aufgerufen, sondern die Festfanfare von Webern.

Niemand hatte Zeit zu widersprechen, denn ich fing sofort mit dem Einzählen an. Schließlich wollte ich zeigen, dass wir als Blasmusik die Sache ernst nehmen, Disziplin haben, rechtzeitig einsetzen und hundertprozentige Musik liefern.

Alle Musiker machten mit. Vielleicht war es ein bisschen halbherzig von einigen, die wussten, dass es das falsche Musikstück war, aber alle spielten.

Die Kameraden haben nicht gesungen. Einige haben sich sicher gefragt, ob das irgendeine Art Witz sein soll, oder versteckte Kritik, oder eine historische Meinung, schlecht platziert. Aber keiner hat etwas gesagt.

Und so geht wieder ein Pfister-Fehler in die Geschichte ein. Meiner persönlichen Meinung nach übertrifft er noch den Konkurrenzfall, bei dem ich Kurt Muttenthaler, der bei uns die kleine Trommel spielt, aufforderte, einen Marsch einzuschlagen- am Anfang eines Walzer-Potpourries.

### *Ohrensausen*

Es war Mittwoch, der 19. Jänner. Um 4:30 Uhr wurde ich wach. Der Grund war ein ungewöhnliches Summen in meinem rechten Ohr. Vorsichtig spülte ich das Ohr aus und fand dabei Blutspuren. Ich behandelte das Ohr mit aufgewärmtem Olivenöl und ging wieder schlafen. Ich schlief so lang wie möglich, stand dann auf und machte mich zum Einsatz bereit. Madelon kochte heißen Tee, den ich mitnehmen konnte. Gerald Junior putzte für mich den Schnee vom Auto. Das Telefon klingelte gerade als ich zum Auto hinausgehen wollte. Es war ein wichtiger Anruf, aber zum falschen Zeitpunkt. Ich wollte nicht zu spät zum Begräbnis kommen und musste das Gespräch unterbrechen, damit ich mit einer kleinen Verspätung losfahren konnte.

Es hatte null Grad, der Himmel war bewölkt und ein eisiger Wind wehte. Ich kam pünktlich an, besprach den Ablauf mit dem Zuständigen, nahm das Honorar entgegen und ging auf meinen Platz, um auf den Einsatz beim Grab zu warten. Der Priester redete sehr lang, und mir wurde kalt. Nach einiger Zeit ging ich zum Auto, um Tee zu trinken. Durch den Teedampf waren die Autofenster angelaufen.

Der Priester predigte weiter, er war ja in der Aufbahrungshalle drinnen. Ich wartete beim Grab so lang ich es aushalten konnte, dann lief ich wieder zum Auto. Mit Ohrsausen als Hintergrundmusik trank ich nochmals Tee und dann ging ich wieder an meinen Platz zurück. Der Priester predigte noch immer weiter. Die Leichenträger kontrollierten ständig, ob sie dran wären...noch nicht. Meine Lippen wurden steif. Ich kontrollierte ständig meine Trompetenventile, um sicher zu stellen, dass sie sich noch bewegen ließen- ob sie schon eingefroren waren oder noch nicht.

Und da passierte es: Die Sonne erschien zwischen den Wolken und strahlte ihr Licht auf mich herunter, als ob sie mir ein persönliches Geschenk machen wollte.

Ich wärmte mich dankbar an ihren Strahlen. Es dauerte nicht lang, bis die Trauergemeinde aus der Halle herauskam. Die Sonne blieb draußen, während ich das erste Musikstück spielte. Kurz vor dem letzten Musikstück, das ich zum Abschluss spielte, zog sie sich wieder in ihr Versteck hinter den Wolken zurück- eine perfekte Inszenierung. Die Ventile blieben nicht hängen. Beide Musikstücke waren trotz der Kälte fehlerlos, zur Begleitung des Sausens aus dem rechten Ohr.

### *Unmögliches Begräbnis*

Es gibt auch Begräbnisse, die - wie Theatervorstellungen - Misserfolge sein können. Im winterlichen März 2003 mussten die Leichenträger den Sargwagen durch Morast und Schnee einen relativ steilen Weg hinaufschieben. Hin und wieder rutschte einer fast aus. Es war so anstrengend, dass sie immer wieder kurz stehen bleiben mussten, um durchatmen zu können.

Als ich eintraf, erklärte mir der Kamerad, der mich engagiert hatte, den Ablauf des Begräbnisses. Nur Minuten später erklärte mir der Chef der Leichenträger einen ganz anderen Ablauf. Wer hatte also Recht?

Der Priester aus dem Ausland war über alle Maßen gewissenhaft in seiner Bestrebung, jedes Wort klar und deutlich zum Ausdruck zu bringen. Vielleicht machte er deswegen nur selten eine kleine Pause und ignorierte die Musik völlig.

Das Grab befand sich inmitten vieler Bäumen von etwa fünfzehn Meter Höhe. Als die versammelte Trauergemeinde um das Grab herumstand, schmolz Schnee und stürzte von den Baumästen herunter auf Schultern und Köpfe der Gäste. Einmal ärgerte sich eine Dame mit feiner Hochfrisur, nachdem Schnee auf sie gefallen war, und schaute den Herrn, der hinter ihr stand, sehr schief an. Sie wusste nicht, dass es der Schnee war, der ihr auf der Schulter klopfte und nicht dieser ahnungslose unschuldige Herr. Von meiner Warte aus konnte ich alles sehr gut mitverfolgen.

Normalerweise werden die Finanzen schon im Vorfeld eines Begräbnisses besprochen, damit jeder im Klaren ist. Bei diesem Begräbnis aber blieb alles unklar, bis ich beim Begräbnis erschienen war.

Der Grund war, dass der Akku meines Handys mitten im Gespräch mit dem für die Organisation zuständigen Kameraden, eingegangen war. Weil ich in der Stadt unterwegs war, gab es nichts, was ich dagegen hätte tun können. Später, als der Akku wieder funktionstüchtig war, konnte ich seine wiederholten Versuche mich zu erreichen auf meiner Mobilbox verfolgen.

Er wirkte mit jeder Nachricht unruhiger- völlig verständlich im Fall einer kurzfristigen organisatorischen Bemühung- und seine letzte verzweifelte Botschaft an mich war: „Bitte, kommen Sie zum Begräbnis!"

### *Kurz und Gut*

Als ich am 11.Mai 2007 auf dem Penzinger Friedhof ankam und mich beim Zuständigen meldete, gab er mir seine Anweisungen in drei kurzen Sätzen: „Das Grab ist dort. Sie spielen zum Schluss. Der Priester gibt ihnen ein Zeichen." Danach ging er weg. „Alles klar!" dachte ich mir.

Ich ging in Stellung. Das Grab war dort. Das war völlig richtig. Ich sollte zum Schluss spielen. Das war auch völlig in Ordnung. Der Priester vergaß völlig, mir ein Zeichen zu geben. Das war alles andere als richtig. Ohne es gegeben zu haben, ging er einfach weg. Ich wartete ein bisschen, dann fing ich zu spielen an. Er hörte mich spielen, drehte sich zu mir und blieb kurz stehen. Ich spürte sein schlechtes Gewissen.

So etwas kann passieren. Wenn es passiert, ist die Frage, ob man rechtzeitig einspringt und die Situation rettet oder nicht. Bei dem Begräbnis gab ich mir selber das Zeichen.

***Begräbnis Änne Bergmann:***
***„Die Freundschaft lebt!"***

Am Freitag, den 28.April 2006, rief mich ein Kollege aus dem Musikverein Altlengbach an. Es ging um ein Begräbnis und er hatte drei Fragen für mich: Ob ich Zeit hätte, ob ich die Musikstücke kannte, und wie viel es kosten würde? Meine Antworten waren: „Ja, ich hätte Zeit", „Ja, ich kenne die Musikstücke," und „In Eichgraben bekomme ich immer 100 Euro."

Er reagierte sehr heftig und sehr negativ, und erklärte auch warum: „In Eichgraben geht es immer um drei Stücke, hier in Neulengbach geht es nur um eins. Wir verlangen für den ganzen Musikverein hier in der Gegend nur €40".

Nun, man muss wissen, dass Karl der erste Mensch war, der mich zur Probe des Musikvereins eingeladen hatte. Wie sahen uns recht oft, weil er unser Briefträger war. Er war uns in jeder Hinsicht sehr behilflich und tat sein Bestes, um uns die Umstellung „vom Stadtleben zum Landleben" zu erleichtern.

Sein Sohn Roman war einer meiner ersten Schüler auf der Musikschule und entwickelte sich gut am Tenorhorn. Unsere Familien lernten einander gut kennen und beim 90. Geburtstag seiner Mutter bat mich Karl, für sie und die versammelten Gäste ein Solo vorzubereiten, das besonders schön war.

Karl war mit vielen Menschen in der Gegend in Kontakt und war ein guter Maßstab für die Gedanken und Erwartungen der anderen.

Ich habe sehr oft von seinen Ängsten, Vermutungen und Hoffnungen profitiert. Ich nahm also seine Reaktion sehr ernst.

Ich schlug vor, den Herrn Bischof, der beim Kameradschaftsbund die Kontaktperson war, anzurufen und ihn zu fragen, was er sich vorstellt.

Ich wollte flexibel sein. Wenn nötig, könnte ich ihm sagen was ich in Eichgraben normalerweise bekomme, damit er mich als Musiker besser einstufen könnte. Karl war damit einverstanden, und ich versprach ihn nachher zurückzurufen, damit er Bescheid wisse.

Ich rief den Herrn Bischof an. Er erklärte mir, dass das ganze nur drei Minuten dauern würde. Man bräuchte zwei Musikstücke von mir, aber welche Musikstücke wisse er nicht. Am besten wäre es, wenn er den Herrn Schoissengeier anrufen würde, also meinen Freund Karl, und das Ganze mit ihm besprechen würde.

„Übrigens", fügte er hinzu, „Wie viel Geld soll ich mitnehmen?" (Wie viel kostet es?). Ich antwortete: „Am besten besprechen sie das mit dem Herrn Schoissengeier auch.

Er weiß über alles Bescheid." Ich rief Karl noch nicht an, damit Herr Bischof ihn zuerst erreichen konnte.

Einige Minuten später rief mich Karl an. „Gerald, ich habe dir etwas Gutes getan. Statt €40,- heißt es €70,-. Damit, treffen wir uns in der Mitte. Geht das in Ordnung?“ Ich war damit einverstanden. Er erklärte mir, um wie viel Uhr ich dort sein sollte, um wie viel Uhr Beginn wäre, und wo und wann ich was spielen sollte. Weil es um eine Frau ging, die als Krankenschwester im Dienst gewesen war, war es in Ordnung „ Ich hatte einen Kameraden“ zu spielen.

Am nächsten Tag fuhr ich zum Friedhof Maria Anzbach, wo ich rechtzeitig aber knapp ankam. Alle Parkplätze waren schon besetzt. Ich versuchte wieder hinaus zu fahren, konnte aber nicht, weil noch andere hineinfahren wollten. Weil die Zeit knapp war, stellte ich das Auto neben dem Gehsteig ab und stieg aus dem Auto aus.

Ein Friedhofsangestellter winkte ab und kam mir kopfschüttelnd entgegen. Ich griff sofort zur Trompete. Er sah, dass ich der Musiker war und kannte sich sofort aus. Das Thema „Autoparkplatz“ sprach er gar nicht an, sondern begrüßte mich freundlichst, sagte mir, dass der Herr Bischof schon auf mich wartete und zeigte mir den Weg zu ihm.

Herr Bischof erklärte mir, dass es nur noch drei Minuten dauern würde, bis „sie“ aus der Kapelle herauskämen, und dann wären die Kranzniederlegung und das erste Musikstück. Ich solle bei den Kameraden bleiben.

Einer von den Kameraden fing an mit mir zu reden. Sein Gesicht war gelähmt auf einer Seite und er sprach noch dazu mit einem relativ starken Dialekt. Was er mir sagte, war ihm offensichtlich wichtig, aber ich verstand kein

Wort. Er wurde von den meisten anderen Kameraden fast ignoriert.

Dass er mit mir über „das Gebet“ sprach, soviel war mir klar. Nur, wusste ich nicht, ob er das Thema „Gebet“ meinte, was zugegeben sehr unwahrscheinlich gewesen wäre, oder über ein Musikstück, das ich spielen sollte, mit dem Titel: „Das Gebet“. Verstehen konnte ich ihn sowieso nicht und es war mir nicht klar ob er berechtigt war, mir Anweisungen zu geben.

Herr Bischof nahm mich dann weiter in den Friedhof hinein, damit wir nicht zu spät wären, denn schließlich sollte die Zeremonie in der Kapelle bald zu Ende sein. Wir stellten uns beim Grab auf. Ich hatte genug Routine, um zu wissen, dass ich viel zu nah war. Wenn ich dort bliebe, wäre es viel zu laut gewesen; für die Kameraden zu laut, und auch für die anderen Gäste.

Ich ging fünf Meter zurück und nahm dort Stellung. Herr Bischof verstand ohne Worte und akzeptierte es auch. Wir hörten den Priester über die Lautsprecherboxen. Er machte die ganze Messe durch. Das war neu. „Es dauert noch fünfzehn bis zwanzig Minuten, bis sie drinnen fertig sind“, kam die Meldung. Es fing zu regnen an.

Karl Satzinger, ein Musikerkollege, tauchte von irgendwo mit einem Regenschirm auf und schützte mich, damit ich nicht ganz durchnässt wurde. Dabei versprach er mir unaufgefordert, dass er, während ich spiele, zurücktreten würde, damit er nicht im Mittelpunkt stehe. Die Überlegung wäre mir gar nicht eingefallen.

Herr Bischof machte die Runde und erzählte jedem, dass es drei Minuten geheißen hatte, und bis jetzt waren es schon zwanzig. Bald kam aber von ihm ein Zeichen, dass ich mit dem ersten Musikstück beginnen sollte.

Das Stück heißt „Das Gebet" und wird bei der Versenkung des Sarges gespielt. Der Priester machte weder eine Pause, noch schaute er mich an. Er las und redete einfach weiter. Ich wartete ein bisschen und dann fing ich an, leise am Anfang, und stets lauter werdend, damit er seinen Satz gut abschließen konnte. Als er die Trompete hörte, gestattete er mir Zeit für das Musikstück.

Nun, beim „Gebet" handelt es um ein Trompetensignal mit drei Teilen. Der erste Teil ist ein Ruf, der sich wiederholt. Der zweite Teil besteht aus drei langen Tönen. Nach jedem Ton sollte mit der Kanone geschossen werden. Das war auf jeden Fall der Wunsch des Komponisten. Die drei Töne sind eine musikalische Darstellung des Befehls: „Feuer!" Im Ernstfall schießt man klarerweise nach dem Befehl, und nicht vorher oder irgendwo zwischendurch. Der dritte Teil heißt Abblasen, und bildet den Abschluss des Signals.

Tatsache ist, dass dieses Signal keinen Text hat, sondern ausschließlich instrumental ist. Das Wort „Feuer!" kommt also nur symbolisch vor, in Form der drei langen Töne.
Die Symbolik versteht nicht einmal jeder Musiker, geschweige denn die Männer, die Böller schießen.

Ihnen ist es viel wichtiger, dass das Nachladen, das bei den meistens sehr alten Gewehren zu lange dauert, so früh wie möglich im Stück beginnt, damit es möglichst noch während des Stückes abgeschlossen werden kann- bevor der Trompeter das Abblasen spielt. Musikalisch gesehen macht es nicht viel Sinn, aber so ist das Leben.

Tatsache ist, dass die meisten es nur so kennen, weil sie es immer falsch gehört haben. In unserer Ortschaft haben die Kameraden neue Gewehre gekauft, damit das Problem mit dem „Neu laden" endlich verschwindet. Die neuen Gewehre sind viel sicherer und die Zeit ist kein Thema mehr. Trotzdem schießen sie, wie immer, zum falschen Zeitpunkt. Es ist inzwischen Tradition geworden.

Das Rote Kreuz und die Kameraden wurden im Ablauf nicht berücksichtigt. Reden waren keine gewünscht. Trotzdem waren beide Gruppen in voller Montur und mit Kränzen vorhanden. Die Frage „Wann?" ist offensichtlich nicht geklärt worden. Normalerweise folgt die Kranzniederlegung unmittelbar nach der Rede. Die Reden waren aber gestrichen.

Also, was tun mit den Kränzen?

Der Priester war inzwischen mit dem letzten Segen fertig und die Leute drängten sich vorbei, als ob sie so bald wie möglich dem Regen entkommen wollten. Damit bauten sie eine richtige Menschenmauer zwischen dem Grab und den Kameraden, beziehungsweise dem Roten Kreuz.

Der Kommandeur des Roten Kreuzes drehte den Kopf und schaute mich verzweifelt an. Ich ermutigte ihn ohne Worte, die Menschenschlange zu durchbrechen und die Kranzniederlegung vorzunehmen. Zuerst wollte keiner einem Kranz Platz machen. Es schien ziemlich aussichtslos zu sein. Schließlich warteten doch ein paar Trauergäste lange genug, dass die Männer mit den Kränzen durchkommen konnten. Die Kameraden entschieden sich, den Zeitpunkt zu nützen und sich anzuhängen.

Nur war es bei den Kameraden aus anderen Gründen schwierig. Viele der Kameraden sind nicht mehr die Jüngsten und stehen auf Grund ihres Alters auf wackligen Beinen. Dazu kommt die Tatsache, dass manche davon sich vor dem Begräbnis im Gasthaus getroffen hatten, um ein Bier, oder vielleicht zwei, miteinander zu trinken.

Oft tragen zwei Kameraden den Kranz, einer links, der andere rechts. Der Kranz kann manchmal ganz schön schwer sein und wenn der Wind weht oder Regen darauf fällt, wird diese Arbeit um einiges erschwert. Wenn zwei Männer diese Arbeit gemeinsam tun, können sie sich jeweils am Kranz abstützen.

Als die Männer des Roten Kreuzes fertig wurden, gab der zuständige Kamerad das Kommando und zwei Kameraden trugen den Kranz nach vorne. Die Menschenschlange gab aber nicht nach. Die zwei Männer blieben stehen, bis es einem von ihnen endlich zu dumm war. Er nahm den Kranz in die Hand und drückte sich mit Gewalt durch die Schlange. Einmal beim Grab, war er eingesperrt; nicht nur von der Menschenschlange, sondern auch vom Kranz, der ihm den Weg zurück versperrte.

Ich sah sein Dilemma und den schlüpfrigen Boden und hoffte, dass er einen Weg finden könnte, ohne dass er auch ins Grab hineinrutschte. Die Gefahr war gegeben. Der

Befehlshaber der Kameraden rief den Kameraden zu „Hab Acht“ und ich spielte.

Der Kranzträger hatte nur eine Möglichkeit, aus der Sackgasse (Sarggasse) herauszukommen. Er musste einen großen Diagonalschritt machen, und zwar über den Kranz und eine Ecke des Grabes. Er war älter, und ich beobachtete, wie er sich auf diesen Schritt innerlich vorbereitete, der für ihn gar nicht selbstverständlich war. Als er soweit war, machte er einen Riesenschritt. Er schaffte es auch, Gott sei Dank!

Der Befehlshaber der Kameraden rief den Kameraden zu „Habt Acht!“. Herr Bischof gab mir das Zeichen und ich spielte. Nachher fragte mich Karl Satzinger, ob der Sohn der Verstorbenen mich kontaktiert hatte. „Nein, wieso?“ war meine Antwort. Dann schaute ich genauer durch den Regen zur Familie der verstorbenen Frau hinüber. Dort sah ich den Posaunisten und Tubisten stehen, den ich als Mitglied der „Bohemian Dixie Landler“ kannte. Er ist hauptberuflich Primar im Spital in Lilienfeld.

Als ich fertig war, und bevor Karl Satzinger und ich uns zur Schlange dazugestellt hatten, kam der Kamerad mit der Gesichtslähmung auf mich zu. Er sagte: „Sehen sie, es war nicht richtig...mit dem Schiessen beim Gebet...zu früh.“ Ich verstand jedes Wort und war erstaunt. „Ja, es wurde zu früh geschossen“, antwortete ich. „Ja“, sagte er. „Das habe ich jahrelang gemacht. Ich weiß, wie es sich gehört.“ Er ging bestätigt weg.

Karl Satzinger überlegte, wo wir uns anstellen sollten. Ich schlug vor, dass wir uns hinten anstellen. „Warte“ sagte er.

„Wir stellen uns zur Familie dazu. Zehn Sekunden später waren wir in der Schlange. Er drückte mir €1 in die Hand für den Friedhofsangestellten. Rosen-Einwurf, Schaufel nehmen, Erde hinein, Münze in die Tasche, langsam zur Trauerfamilie mit Beileidswünschen.

Nach einigen Minuten standen wir vor der Familie der verstorbenen Frau. Der Posaunist, der bis dorthin dem Anlass entsprechend traurig dreingeschaut hatte, war total überrascht. Seine Augen wurden plötzlich groß und er sagte mit lauter Stimme „Jerry, du bist es! Ich habe mich gefragt: "Wer spielt so schön die Trompete? - Morgen sehen wir uns am Schiff."

Am Tag darauf hatten wir nämlich gemeinsam einen Termin auf einem Schiff zwischen Melk und Dürnstein in einer Dixieland Band.

Ich: „Mein Beileid." Er, inzwischen ruhiger geworden: „Es war gut so… Sie hat lange gelitten."

Draußen vor dem Friedhof, fragte ich Karl, ob er mit mir einen Kaffee trinken wollte. „Ja, aber nicht gleich", kam die Antwort. „Ich warte ein bisschen", sagte ich. Er sah Bekannte und fing mit ihnen zu reden an. „Kein Problem," dachte ich. „Ich habe Zeit."

Danach kam wieder eine Bekannte und begrüßte ihn. Ich hatte vergessen, dass er in dieser Gegend zu Hause ist und „jeden kennt". Er spielt Orgel in der Kirche und unterrichtet in der Schule.

Ich sagte zu ihm, "Weiß du was? Ich setze mich eine halbe Stunde ins Gasthaus." „Welches?" fragte er. „Millenium", hieß die Antwort. „OK, aber ich verspreche nichts", meinte er, mittlerweile mitten in einem Kreis von Bekannten. „Gut, in Ordnung", sagte ich und ging zum Auto.

Ich gab mein „Werkzeug" ins Auto hinein und fuhr zweihundert Meter zum Gasthaus Millenium, wo ich umgehend Topfenstrudel und Kaffee bestellte. Ein paar Bekannte vom Musikverein Neulengbach kamen in die Gaststube und begrüßten mich. Wir unterhielten uns ungefähr eine Viertelstunde. Dann kam Heinrich Prettenthaler herein, zusammen mit seiner Schwiegermutter. Heinrich hatte 1992 bei mir in der Musikschule Neulengbach Klarinette gelernt. Unglaublich, dass das schon wieder vierzehn Jahre her war!

Nachdem andere sich verabschiedet hatten, bot mir Heinrich einen Platz an seinem Tisch an. Dort unterhielten wir uns über „Gott und die Welt" und über die „guten alten Zeiten." Wir erzählten Witze, besprachen die neuesten Entwicklungen, die Fortschritte der Kinder, die berufliche Situation, alles was uns einfiel. Es war schön. Es war schon sehr lange her, seit wir so lang miteinander plaudern konnten.

Wir schauten auf die Uhr. Ich dachte an meine Schüler, die bald auf mich warten würden. Wir nahmen Abschied von einander mit den besten Wünschen für einen schönen Abend.

Die Kellnerin, die die ganze Zeit mitgelauscht und sich dabei sehr amüsiert hatte, wünschte uns auch einen schönen Abend und bedankte sich für unseren Besuch.

Ich freute mich auf die nächsten zwei Stunden: eine Tubastunde mit Franz Tisch-Grubwieser, Vize-Bürgermeister von Neustift-Innermanzing, und eine Posaunenstunde mit Dr. Fritz Horak, HNO Arzt.

Nach den Unterrichtstunden bestellte ich eine Pizza für Gerald Junior und mich. Ich baute ein bisschen am Haus und rief meine Frau kurz an, die an diesem Wochenende mit einer Freundin in den Bergen war.

### *Der Priester ist betrunken*

Im März 1999 spielte ich in der Nähe von Schrems ein Begräbnis. Die erste Meldung, die ich hörte, überraschte mich völlig: „Der Priester war vor drei Tagen so betrunken, dass er kaum mehr gehen konnte.“ Heute hatte er immer noch (oder schon wieder?) eine Fahne, die man auf zwei Meter Entfernung ganz gut riechen konnte. Ich fragte mich, ob er es schaffen würde, seine Verpflichtung wahrnehmen zu können. Oder würde er vielleicht beim zweiten Satz umkippen?

Beim Begräbnis hat er ganz gut gepredigt, besser als die meisten, mit viel Herz. Am Grab hat er mir die Zeichen alle rechtzeitig gegeben und auch auf meine Zeichen perfekt reagiert. Er war ein Vollprofi, besser als die meisten; rücksichtsvoll, feinfühlig und - stockbetrunken.

Ob ich ihn je wieder sehen würde? Vielleicht bei seinem Begräbnis?

### *Ein hektischer Tag*

Um sieben Uhr stand ich auf. Ich hatte Christina versprochen, den Waschtisch zu verfugen, damit sie ihn verwenden konnte. Ich schaffte es aber nicht, fertig zu werden. Um acht Uhr musste ich meine Arbeit unterbrechen, um zur Probe zu fahren. Dort wollte ich kontrollieren, ob der Tubist endlich seine Stimme für das bevorstehende Weihnachtskonzert gelernt hatte.

Ich stieg ins Auto und fuhr los. Nicht einmal 200 Meter von meiner Einfahrt entfernt, in der allerersten Kurve bremste ich, um einem mir entgegenkommendes Auto, das einem Nachbarn gehörte, ausreichend Platz zu machen. Das andere Auto fuhr in die Kurve, blieb dort stehen und wartete. Am Anfang der Kurve aber war eine Schicht Glatteis. Mein Auto reagierte nicht auf das Bremspedal, sondern kam ins Schleudern und wählte statt der Kurve die gerade Linie Richtung Nachbarauto. Das Nachbarauto wirkte magnetisch und zog mein Auto an. Ich hatte keinen Einfluss. Es war, als wäre das Lenkrad meines Autos nur eine Attrappe.

Patsch! Sachschaden. Die Nachbarin war sehr höflich und rief ihren Mann an. Ich bat zehnmal um Entschuldigung, weil ich wusste, dass es offiziell meine Schuld war - Ich war in ihre Fahrspur hineingerutscht. Inoffiziell dachte ich bei mir: „Warum, um alles in der Welt, muss sie gerade dort stehen bleiben, wo sie mit Sicherheit abgeschossen wird, wenn ich auf dem Glatteis ins Schleudern komme?" Es war nicht Absicht, aber trotzdem das perfekte „Haxen stellen." Schuld daran war ich und ich wusste es.

Als wir auf ihren Mann warteten, rief ich den Tubisten an und sagte die Probe ab, damit wir den Unfall korrekt protokollieren konnten.

Nachdem wir fertig waren, fuhr ich mit meinem Auto, das jetzt ein bisschen anders ausschaute, wieder in meine Einfahrt zurück. Ich rief ein Taxi, um rechtzeitig zum Bahnhof zu kommen, denn ich hatte eine Probe in der Votivkirche um zehn Uhr. Wir schafften es rechtzeitig zum Bahnhof.

Im Taxi sitzend, rief ich die Mietwagenfirma von meinem Handy aus an. Der Angestellte betonte, dass ich unbedingt eine Kreditkarte mitnehmen müsste, um einen Mietwagen mieten zu dürfen. Ich stieg aus dem Taxi - der Taxifahrer musste am Bahnhof auf eine andere Kundin warten - und rief ein anderes Taxi an, das mich wieder nach Hause bringen sollte, um meine Kreditkarte zu holen. Ich wusste, dass die Probe in der Votivkirche auch versäumt wäre, hatte aber keine Telefonnummer zum Absagen.

Wieder zu Hause, nahm ich die Kreditkarten aus der Lade heraus und kontrollierte, um keinen dummen Fehler zu machen, das Ablaufdatum auf den Karten. Die Visa Karte war noch in Ordnung, galt aber nur mehr sechs Monate. So entschied ich mich, um auf Nummer Sicher zu gehen, für die Master Card -Karte, die ganz neu war.

Mein Nachbar Bobby Dodge, ein hervorragender Posaunist, war so freundlich und brachte mich nach Hütteldorf. Ich wollte Taxis vermeiden. Taxis bringen Unglück. Von Hütteldorf aus konnte ich mit der U-Bahn bis zur Haltestelle Wien Mitte fahren und von dort aus zu Fuß zu Thrifty Rentacar, der Mietwagen -Firma. Ich kam um 11:45 Uhr und bei der Firma an. Das war perfekt, weil sie um zwölf Uhr zugesperrt gewesen wären.

Er war ja Samstag, ein kurzer Arbeitstag. Die Kreditkarte, die ich mitgebracht hatte war zu neu und noch nicht gültig. Ich konnte es kaum glauben.

Wir überlegten alle möglichen Varianten, aber kamen zu keinem Ergebnis. Es war, nach so viel Mühe, nichts zu machen. Also kein Mietwagen! Ohne Auto konnte ich Christina, meine Tochter, nicht wie ausgemacht abholen.

Ich fuhr mit der U-Bahn und dann mit dem Zug nach Maria Anzbach, wo ich um Fünfzehn Uhr ein Begräbnis spielen sollte. Der Vater eines Trompetenschülers von mir war gestorben. Der Schüler, unser Automechaniker, Ernst Ecker, bat mich zu spielen. Ich sagte auch sehr gerne zu.

Durch das Absagen von Proben und soviel Pech bei allen möglichen Terminen hatte ich die falsche Trompete mit und keine Krawatte. Die Krawatte war im Trompetenkoffer der richtigen Trompete. Das war nicht so arg. „Auf dieser Trompete geht es genauso gut“, dachte ich mir.

Ich war früh dran, also kehrte ich beim Hubauer, einem Gastwirt in Maria Anzbach ein. Nach einem kleinen

Gulasch war es Zeit zu Fuß zum Friedhof zu gehen. Viele von den Gasthaus- Gästen standen langsam auf und machten sich, so wie auch ich, auf den Weg zum Friedhof.

Das erste Musikstück spielte ich vor der Aufbahrungshalle. Danach ging ich hinauf zum Grab und wartete auf den Einsatz des zweiten Musikstückes. Es wurde kalt und regnete Eis. Alles dauerte länger als sonst und meine Lippen und Fingerspitzen wurden steif. Ich wünschte mir, es wäre ein großes Gulasch gewesen, und betete für den Einsatz. Endlich war es so weit. Ich spielte das zweite Musikstück. Alles lief trotz eisiger Kälte perfekt ab. Ernst würde einen Monat lang davon schwärmen, wie schön ich gespielt hatte. Er ist selbst in der Lage, wunderschöne Solos auf der Trompete zu spielen und weiß sehr wohl, wie schwierig es ist, als Trompeter unter solchen Umständen spielen zu müssen. Er bedankte sich mehrmals bei mir.

Als ich über den abgelaufenen Tag nachdachte, schien es mir ein bisschen ironisch, dass das erste erfolgreiche Projekt des Tages ein Begräbnis war.

## *Ein Terrischer am Steuer*

Es gab wieder ein Begräbnis in Eichgraben. Ich stand außerhalb der Halle, der so genannten Wienerwaldkapelle, sowie ungefähr ein Drittel der Gäste. Es waren relativ viele Gäste anwesend. Das Wetter war schön. Über Lautsprecher konnte man den Ablauf gut mitverfolgen.

Während der Messe wollte ein Nachbar, der auf der anderen Straßenseite der Waldkapelle wohnt, sein altes

Auto ausparken. Er saß also am Steuer und seine Frau saß neben ihm. Er wirkte als wäre er 100 Jahre alt, war aber wahrscheinlich nur 80. Mit dem rechten Fuß war er noch gut beisammen, weil er immer wieder Gas gab. Mit dem linken hatte er offensichtlich Probleme. Er bewegte sich nur Zentimeter, gab wieder Gas, fuhr wieder zehn Zentimeter weiter, gab Gas, usw.

Die ganze Zeit hörte man nichts von den Lautsprechern. Er saß weiterhin seelenruhig hinter dem Lenkrad und genoss den schönen Tag. Als man vermuten hätte können, dass es aus war, begann er wieder von vorn, nur Rauch und Qualm und wenige Zentimeter Fortschritt. Das ganze dauerte ungefähr drei Minuten, wirkte aber wie dreißig.

Alle waren sichtlich erleichtert, als er endlich das Riesenprojekt erfolgreich abgeschlossen hatte. Inzwischen hatten wir nur Autolärm und Rauch verstanden.

### *Okarina als letzter Wunsch*

Martin Breinschmid ist ein hervorragender Schlagzeuger, Percussionist, sowie auch Inhaber eines Instrumentenverleihs und geschätzter Kollege im Orchester der Vereinigten Bühnen Wien.

Eines Tages rief er mich mit einer ungewöhnlichen Bitte an. Er war von einer Dame angerufen worden, die einen Okarina-Solisten suchte, der bereit wäre, beim Begräbnis ihres Lebensgefährten zu spielen, und zwar neben dem Grab im Freien. Es war der Wunsch des Verstorbenen. Martin dachte sofort an mich und rief an, um herauszufinden, ob für mich so etwas in Frage käme. Ich dachte schon, dass es grundsätzlich möglich wäre und sagte es ihm auch.

Mein Problem war, dass ich keine Okarina in meinem Besitz hatte. Das war für Martin kein Problem; er hatte sogar fünf verschiedene Größen. Ich sollte einfach die Größe wählen, die ich wollte, er gab mir die freie Wahl. Martin konnte leider nicht beim Begräbnis sein, würde aber alle fünf Ocarinas in einem grünen Koffer mit einem Taxifahrer zum Zentralfriedhof schicken. Der würde dort beim Tor 1 auf mich warten.

„Gut, und wann ist das Begräbnis?" „In zwei Stunden. Schaffst du das? Sie hat mich leider sehr spät erreicht."
Am Tag davor hatte ich einen langen Ball gespielt, aber jetzt war ich völlig wach. „Zwei Stunden müssten schon reichen" dachte ich mir und zog mir dabei die Hose an.

Ich hatte mich mit der Familie der Blockflöten angefreundet und in Amerika sowie in Österreich Konzerte darauf gespielt. Ich hatte ein bisschen Erfahrung auf Querflöte, Krummhorn und sogar Rankett. Klarinette hatte ich mit dreizehn Jahren gelernt, als Zweitinstrument neben der Trompete. Ich dachte also, dass es kein großes Problem wäre, ein Musikstück meiner Wahl auf der Okarina zu spielen.

Die Zeit war jetzt knapp geworden, und so fuhr ich von zu Hause los. Das echte Problem für mich war nicht das Instrument, sondern der Weg zum Zentralfriedhof. Von Wien aus wäre es mir leichter gewesen, aber jetzt wohnte ich seit kurzem in Altlengbach und kannte mich noch nicht mit allen Autobahnen und Abfahrten so gut aus. „Learning by doing“ heißt die Devise, und so war ich unterwegs, um etwas zu lernen. Ich wusste, dass ich aufpassen musste. Trotzdem geriet ich auf mysteriösem Weg auf die Südautobahn, Richtung Graz. Nun, nichts gegen Graz, aber der Wiener Zentralfriedhof liegt nicht in Graz.

Ich suchte die nächstbeste Gelegenheit zum Abfahren, und fuhr durch die Gegend in der Hoffnung, dass der Zentralfriedhof irgendwann auftauchen würde. Es dauerte sehr lang, bis ich endlich angekommen war. Es war schon fünf Minuten nach dreizehn Uhr. Ich stellte das Auto ab und stieg aus. Ich sah einen grünen Koffer auf einem Autodach liegen und ging dorthin. Der Taxifahrer stieg aus seinem Auto, schüttelte den Kopf und grinste über das ganze Gesicht. So einen glücklichen Taxifahrer hatte ich noch nie vorher gesehen! Er hatte verzweifelt versucht, vielen Menschen den Koffer aufzuzwingen, aber keiner hatte mitmachen wollen. Er sagte mir, dass er sehr froh wäre, dass ich überhaupt gekommen sei.

Ich entschuldigte mich, bedankte mich und übernahm den grünen Koffer, der schon vielen Menschen Kopfweh bereitet hatte, ohne einmal aufgemacht worden zu sein. Er verabschiedete sich und ging zu seinem Taxi zurück.

Das Begräbnis hatte schon begonnen, aber ich musste erst beim Grab spielen, und die Leute waren immer noch in der Aufbahrungshalle drinnen. Ein bisschen Zeit hatte ich noch, und die brauchte ich sehr. Ich stieg bei mir wieder ins Auto und machte den Koffer auf. Ich sah fünf Okarinas vor mir.

In dem Augenblick wusste ich nicht, was ich machen sollte. Ich hatte nicht wirklich darüber nachgedacht.
„Zu hoch wäre nicht gut, dachte ich mir, zu tief genauso schlecht." Ich ging den goldenen Mittelweg und wählte von den fünf die Nummer drei aus.

Als erstes war es mir wichtig, dass ich eine Tonleiter spielen konnte, damit ich mich an das Griffsystem gewöhnen konnte. Ich versuchte dies und das und probierte herum, bis ich eine Tonleiter geschafft hatte. Die Griffe waren nicht so wie ich mir das vorgestellt hatte. Ich wiederholte sie ein paar Mal.

Die Leute kamen schon aus der Aufbahrungshalle, aber ich musste noch Amazing Grace üben. Bei einer Stelle blieb ich immer wieder hängen. Ich übte die schwierige Stelle zehn Mal. Als Kontrastteil musste ich etwas anderes improvisieren. Ich schmiedete ein Konzept, stieg aus dem Auto und sperrte zu. Das Instrument hatte ich in der rechten Hand. Ich schloss mich der Menge an. Es war an dem Tag eine große Schar. Der Verstorbene war sicher sehr beliebt und respektiert, nicht nur eine Person, sondern auch eine Persönlichkeit.

Seine Witwe, ganz vorne in der Menge, drehte den Kopf hin und her und suchte nach dem Solisten mit der Okarina in der Hand. Sie sah mich nicht. Ich sah sie, konnte aber im Moment nichts machen. Die Menschenmenge blockierte mir den Weg. Hin und wieder gab es eine Möglichkeit nach vorne zu rücken. Diese Möglichkeiten nützte ich aus, um die Dame langsam einzuholen.

Als wir beim Grab angekommen waren und die Menschen sich ein wenig verteilt hatten, war es mir endlich möglich, an die Dame heran zu kommen. Ihr ist sichtlich ein Stein vom Herzen gefallen, als ich ihr „Ich bin da!“ ins Ohr flüsterte. Sie sagte mir innerhalb von zwanzig Sekunden was und wo und wann und wie.

Ich ging in Stellung und wartete auf das Zeichen. Als es soweit war, spielte ich Amazing Grace, samt dem von mir improvisierten Mittelteil und der Wiederholung der Melodie. Es ging wie am Schnürchen. Aus der einen schwierigen Stelle machte ich einen gefühlvollen Triller, damit es nicht auffallen würde, dass ich den Ton nicht greifen konnte. Es fiel nicht auf.

Alle waren angetan. Die Witwe war dankbar, rief Martin am gleichen Tag an, schwärmte von meiner solistischen Leistung und bedankte sich, dass dieser Wunsch des Verstorbenen in Erfüllung gegangen war. Ich war auch dankbar, sehr dankbar sogar, dass alles gut gegangen war und dass die Lauferei vorbei war.

Obwohl es inzwischen sehr lange her ist, kommt das Thema immer noch ins Gespräch und so gibt es schon einige Theaterkollegen, die die Geschichte kennen: von der knappen Terminvereinbarung, von dem ungewöhnlichen letzten Wunsch des Verstorbenen, von dem verzweifelten und dann überglücklichen Taxifahrer, von dem geheimnisvollen grünen Koffer und von dem Okarina-Solisten am Zentralfriedhof.

# AMADEUS BRASS QUINTETT

### *Die Geburtsstunde*

Eines Tages im Herbst des Jahres 2000 rief mich Rodrigo Mora Pinzón an. Er ist Kolumbianer und Posaunist und wohnt, sowie ich auch, in Altlengbach. Er fragte mich, ob ich Interesse hätte, zusammen mit einigen Kollegen eine Probe zu machen. Er wollte ein Quintett gründen und war dabei, die Musiker zusammenzusuchen. Alle Angesprochenen waren Musiklehrer, die in Niederösterreich wohnhaft waren. Ich sagte zu und wir vereinbarten einen Termin.

Die erwähnte erste Probe war sehr problematisch. Es hat fast nichts gestimmt. Das Tempo, die Intonation, die Artikulation, die Vorzeichen, die Stilrichtungen... nichts hat gestimmt. Ich wollte natürlich niemanden beleidigen, denn ich merkte sofort die Euphorie und den Idealismus der Einzelnen. Trotzdem, um ehrlich zu sein, muss ich zugeben, dass ich seit längerer Zeit so etwas nicht erlebt hatte. Ich war schon seit fast 20 Jahren im Theater als Musiker angestellt und hatte mich an eine andere Qualität gewöhnt.

Nach der Probe fuhr ich nach Hause und rief Rodrigo an. Ich bedankte mich für die Einladung, aber sagte ihm, dass das nichts für mich wäre. Er wollte meine Absage nicht akzeptieren und bat mich noch nicht aufzugeben. Er versprach mir, dass es besser werden würde. Mit geteiltem Herzen versicherte ich ihm, dass ich noch zu einer zweiten Probe kommen würde. Schließlich kann man immer Abschied nehmen, es musste nicht gerade heute sein. Er war froh und ich war verpflichtet, wenigstens ein bisschen noch.

Es wurde tatsächlich besser. Freundschaften entwickelten sich. Jeder bemühte sich und freute sich, dass es so etwas geben konnte. Ich freute mich auch und war bereit abzuwarten. Konstruktive Kritik von mir wurde angenommen. Verbesserungsvorschläge waren geschätzt und zum größten Teil auch umgesetzt. Feingefühl beim Austausch war sehr wichtig. Genauso wichtig war die Pause beim Heiß und Süß, die Konditorei in Neulengbach. Am Anfang hat es mich gestört, dass wir manchmal relativ wenig gearbeitet hatten und trotzdem eine Pause beim Konditor machen mussten. Für einige, besonders für den Hornisten Andreas Simbeni, wurde es zum eisernen Gesetz. Als ich aber sehen konnte, wie wichtig die Pause war, sowohl für die gute Laune als auch für den organisatorischen Austausch in der Gruppe, musste ich Andreas Recht geben. Es hat nicht lang gedauert, bis wir einen Stammtisch für Mittwoch um 10:15 Uhr bei Heiß und Süß eingerichtet hatten.

Die Probezeit am Mittwoch um 8:30 Uhr vormittags hat bei jedem gepasst, und so wurde der Termin zum Fixpunkt in unseren Kalenderbüchern. Mit viel Fleiß und Fantasie wurden Auftritte organisiert. Karl Hemmelmayer, unser zweiter Solo- Trompeter, führte unser Publikum durchs Programm mit gut ausgewählten Texten, aber er brauchte auch hin und wieder eine Pause und so entstand meine zweite Funktion in der Gruppe, die Funktion des Komikers, des Clown-Philosophen. Humorvoll bin ich grundsätzlich schon und so ist es darum gegangen, dass ich niveauvolle unterhaltsame Texte zusammenschreibe und im Konzert weitergebe, die irgendwie mit dem Musikerleben im Zusammenhang stehen. Die ABQ Reden, die in diesem Kapitel zu lesen sind, waren das Ergebnis dieser neuen Funktion. Die Texte waren bei unseren Konzerten geschätzt und haben einen wichtigen Aspekt unseres Lebens, den wir gemeinsam hatten, auf angenehme Art und Weise zum Ausdruck gebracht.

Der ersten Versuch, eine Studioaufnahme zu machen, scheiterte, weil es für einige in der Gruppe einfach ungewohnt war und zuviel Neues auf einmal. CDs würden folgen, aber für jetzt war das alles Zukunftsmusik.

### *Planungsgespräch: „CD Präsentation“*

Franz: „Liebe Leute, wir müssen das Programm für die CD Präsentation besprechen. Was sollen wir spielen?“

Rod: „Na, alles was auf der CD ist, plus einige neue Stücke. Wir haben viele gute Stücke.“

Pfi: „Na ja, was für eine Präsentation soll das sein?“

Simb: „Horcht zu. Es soll anders sein als beim Konzert, persönlicher. Viele sollen reden, nicht nur einer oder zwei. Vielleicht sogar jeder, aber da bin ich nicht sicher...“

Pfi: „Aber ja, jeder soll was sagen. Das ist eine gute Idee. Es muss nicht viel sein, aber es wäre wichtig."

Rod: „Ich soll reden, ich soll reden...Ha...Was soll ich sagen?"

Sinb: „Irgendwas Persönliches."

Rod: „Ja, ich könnte über die Entstehung des Amadeus Brass Quintetts reden."

Pfi: „Egal was man sagt, man muss laut und deutlich reden."

Karl: „Das muss geprobt werden."

Pfi: „Wie wäre es, wenn ich einige Zeilen aufschreibe, wie ein kurzes Theaterstück, so wie ein Gespräch bei einer Probe?"

Simb: „...damit die Leute hinter die Kulissen sehen können."

Pfi: „Genau. Das bringe ich nächste Woche mit.

Karl: „Das muss man proben. Viel Zeit haben wir nicht."

Pfi: „Gut, dann darf es nicht zu lang sein. Es soll aber den Austausch, den wir jede Woche haben, ein bisschen schildern. Das Reden ist bei uns ein wichtiger Punkt."

Simb: „Heiß und Süß!"

Karl: „Aber wann sollen wir das lernen?“

Franz: „Das muss man wie ein Theaterstück proben.“
Rod: „Wir haben viel Zeit. Es sind noch drei Wochen. Das ist Zeit genug. Das muss auswendig, oder…was meint ihr?“

Karl: „Wir müssen proben.“

Pfi: „Oje, die Piccolotrompete habe ich vergessen. An die Parkuhr habe ich gedacht, aber die Piccolotrompete habe ich vergessen.“

Karl: „Wir proben am Mittwoch. Das wird schon reichen, oder?“

Pfi: (nickend)

Rod: „Parkuhr?“

Pfi: „Hast du vergessen?“

Rod: „Ich weiß nicht.“

Karl: „Ich stehe unten.“

Pfi: „Ich bin nur um die Ecke.“

Franz: „Ich habe zehn Minuten gesucht und dann ist einer vor der Tür weggefahren!“

Pfi: „Rodrigo, wo stehst du?“

Rod: „Hier vorne, auf der Seite.“

Pfi: „In der Pause könnten wir Parkplätze tauschen."

Rod: „Sicher."

Franz: „Aber jetzt spielen wir ein Stück."

Karl: „Endlich."

Rod: „Ja, spielen wir."

Simb. „Und dann, Heiß und Süß!"

Karl: „Beim Heiß und Süß können wir die weiteren Details besprechen."

Alle: „Gut, richtig, gema!"

***ABQ Rede: „die Zehn Verbote für Blechbläser Quintett"***

Es ist verboten:

1) mit mehr als fünfzehn Minuten Verspätung zur Probe zu kommen, darauf zu kommen, dass man die Noten vergessen hat und als Nächstes zu fragen, ob eh alle schon gefrühstückt haben.

2) während des schwierigsten Stück geprobt wird, plötzlich aufzustehen und das Klo aufzusuchen.

3) während der Probe einen Satz mit den Worten: „Als ich bei den Philharmonikern ausgeholfen habe" zu beginnen.

4) das Instrument zu vergessen und die Noten singen zu wollen.

5) drei Mal nacheinander das Geld fürs Frühstück oder das Mittagessen zu vergessen und trotzdem dabei sein zu wollen.

6) Kollegen mit Eiszapfen zu bewerfen, nachdem das Probelokal nicht ordnungsgemäß eingeheizt wurde, besonders gilt dies für Eiszapfen, die man im Probelokal drinnen gefunden hat.

7) irgendeine Mahlzeit oder Jause mit dem Mundstück bezahlen zu wollen.

8) Ventilöl oder Zugfett beim Kaffeetrinken als Süßstoffersatz zu verwenden, besonders im Fall des Kaffees eines Kollegen, egal ob der Kaffee groß oder klein ist, egal ob der Kollege groß oder klein ist.

9) die Umstellung auf Sommerzeit öfters als fünf Mal im Jahr als Ausrede für Verspätung bei Proben und Konzerte zu verwenden.

10) sich über Holzbläser, Streicher, Schlagzeuger oder Dirigenten lustig zu machen, außer die Bemerkungen beinhalten mindestens zehn Prozent Wahrheit.

Also, der Name Amadeus ist für Sie kein neuer Begriff. Aber jetzt weiß jeder, geschätztes Publikum, der heute Abend anwesend ist, warum es uns noch gibt. Vielen Dank!

### *ABQ Rede: „Woran arbeitet ein Blechbläser?"*

Wenn sie mit einem Blechbläser reden möchten, sich mit ihm treffen wollen, etwas Wichtiges mit ihm besprechen wollen und er hat „leider keine Zeit, " dann hat das natürlich seine Gründe. Sie werden wahrscheinlich schon wissen: Weil er üben muss oder vielleicht sogar einen Auftritt hat und irgendwo spielen muss. Aber der eigentliche Grund dafür ist, dass er an seiner Geschicklichkeit arbeiten muss.

Musiker dürfen nicht schlampig sein, sondern müssen ganz genau sein. Das sieht man beim Pausen zählen. Neun Takte sind nicht „fast zehn Takte" sondern ganz genau neun Takte. Bei den Tonhöhen sieht man es auch. Ein F ist mehr als nur „höher als C". Vieles ist höher als C und trotzdem noch kein F. Und bei der Dynamik hört man es. ppp heißt nicht das gleiche wie Forte. Wer den Unterschied nicht kennen lernt, kann sehr leicht Probleme haben, zum Beispiel ein Solo spielen, das gar nicht geschätzt wird, ein Solo, das seinen Freundeskreis mit Sicherheit nicht vergrößern wird. Die Disziplin des „Genau Seins" kommt aber dem Musiker zu Gute. Er kann dann leichter zwischen einer Hochzeit und einem Begräbnis unterscheiden, zwischen einem dunklen und einem hellen Bier, und zwischen seiner Frau und der Kellnerin.

Geduld: Geduld lernt der Blechbläser auch. Bei einer Fermate oder einer Generalpause muss er warten. Er darf nicht weiter spielen, auch wenn er ausgeschlafen ist, auch wenn er einen Bärenansatz hat. Nein, er muss warten bis es gewünscht wird, dass er weiter spielt. Er muss sich in Geduld üben. Das kommt ihm aber zu Gute, wenn er beim

Einkaufen in der Schlange stehen muss, oder weil der Kaffee noch nicht fertig ist, oder der Zug Verspätung hat, oder wenn es um eine Gagenerhöhung geht.

Dynamik: Wie schon erwähnt, gibt es auch die herrliche musikalische Möglichkeit der Dynamik. Einschalten und Ausschalten oder laut und leise als einzige Maßstäbe für die Lautstärke eines Musikstückes wäre viel zu primitiv für den sensiblen, feinfühligen Blechbläser. Sein Charakter verlangt nach mehr. Piano heißt leise und leise ist gut, aber wie leise? Sehr leise, oder sogar sehr, sehr leise?

Und wenn er daran ist laut zu spielen, heißt die Frage: Wie laut ist laut genug? Mittellaut, laut, sehr laut, (Atempause) und so weiter".

Kritisch wird es natürlich, wenn es darum geht, schwierige Noten mit Leichtigkeit zu spielen, und warum schwierig? Vielleicht weil sie so hoch sind, oder so leise sind, oder so schnell sind, oder hoch und schnell und leise sind.

Alle diese Übungen entwickeln aber im Blechbläser das Feingefühl auf der einen Seite und die Fähigkeit Vieles gleichzeitig wahrzunehmen, auf der anderen Seite, „Multitasking" im wahrsten Sinne des Wortes.

Feingefühl nach innen kommt dem Blechbläser zu Gute beim Bestellen des Kebabs, wenn er gefragt wird, wie scharf er gewürzt werden soll. Das Feingefühl nach außen kommt ihm zu Gute, wenn er seinen Kollegen vorgehen lässt, wenn es darum geht, die vom Gesetzgeber festgelegte Strafe für abgelaufene Parkuhren oder Parkscheine zu bezahlen. Und die Fähigkeit Vieles gleichzeitig wahrzunehmen verhindert, dass er mit Mundstück aber ohne Instrument und im falschen Kostüm die Bühne betritt.

Die Griffe: Der Blechbläser muss viel mehr als nur begreifen. Er muss C greifen und D greifen. Es und As muss er auch greifen und vielleicht sogar ein Ais oder Ces muss er greifen. Ein Posaunist, ob er Gründer eines Quintetts ist oder nicht, muss gar nichts greifen, aber er muss ununterbrochen genug begreifen, um in jeder Situation die Lage gut einschätzen zu können.

Das Greifen, Begreifen und die Lage gut einschätzen hat alles mit Koordination zu tun, die dem Blechbläser zu Gute kommt, wenn er überlegen muss, welches Hemd mit welcher Hose, von der Farbe her, gut zusammenpasst, oder wenn er nach dem Aufstehen überlegen muss, mit welchem Fuß er den ersten Schritt macht, oder wenn er Termine ausmachen muss, dass sie möglichst voreinander und nacheinander und nicht übereinander sind.

Wo man auch hinschaut, egal ob in die Politik, in die Religion, beim Militär, in die Wirtschaft, beim Sport, oder bei den Medien, merkt man, dass es trotz Bildung einfach zu viel Ungeschicklichkeit gibt. Wenn es uns gelingt, die Öffentlichkeit ausreichend darüber zu informieren, glauben wir, dass viele Musikkapellen und Musikgruppen ermutigenden Zuwachs bekommen werden und dass 2007 um einiges geschickter angepackt werden kann als das vergangene Jahr 2006.

Aber das liegt nicht nur an uns, meine Damen und Herren. Versuchen sie bitte solche Entscheidungen mit viel Geschicklichkeit zu treffen, und wenn sie meinen, dass sie davon ein bisschen zu wenig haben sollten, dann hoffen wir sehr, dass sie unseren Rat einholen, bei der Wahl eines geeigneten Blechblasinstruments.

In diesem Sinne wünschen wir ihnen ein erfolgreiches Neujahr und danken für ihre Aufmerksamkeit!

### *ABQ Rede: „die Kontrolle der Vorsätze für das Jahr 2003"*

Am Anfang dieses Jahres waren wir fest davon überzeugt, dass wir im Amadeus Brass Quintett Vorsätze für das neue Jahr brauchen. Inzwischen ist es schon höchste Zeit, zu kontrollieren, ob wir brav waren oder nicht.

Unser erster Vorsatz war: Ich verspreche nicht mehr als zehn Stunden pro Tag für mehr als eine Woche zu üben, damit ich weiterhin zu den Kollegen gut passe.
****Das haben wir fast alle ziemlich immer, ohne nachfragen zu müssen, sage ich mal, eingehalten.

Ich verspreche nie ein absolut perfektes Konzert zu spielen, damit ich nicht hochmütig werde.
****Falls sie davon etwas gemerkt haben, wäre es uns persönlich sehr wichtig, dass sie wissen ... es war Absicht.

Ich verspreche nicht so körperlich fit zu halten, dass mir die musikalische Aufgabe zu leicht wird, nach dem Motto: „Was nichts kost' ist nichts wert".
****Das mit dem „nicht so körperlich fit zu halten" ... das geht fast von selber.

Ich verspreche nie überpünktlich zur Probe zu kommen, damit die Kollegen, die pünktlich erscheinen, keine Komplexe bekommen.
****Das, muss ich ehrlicherweise zugeben, war nicht ganz fair, denn die Komplexe waren schon letztes Jahr da, und sie haben nichts mit Pünktlichkeit oder Überpünktlichkeit zu tun. Trotzdem, möchte ich an dieser Stelle meinen aufrichtigen Dank aussprechen, weil alle Kollegen sich sehr bemüht haben, diesen Punkt gewissenhaft umzusetzen.

Ich verspreche die Kollegen oft genug auf ein Getränk einzuladen, dass sie sich geschätzt wissen, aber nicht so oft, dass sie verwöhnt werden, oder ich pleite werde.
****Bei diesem Punkt haben wir Überstunden gemacht. Es ist sogar ein Stammtisch eingerichtet worden, nach dem Motto: Wenn alle fünf anwesend sind und man knapp bei Kasse ist, ist die Wahrscheinlichkeit relativ groß, dass man über die Runden kommt.

Ich verspreche nach meinen Möglichkeiten die Witze der Kollegen als tatsächlich witzig einzustufen und die ernsthaften Meinungsäußerungen während der Probe so weit wie möglich ernst zu nehmen.
****Im Moment ist es eher so, dass einige Witze ernst genommen werden und viele ernsthafte Meinungsäußerungen als witzig empfunden werden. Wir arbeiten trotzdem ernsthaft daran, auch wenn wir zurzeit nur lächerliche Ergebnisse erzielen.

Ich verspreche die Vorsätze fürs Jahr 2004, wenn es so weit ist, so gut wie möglich geheim zu halten und damit

einen wichtigen Beitrag in einem stets verschwindenden Bereich zu leisten, nämlich, in der Ruhe.
****Bei diesem Punkt war unser Komitee der Meinung, dass die Kontrolle um einige Monate, es wollte sich nicht festlegen, zu früh war. So kann ich im Moment keinen Kommentar abgeben.

Trotzdem hoffe ich sehr, meine Damen und Herren, dass sie diese Kontrolle für sinnvoll und gewinnbringend erachten. Einige von ihnen werden wahrscheinlich motiviert, die eigenen Vorsätze, falls sie fürs heurige Jahr welche gemacht haben, wieder unter die Lupe zu nehmen und eine ähnliche Kontrolle durchzuführen.

Weil wir uns zu dem Punkt zum Teil verantwortlich fühlen, haben wir uns vorgenommen, dass das heutige Konzert keineswegs länger als fünf Stunden dauern darf. Damit bleibt genug Zeit übrig für alle gewissenhaften Besucher des Konzertes, um die eigene Kontrolle durchzuführen und kurz vor dem Abendessen (Frühstück) abzuschließen.

Ich danke für Ihre Aufmerksamkeit.

### *ABQ Rede: „Erfolg“*

Zum Jahresbeginn wünschen sich viele Menschen gegenseitig unterem „Viel Erfolg!“ Für die meisten von uns ist Erfolg etwas Wünschenswertes. Nur...was ist Erfolg? Erfolg wird verstanden als das Erreichen eines Ziels, das Anhäufen von Reichtum, das Erlangen von Ruhm, das Innehaben einer angesehenen Stellung in der Gesellschaft, usw. Eigentlich wird Erfolg ganz verschieden definiert.

Ausschließlich Blechbläser sind gefragt worden, wie viel Ihnen der Erfolg bedeutet, bzw. wie sie Erfolg persönlich beschreiben würden. Sie hören jetzt einige von den Antworten:

Erfolg ist einfach alles.

Erfolg ist nicht so wichtig. Wichtig ist, dass man eine Freude daran hat.

Erfolg ist wenn ich es schaffe bis zu meiner Pensionierung Angestellter zu bleiben.

Erfolg ist, wenn ich als Pensionist noch eine Pension bekomme.

Erfolg ist, wenn ich bis zur Pension nie angestellt werden musste.

Erfolg ist, wenn man bis zur Pension nichts angestellt hat.

Erfolg ist, wenn die anderen dich als Musiker und als Mensch schätzen und dich deswegen oft anrufen und engagieren.

Erfolgreich ist der, der nicht mehr an seinen Erfolg denken muss.

Erfolg ist Überleben. Überleben ist Erfolg.

Erfolg ist, wenn du als Interpret dem Komponisten eine Freude machst oder dem verstorbenen Komponisten eine Freude gemacht hättest.

Erfolg ist, wenn die anderen wissen, dass du gut bist. Auch an einem schlechten Tag.

Erfolg, sowie auch Misserfolg, sind die Ernte, nachdem man dementsprechend gesät hat.

Erfolg ist das Ziel jedes Musikers, er wird aber individuell definiert, na ja, wie wir jetzt, z.B. hören.

Erfolg ist nicht selbstverständlich.

Erfolg verlangt Ehrgeiz, Konsequenz, Konkurrenzfähigkeit und Durchhaltevermögen.

Erfolgreich will jeder sein. Erfolg braucht jeder.

Erfolg ist, wenn das Ergebnis für dich Sinn macht.

Erfolg, ja, was ist denn das, überhaupt? (Das war von einem Anfänger.)

Der Erfolg eines Musikers hängt nicht nur vom Musiker, sondern auch von allen Einzelheiten ab, die den Rahmen seiner Tätigkeit ausmachen. Die Zeit, der Ort, das Repertoire, das Publikum, die Kritik, die Mundpropaganda, die Persönlichkeit des Musikers. All diese Punkte ergänzen die musikalische Darbietung wie ein Bilderrahmen das Bild.

Erfolg hängt vom richtigen Mundstück ab. Du musst überzeugt sein, dass du das richtige hast, und die anderen müssen hören, dass du das richtige hast.

Erfolg ist, wenn dein Instrument zum Teil deiner Person, deiner Gedanken und deiner Gefühle wird.

Erfolg ist, wenn es dein Leben ist, wenn du damit leben kannst, wenn du davon leben kannst, und wenn du dich dabei nicht umbringst.

Erfolg ist, wenn du den Fehler, den du beim ersten Mal gespielt hast auch bei der Wiederholung so genau hinkriegst, ( Das ist noch nicht alles!) dass es bei 90% des Publikums nicht auffällt, bei 5% als original nach dem Urmanuskript eingestuft wird und von dem 5%igen Rest als sehr clever gesehen wird.

Erfolg ist, wenn deine Eltern endlich mit dem Beruf einverstanden sind.

Erfolg ist, wenn deiner Partner/ deine Partnerin immer noch mit deinem Beruf einverstanden ist. (Das war glaube ich, auf der Rückseite.)

Erfolg beinhaltet die richtige Wahl, den richtigen Anfang, die richtigen weiteren Schritte, das richtige Ziel, und das Erreichen des Ziels.

Erfolg ist schon da, wenn das Unmögliche als möglich gesehen wird, auch wenn es noch nicht erreicht wurde.

Erfolg ist, wenn man mit sich selber leben kann, obwohl man den großen Erfolg noch nicht hat.

Erfolg ist kein Punkt, sondern ein Strich, kein fernes Ziel, sondern eine lange Reise. Deswegen kann man ihn nur erreichen, wenn man genug Zeit hat und in der Zeit, die man hat, das Richtige tut.

Erfolg hat zwei Gesichter: Deine Meinung und die Meinung der anderen.

Erfolg lässt sich nicht immer sofort begründen. Manchmal spielen dabei versteckte Komponenten eine wesentliche Rolle.

Also, das sind einige Beschreibungen, Meinungen und Definitionen des Begriffes „Erfolg". Einige davon sind tiefsinniger, einige eher unterhaltsamer.

Jeder der hier Anwesenden hat sicher auch seine eigenen Vorstellungen des Erfolges, und das ist gut so. Ganz egal wie Sie Erfolg definieren, wünscht Ihnen Amadeus Brass Quintett, meine sehr geehrten Damen und Herren, Alles Gute und ein erfolgreiches Jahr 2009!

### *ABQ Rede: „Der Wahre Blechbläser"*

Es ist immens wichtig, das Echte vom Unechten zu unterscheiden und so ist es uns am Anfang des neuen Jahres ein Anliegen, Ihnen, geschätztes Publikum, eine Hilfe anzubieten. Das heißt, klar zu beschreiben, wodurch sie einen wahren Blechbläser erkennen können.
Der wahre Blechbläser ist entweder klein, sehr klein, mittelgroß, groß oder sehr groß.

Er trägt für gewöhnlich traditionelles Trachtengewand, Sportkleidung, vornehme oder Alltagskleidung.

Er spricht normalerweise Deutsch, Englisch, Spanisch oder eine Reihe anderer Sprachen.

Sein Familienstand: Er ist entweder ledig, verheiratet, nicht mehr frei, geschieden, oder gerne mit anderen zusammen.

Von seinen Essgewohnheiten kann man sagen, dass er meistens Vegetarier, Fleischfresser oder Anhänger der berühmten Zwei-Drittel-Flüssigkeits-Diät ist. Die Anhänger dieser Diät sind sehr bemüht, mindestens zwei Drittel ihrer Nahrung in Form von Flüssigkeit zu sich zu nehmen, womöglich mit ein bisschen Schaum darauf.

Seine Einstellung zum Üben: Viele wahre Blechbläser üben vor Ihren Auftritten. Einige üben während des Auftrittes und nicht wenige üben während der Übungszeit, sich Ausreden auszudenken, warum sie so wenig zum Üben gekommen sind.

Der Beweggrund des wahren Blechbläsers Blechbläser zu sein: Manche spielen aus Freude an der Musik. Einige musizieren, um Geld zu verdienen und andere wiederum spielen so viel wie möglich, um mit so viel Freude wie möglich so viel Geld wie möglich zu verdienen.

Wie tritt der wahre Blechbläser auf? Als Solist: Das sind die großen Egoisten und die großen Könner. Im Orchester: Das sind die mit viel Teamgeist und die, die sich gerne in der Menge verstecken; Oder im Quintett: Das sind die Idealisten und die Praktiker. Die Idealisten glauben, dass sie mit vier anderen wahren Blechbläsern zurecht kommen können und die Praktiker halten es im Quintett für relativ leicht, durch Kopfzählen herauszufinden, ob eh alle schon da sind, damit die Probe, bzw. das Konzert, endlich beginnen kann.

Vom Charakter des wahren Blechbläsers ist nur Folgendes zu sagen: Er ist entweder ausgewogen, einseitig oder nicht vorhanden. Die meisten sind entweder Meister ihrer Kunst, Sklaven ihrer Kunst, oder sie sind noch in Ausbildung.

Viele wahre Blechbläser haben auch Nachbarn, die Musikliebhaber sind. Einige haben Nachbarn, die nicht mehr Musikliebhaber sind und es sind uns ein Paar Fälle von wahren Blechbläsern bekannt, die keine Nachbarn mehr haben.

Sollten sie einen wahren Blechbläser auf ein Getränk einladen, wird er keinesfalls unhöflich sein. Er wird für gewöhnlich gesprächig sein, über Dinge, die er versteht und nicht versteht, er wird ganz Ohr für witzige und dramatische Gesprächsinhalte sein, er wird das erste Bier genussvoll trinken, und auch das zweite, und auch das dritte, und wenn er sein Kalenderbuch nicht vergessen hat wird er womöglich eine Fortsetzung vorschlagen.

Das darf man ihm aber nicht übel nehmen, denn es beweist, dass er ein wahrer Blechbläser ist. Vielen Dank!

# Das Nachwort

## *John Darnall*

1975 lernte ich John Darnall in den USA kennen. Er ist ein hervorragender Gitarrist, Komponist und Arrangeur und wohnt in der Nähe von Nashville Tennessee.

Ich lernte ihn während einer USA-Tournee mit der Gospelmusikgruppe „TRUTH" kennen. Im Laufe der Tournee zeigte ich ihm einige Liedertexte, die ich geschrieben hatte und bat ihn um seine ehrliche Meinung dazu. Er schaute sie genauer an und meinte, dass ich vielleicht zu viel Inhalt in ein Lied einbaue. Er fragte mich, ob ich mir je überlegt hätte, ein Buch zu schreiben. Ich hatte es nie überlegt, und wusste auch nicht, worüber ich in so einem Fall schreiben sollte. Es gibt schließlich einen kleinen Unterschied zwischen einem Liedertext, der höchstens zwei Seiten lang sein darf, und einem Buch! Dementsprechend war ich enttäuscht. Rückblickend muss ich gestehen, dass seine Meinung mir sehr geholfen hat.

Es gibt verschiedene Richtlinien in der Musik, ob gesungen oder gespielt, und ich hatte die Kunst des Liederschreibens oder Textdichtens nie richtig unter die Lupe genommen.

Ich nahm die Tätigkeit ein bisschen ernster, schrieb meine Lieder weiter, aber hauptsächlich für den Privatgebrauch-

für Familie und Freunde. Das ging so weiter, bis ich 1994 für die Baptistenkinder in Österreich ein Kindermusical schrieb und komponierte. Mehrere Projekte folgten, die im Zusammenhang mit dem Musical stehen.

Umso faszinierender ist es für mich, dass es jetzt, mehr als dreißig Jahre nach der Begegnung mit John Darnall dieses Buch gibt. Ich muss auch gestehen, dass ich das Material für dieses Buch aufgeschrieben hatte, damit meine Erlebnisse und Gedanken nicht verloren gehen. Dabei hatte ich aber nie im Sinn ein Buch zu schreiben. Ein Buch ist aber eine gute Möglichkeit, die schon auf Zetteln dokumentierten Lebenserfahrungen zu ordnen und haltbar zu machen. So gesehen, finde ich, dass es gar keine schlechte Idee ist.

Danke für den Tipp, John. Danke für deine Kritik und danke, dass du mit der Kritik alleine nicht zufrieden warst. Du wolltest unbedingt mitten in der Kritik konstruktiv wirken, lenken, ermutigen. Danke. Jetzt gibt es das Buch.
Siehe da, du hattest Recht!

# Liedertexte von Gerald Pfister